当年明月

人类从历史中学到的唯一教训，就是人类无法从历史中学到任何教训。

——黑格尔

明朝那些事儿（增补版）

当年明月 著

第陆部

帝国，山雨欲来

北京联合出版公司
Beijing United Publishing Co.,Ltd.

目录

目录

第一章

奇怪的人

○海纳百川　有容乃大　壁立千仞　无欲则刚

○因为无欲　所以刚强

◆ 奇人再现

严嵩倒了，徐阶接替了他的位置，成为了朝廷首辅，朝政的管理者，此时的内阁除他之外，只剩下了一个人——袁炜。而这位袁炜，偏偏还是徐阶的学生。

于是，徐阶的时代来到了，继严嵩之后，他成了帝国的实际管理者。

其实后世很多人会质疑这样一个问题，徐阶和严嵩有什么不同？严嵩贪污，徐阶也不干净；严嵩的儿子受贿，徐阶的儿子占地；严嵩独揽大权，徐阶也是。

表面上是一样的，实际上是不同的。

用一句简单的话来说明，那就是：严嵩怠工，徐

参考消息　**青词宰相袁炜**

“青词宰相”这个称呼其实不独属于严嵩。由于明代无相，内阁大学士们都被看做宰相。而袁炜，这位徐阶的门生，也是“青词宰相”之一。袁炜才思敏捷，嘉靖半夜里递出一张条，要求撰写青词，他也能马上写成。但袁炜的人品颇遭人非议。一是他善于拍马逢迎，一次嘉靖养的猫死了，让大家写写祭文,袁炜以一句此猫将“化狮成龙”，成功地从众多谄媚之作中脱颖而出；二是自视清高，看到别人的文章写得稍微不好，就肆意嘲笑，除了大老板嘉靖，同僚中几乎没有一个看到他不讨厌的。

徐阶 PK 严嵩

嘉靖四十四年（1565），徐阶扳倒严嵩，严嵩被罢官抄家，妻死子亡。

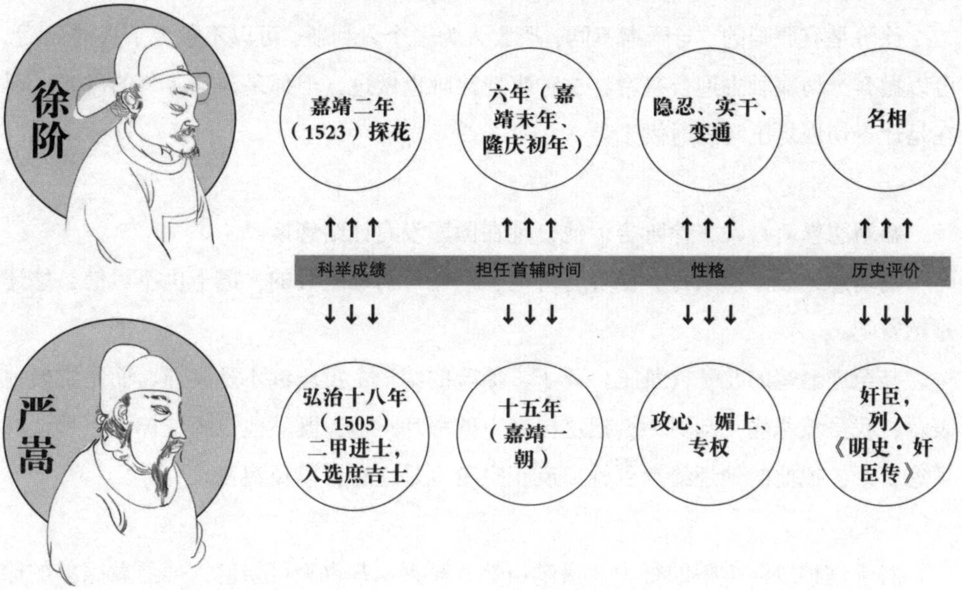

阶干活。

如果考察一下明朝的历代首辅，就会发现这帮人大都不穷（说他们穷也没人信），要单靠死工资，估计早就饿死了，所以多多少少都有点经济问题，什么火耗、冰敬、炭敬，等等，千里做官只为钱，不必奇怪。

但徐阶是干实事的。与严嵩不同，他刚一上任，就在自己的办公室挂上了这样一块匾：以威福还主上，以政务还诸司，以用舍刑赏还公论。而他确确实实做到了。

在严嵩的时代，大部分的官职分配，都只取决于一个原则——钱，由严世蕃坐镇，什么职位收多少钱，按位取酬，诚信经营，恕不还价。徐阶废除了这一切，虽然他也任用自己的亲信，但总的来说，还是做到了人尽其用。正是在他的努力下，李春芳、张居正、殷正茂等第一流的人才得以大展拳脚。

在严嵩的时代，除了个别胆大的，言官们已经不敢多提意见了，杨继盛固然是一个光荣的榜样，但他毕竟也是个死人。于是大家一同保持沉默，徐阶改变了这一切。他对嘉靖说：作为一个圣明的君主，你应该听取臣下的意见，即使他们有时不太礼貌，你也应该宽容，这样言路才能放宽，人们才敢于说真话。

嘉靖听从了他的劝告，于是唾沫再次开始横飞，连徐阶本人也未能幸免。但是与此同时，贪污腐化得以揭发，弊政得以纠正，帝国又一次恢复了生机与活力。

徐阶是有原则的，与严嵩不同，严大人为了个人利益，可以不顾天下人的死活，可以抛弃一切廉耻去迎合皇帝。这种事情徐阶也做过，但那是为了斗争的需要，现在是让一切恢复正常的时候了。

嘉靖想修新宫殿，徐阶告诉他，现在国库没有钱给您修。

嘉靖想继续修道服丹，徐阶告诉他，那些丹药都是假的，道士也不可信，您还是歇着吧。

甚至连嘉靖的儿子（景王）死了，徐阶的第一个反应都不是哀悼，而是婉转地表示，我虽然悲痛，却更为惦记这位殿下的那片封地，既然他已经挂掉了，那就麻烦您下令，把他的地还给老百姓。反正空着也是空着，以免浪费。

对于这种过河拆桥的行为，嘉靖虽然不高兴，却也无可奈何。他看着眼前的徐阶，这个人曾为他修好了新宫殿，曾亲自为他炼丹，曾无条件地服从于他，但现在他才发现，这个性格温和的小个子并不是绵羊，而是一只披着羊皮的狼。

嘉靖虽然觉得上当了，却没有办法，严嵩已经走了，所有的朝政都要靠这个人来管理，想退货都不行，只好任他随意折腾。

绝对的权力产生的不仅仅是绝对的腐败，还有绝对的欲望，也是永远无法满足的欲望，这才是一切祸患的起始。严嵩之所以屹立数十年不倒，贪污腐败、横行无忌，正是因为嘉靖有着无尽的欲望，而严嵩恰好是一个无条件的迎合者。

参考消息 **景王**

明代皇族的田地由皇帝赏赐，称王庄，税收归亲王所有。景王平时为人骄横跋扈，又大手大脚，每次缺钱花了就收税，甚至有几次连自己封地之外的税收都要插手。当时作为知府的徐学谟及推官吴宗周，都曾因为拒绝了景王征税的命令而遭到明廷的公开批评。景王死的时候，只有二十九岁，可能是由于父子间感情淡漠，嘉靖并没有表现出强烈的痛苦，反而对徐阶说：“我这个儿子，一直图谋太子之位，现下死了！”

现在徐阶出现了，他虽然也曾迎合过，但那不过是伪装而已，他真正的身份，是制衡者。

很多人并不清楚，在漫长的明代历史中，徐阶是一个极为重要的人物，重要到几乎超出了所有人的想象。他最伟大的成就，并不是打倒了严嵩，而是他所代表的那股势力。

自朱元璋废除丞相后，随着时代的变迁，明朝逐渐形成了一个极为特别的权力体系，皇帝、太监和大臣，构成了一个奇特的铁三角，皇帝有时候信任太监（比如明武宗），有时候信任大臣（比如明孝宗）。

而在政治学中，这个铁三角的三方有着另外一个称呼：君权、宦权和相权。这就是帝国的权力架构，他们互相制衡、互相维持，在此三权之中，只要有两者联合起来，就能控制整个帝国。

在过去的两百年中，前两种组合都已出现，皇帝曾经联合太监，也曾联合大臣，而无论是哪一种联盟，第三方总是孤立无助的。

只有一种情况，从来都没有出现过，事实上，也没有人曾期待过那种局面的出现，因为在那个君临天下的时代，它似乎永远不可能实现。

但它的确成为了现实，而这个奇迹联盟的开创者，正是徐阶。

具有讽刺意味的是，最早打破三角平衡、为这一奇迹出现创造条件的人，竟然是嘉靖。作为明代历史上最为聪明的皇帝，他有着前任难以比拟的天赋。

凭借着绝顶的智慧和权谋，他十六岁就解决了三朝老臣杨廷和，然后是张璁、郭勋、夏言，而在打击大臣的同时，他还把矛头对准了太监，严厉打压，使投身这个光荣职业、立志建功立业的无数自宫青年，统统只能去洗马桶、倒垃圾。综观整个嘉靖朝，四十余年，竟然没有出过一位名太监，可谓绝无仅有。

他不想和任何人联盟，也不信任任何人，他相信凭借自己就能控制整个帝国，而他所需要的，只是几个木偶而已。

一切都如此地顺利，帝国尽在掌握之中，直到他遇上了严嵩和徐阶。

经过二十几年地试探，严嵩摸透了嘉靖的脾气和个性，并在某种程度上成功地

徐阶划时代的贡献

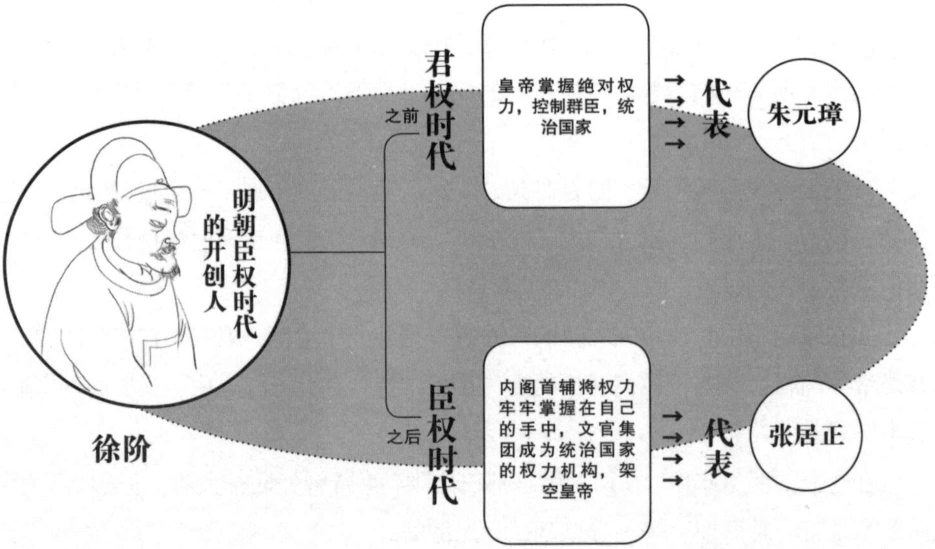

影响并利用了他。

而徐阶则更进一步，在打垮了严嵩之后，他成了一个足以制衡嘉靖的人。嘉靖要修房子，他说不修就不修；嘉靖儿子的地，他说分就分。这是一个不太起眼，却极为重要的转折点，它意味着一股强大势力的出现，强大到足以超越至高无上的皇权。

这才是徐阶所代表的真正意义，绝非个人，而是相权，是整个文官集团的力量。

当年的朱元璋废除了丞相，因为他希望能够控制所有的权力，现在的嘉靖也是如此。他们都相信，不需要任何人的帮助，仅凭自己的天赋与能力，就能打破权力的平衡，操控一切，而事实证明，他们都错了。

一个人的力量再强，也是无法对抗社会规律的，它就如同弹簧一般，受到的压力越大，反弹的力度就越大。

作为超级牛人，朱元璋把劳模精神进行到底，既干皇帝，又兼职丞相，终究还是把弹簧压到了生命的最后一刻。嘉靖就没有那么幸运了，和老朱比起来，他还有相当差距，所以在他尚未成仙之前，就感受到了那股强大的反扑力。他的欲望已被抑制，他的权力将被夺走。

所有敢于挑战规则的人，都将受到规则的惩罚，无人例外。

当三十多年前，嘉靖在柱子上刻下“徐阶小人，永不叙用”字样的时候，绝不会想到，这个所谓的“小人”将会变成“大人”，他以及他所代表的势力将压倒世间的所有强权——包括皇帝本人在内。

伟大的转变已经来临，皇帝的时代即将结束，名臣的时代即将到来。他们将取代至高无上的帝王，成为帝国的真正统治者。

但徐阶只是这一切的构筑者与开创者，那个将其变为现实，并创下不朽功业的人，还在静静地等待着。

总而言之，嘉靖的好日子是一去不复返了，无论他想干什么，徐阶总要插一脚，说两句，不听还不行。因为这位仁兄不但老谋深算，而且门生故吏遍布朝中，威望极高，一呼百应，要是惹火了他，没准就得当光杆司令。

那就这样吧，反正也管不了，眼不见心不烦，专心修道炼丹，争取多活两年才是正经事。

徐阶就这样接管了帝国的几乎全部政务。他日夜操劳，努力工作，在他的卓越领导之下，国库收入开始增加，懈怠已久的军备重新振兴，江浙一带的工商业有了长足地发展，万历年间所谓资本主义萌芽，正是起源于此。

你成你的仙，我干我的活，大家互不干扰。历史证明，只要中国人自己不折腾自己，什么事都好办。在一片沉寂之中，明朝又一次走上了正轨。

徐阶着实松了一口气，闹了那么多年，终于可以消停了。但老天爷还真是不甘寂寞，在严党垮台后不到一年，他又送来了一位奇人，打破了这短暂的平静。

但请不要误会，这位所谓的奇人并不是像严世蕃那样身负奇才的人，而是一个奇怪的人，一个奇怪的小人物。

嘉靖四十五年（1566）二月，嘉靖皇帝收到了一份奏疏。自从徐阶开放言论自由后，他收到的奏疏比以前多了很多，有喊冤的，有投诉的，有拍马屁的，有互相攻击的，只有一种题材无人涉及——骂他修道的。

要知道，嘉靖同志虽然老了，也不能再随心所欲了，但他也是有底线的：你们搞你们的，我搞我的，你们治国，我炼丹修道，互不干扰。什么都行，别惹我就好，我这人要面子，谁要敢扒我的脸，我就要他的命！

大家都知道这是个老虎屁股，都不去摸，即使徐阶劝他，也要绕七八个弯才好开口，所以这一项目一直以来都是空白。

但这封奏疏地出现，彻底地填补了这一空白，并使嘉靖同志的愤怒指数成功地达到了一个新的水平高度。

奇文共享，摘录如下：

“陛下您修道炼丹，不就是为了长生不老吗？但您听哪位古代圣贤说过这套东西？又有哪个道士没死？之前有个陶仲文，您不是很信任他吗？他不是教您长生不老术吗？他不也死了吗？”

这是骂修道，还有：

“陛下您以为自己总是不会犯错吗？只是大臣们都阿谀奉承，刻意逢迎而已，不要以为没人说您错您就没错了，您犯过的错误，那是数不胜数！”

具体是哪些呢，接着来：

“您奢侈淫逸，大兴土木，滥用民力，二十多年不上朝，也不办事（说句公道话，他虽不上朝，还是办事的），导致朝政懈怠，法纪松弛，民不聊生！”

这是公事。还有私生活：

“您听信谗言不见自己的儿子（即陶仲文所说的‘二龙不可相见’理论），不顾父子的情分；您天天在西苑炼丹修道，不回后宫，不理夫妻的情谊（真奇了怪了，关你屁事），这样做是不对的。”

此外，文中还有两句点睛之笔，可谓是千古名句，当与诸位重温：

其一，嘉者，家也；靖者，净也。嘉靖，家家净也；

其二，盖天下之人，不值陛下久矣。

这就不用翻译了，说粗一点就是：在您的英明领导之下，老百姓们都成为了穷光蛋，他们早就不鸟你了。

综观此文，要点明确，思路清晰，既有理论，又有生动的实例，且工作、生活面面俱骂，其水平实在是超凡入圣，高山仰止。

文章作者即伟大的海瑞同志，时任户部正处级主事。此文名《治安疏》，又称“直言天下第一事疏”，当然，也有个别缺心眼的人称其为“天下第一骂书”。

一位著名学者曾经说过，骂人不难，骂好很难，而骂得能出书，且还是畅销书，那就是难上加难了。整个中国一百多年来，能达到这个高度的只有两个人，一个是鲁迅，另一个是李敖。

而在我看来，如果把时间跨度增加四百年，那么海瑞先生必定能加入这个光荣行列。

嘉靖愤怒了，自打生出来，他还没有这么愤怒过，自己当了四十多年皇帝，竭尽心智控制群臣，我容易吗我。平时又没啥不良习性，就好修个道炼个丹，怎么就惹着你了？

再说工作问题，你光看我这二十多年白天不上朝光修道，那你又知不知道，每天晚上你睡觉的时候，老子还在西苑加班批改奏章，不然你以为国家大事都是谁定的？

还有老子看不看儿子，过不过夫妻生活，你又不是我爹，和你有甚相干？

所以在嘉靖看来，这不是一封奏疏，而是挑战书，是赤裸裸地挑衅。于是他把文书扔到了地上，大吼道：

“快派人去把他抓起来，别让这人给跑了！”

说话也不想想，您要抓的人，除非出了国，能跑到哪里去？

眼看皇帝大人就要动手，关键时刻，一个厚道人出场了。

这个人叫黄锦，是嘉靖的侍从太监，为人十分机灵，只说了一句话，就扑灭了

皇帝大人的熊熊怒火:

“我听说这个人的脑筋有点儿问题，此前已经买好了棺材，估计是不会跑的。”

黄锦的话一点儿也没错，海瑞先生早就洗好澡，换好衣服，端正地坐在自己的棺材旁边，就等着那一刀了。

他根本就没打算跑，如果要跑，那他就不是海瑞了。

◆ 青天在上

作为一位有着极高知名度的历史人物，海瑞先生有一个非同寻常的荣誉称号——明代第一清官。

但在我看来，另一个称呼更适合他——明代第一奇人。

在考试成绩决定一切的明朝，要想功成名就，青史流芳，一般说来都是要有点本钱的，如果不是特别聪明（张居正），就是运气特别好（张璁），除此之外，别无他途。

而海瑞大概是唯一的例外，他既不聪明，连进士都没中，运气也不怎么好，每到一个工作岗位，总是被上级整得死去活来，最终却升到了正部级，还成为了万人景仰的传奇人物。

正德九年（1514），海瑞出生在海南琼山的一个干部家庭。说来这位兄台的身世倒也不差，他的几个叔叔不是进士就是举人，还算混得不错，可偏偏他爹海翰脑袋不开窍，到死也只中了个秀才，而且死得还挺早。

父亲死的时候，海瑞只有四岁，家里再没有其他人，只能与母亲相依为命。

虽然史料上没有明确记载，但根据现有资料分析，海瑞的那几位叔叔伯伯实在不怎么厚道，明明家里有人当官，海瑞却没沾过一点光，童年的生活十分困苦，以至于母亲每天都要做针线活贴补家用。

很明显，在海氏家族中，海瑞家大概是很没地位的，大家都看死这对母子闹不出什么名堂。实际情况似乎也差不多，海瑞同学从小既不会做诗，也不会作文，没有一点儿神童的征兆，看情形，将来顶了天也就能混个秀才。

虽说境况不太乐观，但海瑞的母亲认准了一条死理：再穷不能穷教育，再苦不

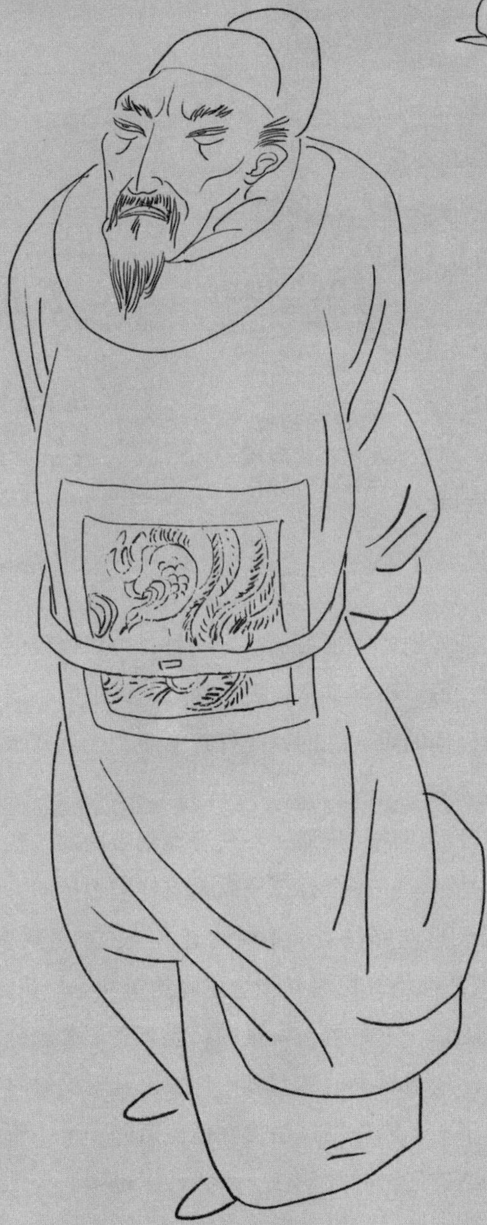

海瑞

1514年生人
单亲家庭
海南琼山人

荣誉称号

明代第一清官
明代第一奇人

绰号

海笔架
海阎王
海青天

特点

个性孤僻
铁面硬汉
两袖清风

影响海瑞性格的因素

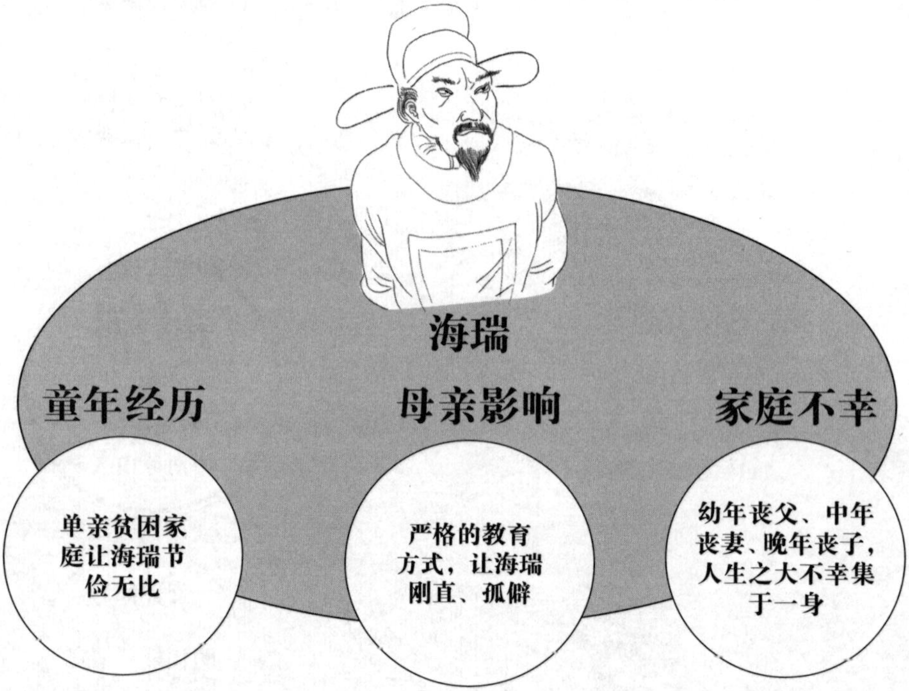

能苦孩子。不管家里多穷多苦，她都保证海瑞吃好喝好，并日夜督促他用心学习。

这就是海瑞的童年生活，每天不是学堂，就是他娘，周围的小朋友们也不找他玩，当然海瑞同学也不在乎，他的唯一志向就是好好学习，天天向上。

很多史料都对海瑞的这段经历津津乐道，不是夸他刻苦用功，就是表扬他妈教子有方。而在我看来，这全是扯淡，一个好孩子就是这样被毁掉的。

孤僻，没人和他玩，天天只读那些上千年前的老古董，加上脑袋也不太好使，于是在学业进步的同时，海瑞的性格开始滑向一个危险的极端——偏激。从此以后，在他的世界里，不是对，就是错，不是黑，就是白，没有第三种选择。

此外，小时候的艰苦生活还培养了他的顽强个性，以及无论何时何地都不轻易认输的精神，但同时也产生了一个副作用：虽然在他此后的一生中曾经历过无数风波，遇到过许多人，他却始终信任，并只信任一个人——母亲。

在困苦的岁月里，是母亲陪伴他、抚养他，并教育他，所以之后虽然他娶过老婆，有过孩子，却都只是他生命中的过客，说句寒心的话，他压根儿就不在乎。

孤僻而偏激的海瑞就这样成长起来，他努力读书，刻苦学习，希望有一天能金榜题名，至少能超越自己的父亲。

然而，他的智商实在有限，水平就摆在那里，屡考屡不中，考到二十多岁，连个秀才都混不上，没办法，人和人不一样。

但海瑞先生是顽强的，反正闲着也是闲着，继续考！就这么一直磨下去，终于在二十八岁那年，他光荣地考入了县学，成了生员。

说来惭愧，和我们之前提到的杨廷和、徐阶相比，海瑞先生的业绩实在太差，人家在他这个年纪都进翰林院抄了几年文件了。就目前看来，将来海瑞能混个县令就已经是奇迹了，说他能干部长，那真是鬼才信。

当然，海瑞自己从没有任何幻想，对他而言，目前的最大理想是考中举人。

那就接着考吧。不出意外，依然是屡考不中，一直到他三十六岁，终于柳暗花明了，他光荣地考中举人。

下一步自然是再接再厉，去京城考进士，海瑞同学，奋斗！努力！

进京，考试，落榜，回家；再进京，再考试，再不中，再回家。一眨眼六年过去了。

奋斗过了，努力过了，自己最清楚自己的实力，不考了，啥也不说了，去吏部报到吧。

之前我们曾经讲过，在明朝，举人也是可以做官的，不过要等，等现任官死得

参考消息 **不近人情的海瑞**

海瑞对待家人的严苛程度有时骇人听闻。有一天，他看见五岁的女儿手里抓着一块糕饼吃，于是问："这糕饼哪里来的？"女儿回答："是一个男仆给的。"海瑞立刻勃然大怒，大骂道："女孩子怎么可以随便接受男人给的东西？这样还配当我的女儿吗，我要是你都没脸活下去！"可怜五岁的小女孩因此吓得不轻，饿了七天七夜就死了。当时就有人评价："如果他的女儿真的有被逼死的道理，那么海瑞也不失为贤人。但他现在的做法，只能说是不近人情。"

出身决定仕途

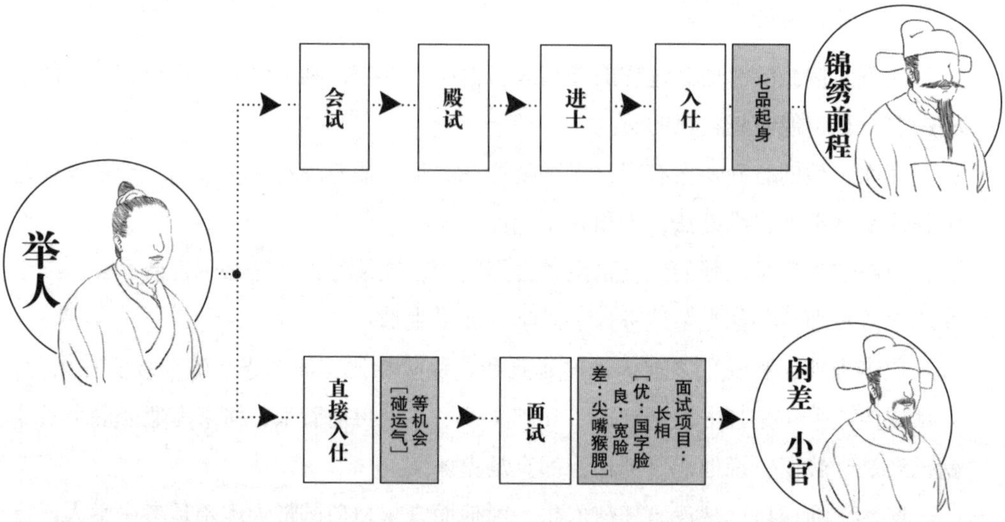

多了，空缺多了，机会就来了。但许多举人宁可屡考不中，考到胡子一大把，也不愿意去吏部报到。有官做偏不去，绝不是吃饱了撑的，要知道，人家是有苦衷的。

首先这官要等，从几年到几十年，就看你运气如何、寿命长短，如果任职命令下来的时候，正赶上你的追悼会，那也不能说你倒霉。

其次这官不好，但凡分给举人的官，大都是些清水衙门的闲差、小官，什么主簿、典史、教授（从九品，不是今天的教授）之类的，最多也就是个八九品，要能混到个七品县令，那就是祖坟起了火，记得一定回去拜拜。

再次这官要挑，别以为官小就委屈了你，想要还不给你呢！你还得去吏部面试，大家排好队站成一排，让考官去挑，文章才学都不考，也没时间考，这里讲究的是以貌取人，长得帅的晋级，一般的待定，歪瓜裂枣的直接淘汰。顺便说一句，相貌考核有统一规范，国字脸最上等，宽脸第二，尖嘴猴腮者，赶回家种红薯。

最后这官窝囊，在明代最重视出身，进士是合格品，庶吉士是精品，至于举人，自然不是次品，而是废品。

有一位明代官僚曾经总结过，但凡进士出身，立了功有人记，出了事有人保，从七品官做起，几十年下来，哪怕灾荒水旱全碰上，也能混个从五品副厅级。

但要是举人，功劳总是别人领，黑锅总是自己背，就算你不惹事，上级都要时不时找你的麻烦。从九品干起，年年丰收安泰，能混到七品退休，就算你小子命好。

海瑞面对的就是这么一个局面，好在他运气还不错，只等了五年，就等来了一个职位——福建南平县的教谕。

所谓教谕，是教育系统的官员，通俗地说，就是福建南平县的教育局长，这么看起来，海瑞的这个官还不错。

如果这么想，那就错了。当年的教育系统可没什么油水，没有扩招，也没有择校费，更不用采购教材，四书五经就那么几本，习题集、模拟题、密卷之类的可以拿去当手纸，什么重点大学、重点中学、重点小学、重点幼儿园，考不中科举全他娘的白费。

而县学教谕的上级，是府学的教授，前面说过，教授是从九品，教谕比教授还低，那该怎么定级别呢？这个不用你急，朝廷早就想好了，这种职务有一个统一的称呼——不入流。

也就是说你还算是政府公务员，但级别上没你这一级，不要牢骚，不要埋怨，毕竟朝廷每月还是发工资给你的嘛。

就这样，海瑞带着老母去了南平，当上了这个不入流的官，这年他四十一岁。

已经四十多岁了，官场的青春期已过，就算要造反也过了黄金年龄，海瑞却踌躇满志、蓄势待发，换句话说，那是相当有战斗力，把这个不入流的官做得相当入流。

县学嘛，就是个读书的地方，只要你能考上举人，上多久课、上不上课其实都无所谓，所以一直以来，学生想来就来，想走就走。但现在不同了，既然海瑞来了，大家就都别走了。

他规范了考勤制度，规定但凡不来，就要请假，有敢擅自缺课者，必定严惩，而且他说到做到，每天都第一个到，最后一个走，一个都不能少。

这下学生们惨了，本来每天早退旷课都是家常便饭，现在突然被抓得死死的，这位局长大人脸上又总是一副你欠他钱的表情，于是不久后，海瑞先生就得到了人生中的第一个绰号——海阎王。

难熬归难熬，但学生们很快也发现，这位海阎王倒有个好处——从不收礼金。

所谓礼金，就是学生家长送给老师的东西，不一定是钱，什么鸡鸭鱼肉海鲜特产，一应俱全。说实话，这玩意儿谁也不想送，但如果不送，难保老师不会特意关照你的儿女：置之不理、罚搞清洁、罚坐后排等，那都是手到擒来。

但海阎王不收，不但不收礼金，也不为难学生，他平等地对待每一个人，虽然他很严厉，却从不因个人好恶惩罚学生。所以在恐惧之余，学生们也很尊敬他。

其实总体说来，这个职业是很适合海瑞的，就凭他那个脾气，哪个上级也受不了，干个小教谕，也没什么应酬，可谓是得心应手。

但人在江湖漂，总要见领导，该来的还是要来。

一天，延平知府下南平县视察，按例要看看学堂，海瑞便带着助手和学生出外迎接。等人一到，两个助手立马下跪行礼，知府同志却还是很不高兴，因为海瑞没跪。

不但不跪，他还正面直视上级，眼睛都不眨。

知府五品，海瑞没品，没品的和五品较劲儿，这个反差太大，知府心理实在接受不了，但在这么多人面前，发火又成何体统，于是知府大人郁闷地走了，走前还嘟囔了一句：

“这是哪里来的笔架山！”

两个人跪在两边，中间的海瑞屹立不倒，确实很像个笔架，比喻也真是恰如其分。

虽然他说话声音不大，但大家都听到了，由于这个比喻实在太过形象，所以自此以后，海瑞先生就有了第二个外号——海笔架，两个外号排名不分先后，可随意使用。

大家都慌了，海瑞却若无其事，他还有自己的理论依据：教育官员不下跪，那是圣贤规定的（哪个圣贤待查），我听圣贤的话，有什么错？

知府大人不爽了，但让他更不爽的还在后面。不久之后，一位巡按御史前来拜访了，前面提过，所谓巡按御史，虽说才六七品，却能量极大，能干涉巡抚总督的职权，何况是小小的知府。

知府诚惶诚恐，鞍前马后地服侍。御史大人摸着撑饱的肚皮，边打嗝边说：下去看看吧。

这一去，就去了南平。消息传下来，知县也紧张了，御史说到底是中央干部，说几句话、写几个字就能要人命，于是他带领县城的全部官员，早早地迎候在门口，等着御史大人光临。

御史来了，知县一声令下，大家听从指挥，整齐划一、动作规范地跪了下来，除了海瑞以外。

这回知县麻烦大了，上次不过是三个人，笔架就笔架，也没啥，这次有几百个人，大家都跪了，你一个人鹤立鸡群，想要老子的命啊！

参考消息 **为师者不跪**

其实，所谓“为师者不跪”这个概念，还是在孔子身后传下的。孔子周游列国时，最讲求一个“礼”字，行礼跪拜那是免不了的。尽管如此，在漫漫后世对儒家学说进行系统化的同时，孔子及其学生们的个人形象也难免产生了一定的变化。到了宋代，由于程朱理学的发展，孔庙前凡有拜祭者，无论王爵均到墓前跪叩，有了“王拜圣人”的美谈，而后又发展成为“老师不下跪”的说法。

御史大人也吃了一惊，心里琢磨着，这南平县应该没有比自己官大的，好像也没有退休高干，这位哥们是哪根葱？

等他弄清情况，顿时火冒三丈，但当着这么多人也不好发火，只好当没看见，随便转了转，连饭都没吃就走人了。

知县擦干了冷汗，就去找海瑞算账，破口大骂他故意捣乱。可海瑞同志脸不红气不喘，听着他骂也不顶嘴，等知县大人骂得没力气了，便行了个礼，回家吃饭去了。

软硬不吃，既不图升官，也不图发财，你能拿他怎么样？

海纳百川，有容乃大。壁立千仞，无欲则刚。

因为无欲，所以刚强。

海瑞确实没有什么欲望，他唯一的工作动力就是工作。在他看来，自己既然拿朝廷的工钱，就要给朝廷干活，升官发财与他毫无关系。

这样的一个人，要想升迁自然是天方夜谭，但老天爷就是喜欢开玩笑，最不想升官的，偏偏就升了，还是破格提升。

嘉靖三十七年（1558），海瑞意外地接到吏部公文，调他去浙江淳安担任知县。

这是一件让人匪夷所思的事情，在此之前，海瑞不过是个不入流的小官，花名册上能不能找到名字都难说，现在竟然连升六个品级，成为了七品知县！

无数举人拼命钻营送礼拍马屁，几十年如一日，无非是想捞个知县退休。海瑞干了四年，别说礼物，苍蝇都没送一只，上级对他恨得咬牙切齿，这么一个人，怎么就升官了？

原因比较复杂，据说是福建的学政十分欣赏海瑞，向上着力推荐了他，但更重要的是，作为一个教谕，他的工作十分认真，而且干出了成效，这已经充分证明了他的能力。对于帝国而言，马屁精固然需要，但那些人是拿来消遣的，该干活的时候还得找有能力的人。

关于这个问题，朝廷大员们心里都有数。

于是海瑞揣着这份任命状，离开了福建，前往浙江淳安，在那里，他将开始新的传奇。

◆ 潜规则的覆灭

在城门口，海瑞见到了迎接他的县里主要官员，包括县丞、主簿、典史，当然，也有教谕。个个笑容可掬，如同见到久别的亲人一样，并纷纷捶胸顿足，叹息海县令怎么没早点儿来。

这些仁兄心里到底怎么想的不好说，但可以肯定的是，如果他们知道这里即将发生的事情，一定会叹息当初为啥没有向朝廷请愿，把这人早点儿赶走。

俗话说，新官上任三把火，海县令似乎也不例外。他一到地方，便公开宣布，从今以后，所有衙门的陋规一概废除，大家要加深认识，下定决心，坚决执行。

所谓陋规，也就是灰色收入，美其名曰计划外收入。历史最悠久、使用最频繁的有两招，一个是银两火耗，另一个是淋尖踢斛，具体方法之前已经介绍过，这里就不多讲了。但随着时代地发展，陋规也不断推陈出新，到了海瑞的时候，已经形成了一个上瞒朝廷、下宰百姓，方法灵活、形式多样的完美体系。

我们说过，明代的官员工资是很低的，虽说勉强能够过日子，但辛辛苦苦混个官，不是为了过日子的。明代的官嘛，出门要有轿子，家里要有仆人，没准还要多娶几个老婆，你突然要他勤俭节约，那就是要他的命。

海瑞就打算要他们的命。

海大人发布了规定，火耗不准收了，余粮不准收了，总而言之，所有朝廷俸禄之外的钱都不准收。

开始大家都不以为然，反正类似的口号喊得多了，我们不收，你也不收吗？他们相信等到这三把火烧完，海县令会恢复理智的。

但日子一天天过去，海瑞先生却迟迟没有恢复的迹象，他始终没有松口，而且也确实做到了。他自己从不坐轿，步行上下班，从不领火耗，每天吃青菜豆腐，穿着几件破衣服穿登入室。

完了，看起来这兄弟是玩真的，不但是火把，还是个油库，打算用熊熊火焰燃烧你我。

一定要反击，要把这股“歪风”打压在萌芽之中！

不久后，淳安县衙出现了一幕前所未有的景象，县丞请假了，主簿请假了，典史请假了，连县公安局长(都头)也请假了。总而言之，大家都罢工了，县衙完全瘫痪。

这即是所谓“非暴力不合作”，你要是不上道，就看你一个人能不能玩得转。

他们端起了茶，跷起了腿，准备等着看好戏，最终却看到了奇迹地发生。

没有师爷，不要紧，主意自己拿；没有文书，不要紧，文件自己写；没有人管治安，不要紧，每天多走一圈，就当是巡街；审案的时候没有助手，不要紧，自己查，自己审，自己判；判下来没人打板子，不要紧，家里还有几个老下人，凑合着也能用。

而海县令的私人生活也让他们大开眼界。自从搬入县衙，海瑞同志就把自己的家人动员了起来，每天老婆下厨做饭，这就省了厨子的钱；每天老仆上山砍柴，这就省了柴钱。海瑞自己也没闲着，工作之余在自己家后院开辟了一片菜地，浇水施肥，连菜钱也给省了。

就这么七省八省，海县令还是过得很艰苦，全家人都穿得破破烂烂，灰头土脸，与叫花子颇有几分神似，说他是县太爷，估计丐帮长老都不信。

情况就是如此了，看着海兄弟每天上堂审案，下地种菜，大家的心里越来越慌，这位大爷看来是准备长期抗战了。无奈之下，只好各归其位，灰色收入还是小事，要被政府开除，那就只能喝风了。

于是众人纷纷回归工作岗位，继续干活，不干也不行，话说回来，你还能造反不成？

久而久之，大家逐渐习惯了艰苦的生活方式，而对海大人的敬仰，也渐如滔滔江水，连绵不绝，因为他们发现，海县令可谓是全方面发展，不但约束下级，刻薄自己，连上级领导，他也一视同仁。

在明代，地方官有火耗，能征税，所以油水多，而京官就差得远了，只能等下面的人进京的时候，才能大大方方地捞点儿好处。所以每次地方官到京城报到，都要准备很多钱，方便应酬。

淳安虽然比较穷困，财政紧张，但这笔钱生死攸关，是绝对省不得的，历任知县去京城出差，至少都要用到近千两，这还算是比较节省的。

海瑞也进京了，去了一趟回来，支出交给县衙报销，财务一看数字，当时就呆了，空前绝后，绝无仅有——五十五两。

此数字包括来回路费、车费、住宿费、吃饭费、应酬费以及所有可能出现的费用，是一个绝对破纪录的数字。

这个纪录是怎样创造出来的呢？我来告诉你：上路时，要能走路，绝不坐车；随身带着几张大饼，能凑合，绝不上饭馆；赶得上驿站就住驿站（驿站凭县衙介绍信不要钱），赶不上绝不住私人旅馆，找一草堆也能凑合一宿。

到了京城，能不应酬就不应酬，要非吃不可，随便找个面摊大排档就打发了，要做到即使对方的脸通红，你也不要在意，要使用联想法增加食欲，边看边吃，就当下饭菜了。争取多吃点儿，回去的路上还能多顶一阵，顺便把下顿的饭也省了。

遗憾的是，即使你能做到，也未必可以打破这个纪录，因为海瑞先生瘦，还是精瘦（可以参考画像），吃得不多不说，衣服用的布料也少，想要超越他，那是非常困难的。

与得罪京官相比，之前冒犯下属实在是件小事，但要和后来他得罪的那两位大人物比较起来，这几个京城里的小官实在是不值一提。而由一个小人物变成大人物，由无名小卒到闻名遐迩，也正是由此开始。

第一个大人物是胡宗宪，当时他已经是东南第一号人物了，其实说来滑稽，以海瑞的背景和官衔，别说得罪，想见胡总督一面，起码也得等上半个月，还要准备许多给门房的红包。

但小人物有小人物的方法，海瑞兄不但让胡宗宪牢记住了他的名字，且一分钱没花，还从胡总督那里额外挣了好几千两银子。

说到底，这事还得怪胡宗宪没有管好自己的亲属，虽说他本人也贪，但还不至于和海瑞这种级别的人打交道。可惜他的儿子没有他的觉悟。

话说胡公子有一个习惯——旅游，当然他旅游不用自己花钱，反正老子的老子是总督，一路走过来就一路吃，一路拿，顺便挣点儿零花钱。这还不算，他还喜欢反复游览同一景区，走回头路，拿回头钱。

即使如此，还是有很多知府知县盼着他去，毕竟是总督的儿子，能美言两句也是好的，反正招待费不用自己出，何乐而不为。

但是海瑞不愿意，在他看来，国家的钱也是钱，绝对不能乱花，对此很不感冒。可是不感冒也好，不愿意也罢，该来的还是要来。

在一次游览途中，胡公子恰好经过淳安，便大摇大摆地住进了当地的招待所，等着县太爷来请安，事情就此开始。

这个消息很快就传到了海瑞的耳朵里，尽管下属反复强调这是胡宗宪的儿子，海瑞的回答却只有一句：

“胡宗宪的儿子，又不是胡宗宪，管他作甚？”

招待所的工作人员接到指示，就按打发一般客人的标准请胡公子用饭。海瑞先生自己吃糙米饭，喝咸菜汤，他招待客人的标准自然也高不到哪里去。于是，第二个消息很快传来，胡公子大发脾气，把厨子连同招待所管理员吊起来狠狠打了一顿。

大家都急了，正想着如何收这个场，让总督的儿子消消气，海瑞却把桌子一拍，大喊一声：

“还反了他了，马上派人过去，把他也吊起来打！”

这个天才的创意超出了所有人的思维范畴，所有的人都惊得目瞪口呆，包括打人的衙役在内。看见没人动，海瑞又拍了一次桌子，加了一把油：

“去打就是了，有什么事情我负责！”

本来就不待见你，竟然还敢逞威风，打不死你个兔崽子！

好，这可是你说的，反正有人背黑锅，不打白不打，于是众人赶过去一阵火拼。

虽说胡公子身边有几个流氓地痞，到底打不过衙门里的职业打手，被海扁了一顿。这还不算，海县令做完了打手还要干抢劫，连这位胡公子身边带着的几千两银子也充了公。

人打完了，瘾过足了，鼻青脸肿的胡公子被送走了，海大人也差不多该完蛋了。这就是当时众人对时局的一致看法。打了人家的儿子，抢了人家的钱，还不收拾你，那就真是没有天理了。

海瑞却不这么看，他告诉惊慌失措的下属们，无须害怕，这件事情他能搞定。

怎么搞定？去磕头请安送钱，人家都未必理你！

不用，不用，既不用送钱，也不用赔礼，只需要一封信而已。

事实确实如此，万事如意，天下太平，一封信足矣。

奇迹啊，现将此信的主要内容介绍如下，以供大家学习参考：

胡大人，我记得你以前出外巡视的时候曾经说过，各州县都要节约，过路官员不准铺张浪费，但今天我县接待一个过往人员的时候，他认为招待过于简单，竟然毒打了服务员，还敢自称是您的儿子。我一直听说您对儿女的教育很严格，怎么会有这样的儿子呢？这个人一定是假冒的，败坏您的名声，如此恶劣，令人发指，为示惩戒，他的全部财产已被我没收，充入国库，并把此人送到你那里去，让你发落。

胡宗宪看到之后哭笑不得，此事就此不了了之，海瑞依然当他的县令，胡宗宪依然抗他的倭，倒是那位胡公子，据说回去后又挨了老爹一顿臭骂，从此旅游兴致大减。

这是一段为许多史书转载的记录，用以描绘海瑞先生的光辉形象。事实上，在它的背后，还隐藏着两个不为人知的重要信息：

首先，这个故事告诉我们，海瑞先生虽然吃糙米饭，穿破衣烂衫，处事坚决不留余地，却并不是个笨人，蠢人做不了清官，只能当蠢官。

而隐藏得更深的一点是：胡宗宪是一个品格比较高尚的人，虽说海瑞动了脑筋，做了篇文章，但胡宗宪要收拾他，也不过是分分钟的事情，总督要整知县，随便找个由头就行了。儿子被打了，脸也丢了，胡总督却没有秋后算账。所以他虽然不是个好父亲，却实在是个好总督。

这一次，海瑞安全过关，但说到底，还是因为遇见了好人，下一次，他就没这么幸运了。

说来惭愧，明代人物众多，但能上兄弟这篇文章的，毕竟是少数，因为篇幅有限，好人也好，坏人也罢，只有名人才能露脸。

就以严党为例，其实严嵩的手下很多，我算了一下，光尚书、侍郎这样的部级官员就有二十多个（包括南京及都察院同级别官员在内），当年虽然耀武扬威，现在却啥也不是，所以本着本人的“写作三突出”原则（在坏人中突出主要坏人，在主要坏人中突出极品坏人，在极品坏人中突出坏得掉渣的坏人），在其中只选取了严世蕃、赵文华和鄢懋卿出场，其中赵文华是配角，鄢懋卿跑龙套。

但事情就这么巧，鄢龙套虽说已经退场，却又获得了一次上镜的机会，全拜海瑞所赐。

真是机缘巧合，在当年像海瑞这样的小人物，竟然和朝中的几位大哥级红人都有过联系，得罪完胡总督，又惹了鄢御史。

嘉靖三十九年（1560），鄢懋卿受皇帝委派，到全国各地视察盐政。鄢兄的为人我们已经介绍过了，那真是打着电筒也找不出闪光点，每到一处吃喝嫖赌无不涉猎，还要地方报销。这也就罢了，偏偏他既要做婊子，又要立牌坊，还四处发公文，说自己素来俭朴，地方的接待工作就不要太铺张，要厉行节约。

就这么吃吃喝喝，一路晃悠，鄢大人来到了浙江，准备由淳安路过。海瑞不想接待，也没钱接待，希望他能绕道走，但鄢大人毕竟是钦差，你要设置路障不让他过，似乎也说不过去。

于是海大人开动脑筋，又用一封信解决了问题。

这封信十分奇特，开头先用了鄢懋卿自己的告示，大大地捧了他一番，说您不愧是清廉官员的典范，景仰之情如滔滔江水，等等，然后突然笔锋一转，开始诉苦:

不过，我也听到过一些谣言，说您每到一地，接待都非常奢华。我们这里是个穷县，如果按那个标准，我们实在接待不起，况且还违背您的本意。可万一……那我们不就得罪大人您了嘛。

卑职想来想去，不知如何是好，只好向您请教，给我个出路吧。

这就算是捅了马蜂窝了，鄢懋卿的鼻子都气歪了。但毕竟是老江湖，他派人去摸了海瑞的底，发现这哥们儿软硬不吃，胡宗宪也吃过亏，于是钦差大人一咬牙，绕道走！

海瑞再次赢得了胜利，却也埋下了祸根，因为不是每个人都有胡宗宪那样的胸襟。

◆ 无畏

当然，海大人除了工作认真、生活俭朴之外，有时也会奢侈一下。比如有一次，他的母亲生日，海县令无以为贺，便决定上街买两斤肉。当他走进菜市场，在一个肉摊面前停下来的时候，现场出现了死一般的寂静，大家都目不转睛地看着这惊人的一幕。

人人都知道，海县官是自然经济的忠实拥护者，自己吃菜，自己种菜，完全实现了自给自足，别说买菜，他不把自己种的菜拿出来卖，搞市场竞争，就算积德了。

然而，他买肉了，竟然还买了两斤，等他付完钱，接过肉，一声不吭地扬长而去时，在场的人这才确信，他们刚才看到了一幕真实的场景。

肉贩子激动了，他压抑不住自己内心的冲动，壮怀激烈，仰天长啸：

“想不到我这辈子还能做上海县令的生意啊！”

海县令竟然买肉了！

在那个没有电话、送封信要好几天的年代，海县令的这一壮举以惊人的速度被传播到了大江南北，知府知道了，巡抚知道了，很快，胡宗宪也知道了。

于是，在之后召开的一次政务会议上，胡总督高谈阔论一番抗倭形势之后，突然神色一变，以一副极为神秘的表情向大家通报了这个消息。

所有的人都被震惊了，海县令竟然买肉了！

似乎很可笑，不是吗？

我不觉得。

一晃三年过去了，在海瑞的治理之下，淳安人民的生活水平不断提高，官吏们的生活水平却在不断下降，可他们又惹不起这位活阎王，只能埋头干活。但临近年终，唉声叹气的官员们却突然变了模样，往日愁云密布的脸孔，开始绽放憧憬的笑容。

这和年终奖无关，要知道，在海阎王手下干活，这类型的玩意儿基本上不要指望，真正让他们欣喜若狂的，是一个小道消息——海阎王就要高升了。

明代的官员制度规定，但凡地方官，每三年由上级部门考核一次，对照吏部的标准打分，如果是劣等，就要被警告记过，没准儿就要回家种红薯；而要能评个优等，就能升官。

海瑞无疑是优等，不管别人对他有何等看法，他的工作是无可挑剔的。而这对淳安县的官员们来说无异于一场及时雨，他们开始积极准备送行仪式：永别了，海大人，无论您去哪里，只要不在这里就好，祝您一路顺风。

就在众人带着对未来的无限向往埋头准备时，确切的消息下来了，不是消暑的大雨，却是平地的惊雷。经过吏部考核，认定海瑞为优等，应予晋升，为方便工作开展，决定就地提拔为嘉兴府通判，即刻上任。

完了，彻底地完了，这下整个嘉兴地区都轰动了：你们淳安县城自己倒霉不算，竟然还要闹腾上来？

淳安的例子就在眼前，必须采取行动，否则后果不堪设想！

嘉兴的官员们随即开始了紧急总动员，大家纷纷回家查家谱，无论是三姑六婆、七姐八姨，吃过饭的，见过面的，点过头的，只要是个人，有关系，统统都去找，务必要把海瑞赶走。

很快，海瑞就受到了人生中的第一次弹劾，弹劾者是都察院监察御史。联系到鄢懋卿同志的职务（都察院左副都御史）和他的为人，我们不难猜出其中奥妙，至于弹劾的罪状，那实在是一件无关紧要的事情。

应该说，这是一个不错的开始，因为它意味着海瑞已经具有了相当的影响力，要是名声不大，鬼才骂你。

但后果仍然是极其严重的，海瑞失去了通判的职位，并接到了吏部的第二道调令——改任江西兴国知县。

兴国是个穷地方，调去那里似乎也算一种发配，所以看上去，这是个合乎情理的结果，然而事实并非如此。

根据鄢懋卿之前的预计，在他的授意弹劾下，像海瑞这样毫无背景和关系的人，不但无法升官，还会被革职查办。但他万没想到，此人虽然未能晋升，却也保住了官位。多年的政治经验告诉他，其中必有名堂，所以吃惊之余，他也没敢再找海瑞的麻烦。

鄢懋卿的直觉没有错，在看似孤立无援的海瑞背后，确实隐藏着另一个人，而且还是个大人物，他就是当年的那位福建学政，现在的吏部侍郎朱衡。

在这个世界上，有正直的人，自然就有欣赏正直的人，朱衡就是一个。别人厌恶海瑞，他却赞赏有加，所以之前他力排众议，向上级推荐了海瑞，破格提拔了他。

而三年之后，他再次挺身而出，保住了海瑞。真是人算不如天算，朱大人偏偏就去了吏部，还偏偏是个副部长。

就这样，海瑞去了江西兴国，继续当他的县令。因为朱衡的保护，他安然渡过了人生中的第一个危机，此时他四十九岁，依然是个七品芝麻官，再混几任就光荣退休，这似乎已是他的宿命。

如果此时有人告诉他，短短几年之后，他这个小人物将闻名天下，并成为中央的高级官员，重权在握，恐怕连海先生自己都不会相信。

然而，事实正是如此。命运之神实在很照顾海先生，他虽然性格不对，天赋不高，运气却出奇的好，虽然他后来惹出了更大的麻烦，却依然涉险过关，安然无恙——因为另一位大人物的帮助。

参考消息　朱衡

所谓人以群分，能跟海瑞这么投契的朱衡自然也严谨得很。从他为官到致仕，屡次上疏奏请，希望内廷削减用度，尽量减少不必要的浪费。为此与后宫结怨，从嘉靖的几位小妃嫔，到万历的李太后，一听到朱衡两个字就闹心。朱尚书更为此缘故，经常处于“待罪”的状态。

在海瑞看来，兴国和淳安除了名字不同，没有什么两样，该怎么干还怎么干，这下又轮到兴国的衙役们受苦了。但出人意料的是，在兴国的这几年，海县令竟然没惹过事，想来还是因为地方太穷，没人从这儿过，自然也就没有是非了。

就在海县令专心致志干活的时候，却突然接到一道出人意料的调令，命他即刻进京，就任户部云南司主事。

此时是嘉靖四十三年（1564），还没到三年考核期，而户部云南司主事是一个正六品官，从地方官到京官，从七品到六品，一切都莫名其妙。

虽然海瑞不知道，但我们知道，这自然又是那位朱副部长帮忙的结果。就这样，海县令成了海主事，职务变了，地方变了，人却是不会变的。

在地方当县令就敢和总督对着干，按照这个标准，到了京城，如果不找皇帝的麻烦，那简直就没有天理了。

在亲眼见识了真正的政治黑幕和贪污腐化后，海瑞终于忍无可忍，写下了那封天下第一名疏，用他的正直痛斥这一切的罪魁祸首——皇帝。

在明代，骂皇帝的人并不少，却只有海瑞先生脱颖而出，名垂千古，对此我只能说，不是侥幸，绝不是侥幸。

因为骂人固然轻松，却还要看你骂的是谁。在明代的十几位皇帝中，要论难伺候，嘉靖同志绝对可以排在前三名。这个人极其难搞，不但疑心重，还好面子，但凡骂过他的人，比如之前的杨最、杨爵、高金等人，只是提了点儿不同意见，就被拉了出去，不打死，也得打个半死。

好汉不吃眼前亏，事实证明，言官之中还是好汉居多，许多人本来就是为骂而骂，纯粹过过嘴瘾，将来退休回家还能跟邻居老太太吹吹牛：想当年，老子可是骂过皇帝的咧。

基于这种动机，在骂人的时候，诸位言官是要考虑成本问题的，而嘉靖同志太过生猛，不是打就是关，亏本的生意还是不做的好。

海瑞偏偏就做了这笔亏本的生意，因为在他的思维里，根本没有成本这个概念。他只知道，他是朝廷的官员，吃着朝廷的俸禄，就该干活，就该做事，就该为民做主！

他不是不清楚呈上奏疏的后果，所以他提前买好了棺材，据说是他亲自去挑的。好棺材还买不起，只能买口薄皮的，好歹躺得进去，凑合能用就行。

他的老婆在家等他下班，却看到了这口棺材，顿时惊得目瞪口呆，随即痛哭失声。海瑞却只是平静地对她说:

“记得到时把我放进去就是了。”

如果说杨继盛是死劾，那么海瑞大致就是死谏了，虽不是当场死亡，也等不了多久。要知道，脑袋一团糨糊、盲人瞎马地掉下山崖，那叫失足；为了一个崇高的目标，昂首阔步踏入深渊，才叫勇敢。而这口棺材，正是他勇气的证明。

不知死而死，是为无知；知死而死，是为无畏。

海瑞，你是一个无畏的男人。

参考消息 **备棺上疏**

海瑞备棺上疏的这年，他的两个儿子，一个十一岁，一个才刚九岁，相继夭折。再过了三年多，他的第三任正妻和一个妾室在不到半个月的时间里相继过世，海瑞“每思及此，百念灰矣”。有些怀疑论者甚至提出了海瑞“杀子上疏”的说法，说海瑞认定自己上疏之后百死而无一生，就预先把儿子杀了。虽然这个说法经受不住考验和推敲，但在当时也不免引起了好大一片喧哗之声。

第二章

天才的对弈

○ 天下之能士尽在京城 而在我看来 能兴我学者并非华亭 亡我学也非分宜 兴亡只在江陵

◆ 不听话的下属

一切正如海瑞预料的那样，皇帝震怒，满朝轰动，关入监牢，等待处斩。但让他感到纳闷的是，自己的情节应属于极其恶劣、罪大恶极、斩立决都嫌慢的那一类，可左等右等，挂在头上的那把刀却迟迟不落下来。

因为皇帝还不打算杀他，在听完黄锦的话后，他愣了一下，捡起了那份奏疏，看了第二遍。

嘉靖不是个笨人，他知道，一个人既然已买了棺材，自然是有备而来，而在对这份奏疏的再次审视中，他看到了攻击、斥责之外的东西——忠诚、尽责和正直。

于是他发出了自己的感叹：

“这个人大概算是比干吧，可惜我不是纣王。”

能讲出这种水平的话，说他是昏君，那也实在太

参考消息 **黄锦**

太监黄锦，这“太监”二字，在此的确是官称。黄锦是嘉靖还在藩国时，就跟在身边的伴读小宦，嘉靖即位后，自然有一番厚赏。纵然嘉靖一生，并没有给予过内廷官员们特别的地位，但黄锦的受封及赏赐，真的非比寻常。从嘉靖即位时起，到嘉靖皇帝大行，黄锦受过的赏赐要掰着手指来算：飞鱼、斗牛、坐龙、蟒袍、玉带、文绮，甚至还可以在宫禁范围内乘坐肩舆。恩宠可见一斑，由他来化解嘉靖的怒火，自然是药到病除。

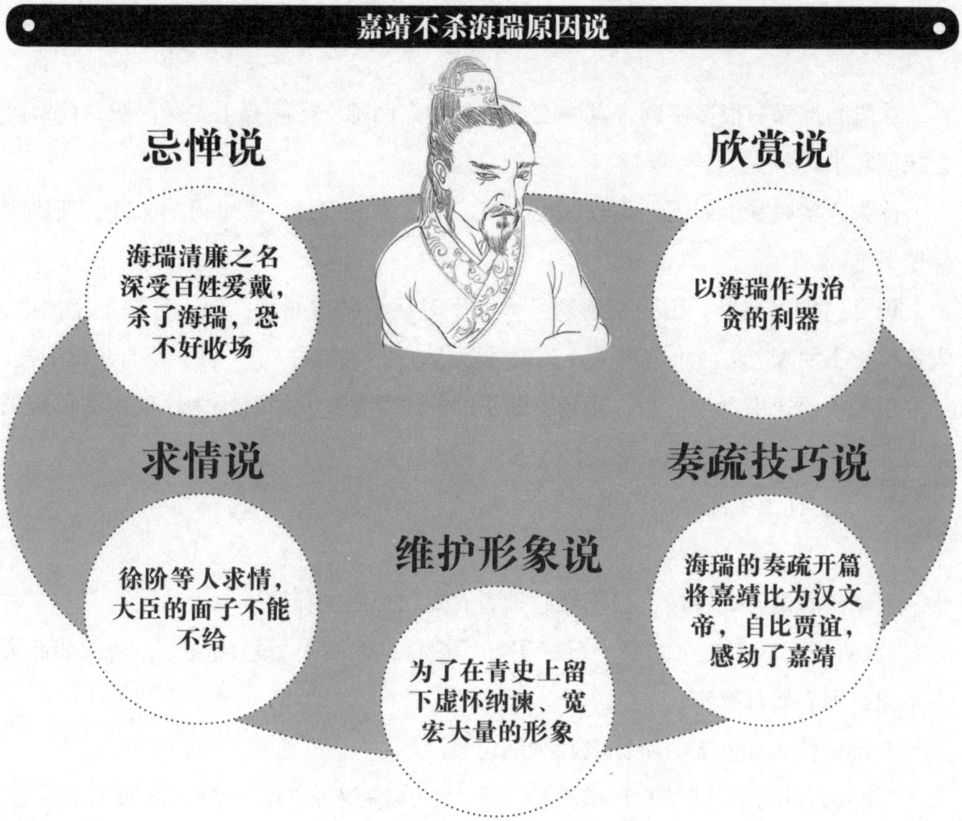

不靠谱了。

海瑞就这样被关了起来，既不是有期，也不是无期，既不杀，也不放，连个说法都没有。他自己倒是很自在，每天照吃照睡，一点儿心理负担都没有。

看起来命是保住了，实际上没有。

要知道，嘉靖同志可是个很要面子的人，就算他懂得道理，知道好歹，你用这种方式对待他，似乎也有点儿太过了，一个千里之外的杨慎他都能记几十年，何况是眼皮底下的海瑞？

终于有一天，他又想起了这件事，便发火了，火得受不了，就开始骂，骂了不解恨，就决定杀。

眼看海瑞就要上法场，第二个保他的人出现了——徐阶。

徐阶与严嵩有很多不同，其中之一就是别人倒霉，严嵩会上去踩两脚，而徐阶会扶他起来。

徐大人实在是个好人，不收钱也办事。他认定海瑞是一个难得的人才，便决定拉他一把。

但是这事很难办，因为嘉靖这号人，平时从不喊打喊杀，但一旦决定干掉谁，大象都拉不回来，之前也曾有人上书劝他放人，结果被狠打了一顿，差点儿没咽气。

但徐阶再次用行动证明，嘉靖这辈子的能耐算是到头了，因为这位内阁首辅只用了一段对话，就把海瑞从死亡线上拉了回来：

“皇上，你上了海瑞的当了！”

嘉靖带着疑惑的神情，目不转睛地看着发出惊呼的徐阶。

“我听说海瑞在上书之前，已经买好了棺材，他明知会触怒皇上，还敢如此大逆不道，用心何其歹毒！”

歹毒在什么地方呢，听徐老师继续忽悠：

“此人的目的十分明确，只求激怒陛下，然后以死求名而已。皇上你如果杀了他，就会正中他的圈套！”

嘉靖一边全神贯注地听，一边连连点头，是的，无比英明的皇帝陛下，怎么能受一个小小六品主事的骗呢？就算上当，也得找个有档次的高级干部嘛——比如徐阶同志。

就这样，海瑞的命保住了，他继续在监狱里住了下来，对他而言，蹲牢房也算不上是啥坏事，反正家里和牢里伙食差不多，还能省点儿饭钱。

事实上，在徐阶看来，海主事闹出的这点儿麻烦实在是小儿科，他现在急于解决的，是另一个极为棘手的问题。

在严嵩当权那几年，内阁里只有徐阶给他跑腿，后来徐阶当权，就找来自己的门生袁炜入阁跑腿。可是这位袁先生似乎不打算当狗腿子，压根儿没把老师放在眼里，时不时还要和徐阶吵一架。徐大人当然不会生气，但自然免不了给袁炜穿穿小

鞋，偏偏这位袁先生心理承受能力不强，郁闷之下竟然病了，嘉靖四十四年（1565）告病回了家。

不听话地走了，就找两个听话的来，这两个人，一个叫严讷，一个叫李春芳。

严讷兄就不多说了，他于嘉靖四十四年入阁，只干了八个月就病倒了，回了老家，内阁中只剩下了李春芳。

这位李春芳同志，那就不能不说了，他的为人可以用一句话概括：厚道，太厚道了。

在几百年后看来，作为嘉靖二十六年（1547）的状元，李春芳是不幸的，因为与同科同学相比，他的名声成就实在有限，别说张居正，连杨继盛、王世贞他也望尘莫及。但在当时，这位仁兄的进步还是很快的，当张居正还是个从五品翰林院学士的时候，他已经是正二品礼部尚书了。

他能升得这么快，只是因为两点：一、擅长写青词；二、老实。自入朝以来，外面斗得你死我活，他却不闻不问，每天关在家里写青词，遇到严嵩就鞠躬，碰见徐阶也敬礼，算是个老好人。

所以徐阶挑中了他，让他进内阁打下手。

事情到了这里，可以说是圆满解决了，但接下来，徐阶却作出了一个错误的判断，正是这个判断，给他种下了致命的祸根。

嘉靖四十五年(1566)三月，内阁首辅徐阶力荐，经皇帝批准，礼部尚书高拱入阁，任文渊阁大学士，与其同时入阁的还有吏部尚书郭朴。

在这个任命的背后，是一个精得不能再精的打算。

高拱不喜欢徐阶，徐阶知道。

自打嘉靖二十年（1541）高拱以高分考入朝廷，他就明确了这样一个认识——要当，就当最大的官；要做，就做最大的事。

高翰林就这样踌躇满志地迈进了帝国的官场，准备找到那个属于自己的位置，然而现实对他说——一边凉快去。

在长达十一年的时间里，翰林院新人、七品编修高拱唯一的工作是整理文件，以及旁观。

他看到了郭勋在监牢里被人整死，看到了夏言被拉出去斩首，看到了严嵩的跋扈、徐阶的隐忍，他很聪明，他知道如果现在去凑这个热闹，那就是找死。

直到嘉靖三十一年（1552），他才第一次看到了自己的希望，在这一年，他成了裕王府的讲官。

对于籍籍无名、丢进人堆就没影的高翰林而言，这是一个千载难逢的机会，而高拱牢牢地抓住了它。

自从嘉靖二十八年（1549）太子去世以后，嘉靖就没有立过接班人，不但不立，口风还非常之紧，对剩下的两个儿子裕王、景王若即若离，时远时近。

这件事干得相当缺德，特别是对裕王而言。按年龄，他早生一个月，所以太子应该非他莫属，但嘉靖同志偏偏坚信“二龙不相见”理论，皇帝是老龙，太子就是青年龙，为了老子封建迷信的需要，儿子你就再委屈个几十年吧。

不立太子也就罢了，可让裕王想不通的是，按照规定，自己的弟弟早该滚出京城去他的封地了，可这位仁兄仗着没有太子，死赖着就是不走，肚子里打什么算盘，地球人都知道。

于是一时之间群魔乱舞，风雨欲来，景王同志还经常搞点儿小动作，整得裕王不得安生，唯恐到嘴的鸭子又飞了，整日提心吊胆，活在恐惧之中。

在这最困难的时刻，高拱来到了他的身边，在之后的日子里，这位讲官除了耐心教授知识之外，还经常开导裕王，保护他不受侵扰，日夜不离。这十几年的时间里，高拱不求升官，也不图发财，像哄小孩一样地哄着这位软弱的王爷，并用自己的行动对他阐述了这样一个事实：面包会有的，烧饼会有的，皇位也会有的，就算什么都没有，也还有我。

所以在那些年，虽然外面腥风血雨，裕王这里却是风平浪静、安然无恙，有高门卫守着，无论严嵩、徐阶还是景王，一个也进不来，比门神好用得多。

裕王很感激高拱。

关于这一点，严嵩清楚，徐阶也清楚。

于是高拱就成了抢手货，双方都想把他拉到自己这边。严嵩当政的时候，高拱从一个讲官被提拔为太常寺卿（三品）兼国子监祭酒，成了高级官员。

高拱没有推辞，他慨然就任，却不去严嵩家拜码头：朝廷给我的官嘛，与你严

参考消息　徐阶之恩

所谓官场风波，不看从前也要看今后。高拱在仕途上没少受徐阶的关照，他入阁就是徐阶举荐的。嘉靖四十四年，高拱主持乙丑会试，题目文辞不恭，惹得嘉靖震怒。这次的会试题目，出现了“其死也哀”一词，第三题又含有两个“夷”字。嘉靖喜好修仙，最爱“生”、“升”等吉祥话，而最忌“死”、“落”等语。又因苦于倭寇、蛮夷等侵扰，看见“夷”字就不舒服。也亏得徐首辅按得下心思，出面保举，高拱才化险为夷，免遭一劫。

嵩何干？

等到嘉靖四十一年（1562），严嵩退休了，徐阶当政，高拱再次升官，成了礼部副部长。没过多久，他再进一步，任正部级礼部尚书。

傻子也知道，这都是徐阶提拔的结果，然而，高拱却依然故我，官照做，门不进，对徐大人的一片苦心全然无视。

说句实诚话，徐阶对高拱是相当不错的，还曾经救过他一次：原先高拱曾经当过会试的主考官，不知是哪根神经出了岔子，出了个惹事的题目，激怒了嘉靖。皇帝大人本打算打发他回家种地，好在徐阶出面，帮高拱说了很多好话，这才把事情解决。

现在徐阶又一次提拔了高拱，把他抬进了内阁，然而，高拱的反应却大大地出乎徐阶的意料。

他非但不感激徐阶，还跟徐阶捣乱，自打他进内阁的那天起，就没消停过。而闹得最大的，无疑是值班员事件。

当时的内阁有自己的办公楼，按规定，内阁成员应该在该处办公，但问题是，嘉靖同志并不住在寝宫，总是待在西苑。当大臣的，第一要务就是要把握皇帝的心思，对这么个难伺候的主，要是不时时刻刻跟着，没准明天就被人给灭了。所以，但凡内阁大臣，都不去内阁，总是待在西苑的值班房，且赖着不走。

终于有一天，嘉靖没事散步的时候去了值班房，一看内阁的人全在，本来还挺高兴，结果一盘算，人都在这儿待着，内阁出了事情谁管？

嘉靖不高兴了，他当即下令，你们住这儿可以，但要每天派一个人去内阁值班，派谁我不管，总之那边要有人盯着。

于是内阁的大臣们开始商量谁去，当然了，谁都不想去，等了很久也没看见人自动请缨，于是徐阶发话了：

“我是首辅，责任重大，不能离开陛下，我不能去。”

话音还没落，高拱就发言了：

“没错，您的资历老，应该陪着皇上。我和李春芳、郭朴都刚入阁不久，值班

的事情您交给我们就是了。”

徐阶当时就发火了。

从字面上看，高拱的话似乎没错，还很得体，但在官场混了这么多年，徐阶自然明白这位下属的真正意思，估计高拱先生说话时候的语气也有点儿阴阳怪气，所以二十多年不动声色的徐首辅也生气了：严嵩老子都解决了，你小子算怎么回事？

虽然发火，但是涵养还是有的，徐阶同志涨红了脸，一言不发，扬长而去。

所以看起来，高拱似乎有点儿不识好歹，然而事实并非如此。

但凡混朝廷的人，都有这样一个共识——不欠人情，欠了要还。

这才是高拱与徐阶两个人的根本矛盾所在，徐大人认为高拱欠了他的人情，高拱认为没有。

徐阶不是开慈善机构的，他之所以提拔高拱，自然是看中了他的裕王背景，虽说自己现在大权在握，但毕竟总有下岗的一天，要是现在不搞好关系，到时高拱上台，想混个夕阳无限好自然死亡就难了。

可惜高拱也很清楚这一点，要知道，在斗争激烈的嘉靖年间生存下来，官还越做越大，绝不是等闲之辈能做到的，他早就看透了徐阶的算盘。

按照皇帝现在的身体，估计熬个几年就能升天了，到时候裕王必定登基，我高拱自然就是朝廷的首辅，连你徐阶都要老老实实听我的话，哪要你做顺水人情？

加上高拱此人身负奇才，性格高傲，当年不买严嵩的账，现在的徐阶当然也不放在眼里。

精明了一辈子的徐阶终于糊涂了一回，他没想到提拔高拱不但没能拉拢他，反而使矛盾提前激化，一场新的斗争已迫在眉睫。

更为麻烦的是，徐首辅在摸底的时候看走了眼，与高拱同期入阁的郭朴也不地道。他不但是高拱的同乡，而且在私底下早就和高拱结成了政治同盟，两人同气连枝，开始跟徐阶作对。而李春芳一向都是老好人，见谁都笑嘻嘻的，即使徐阶被人当街砍死，估计他连眼都不会眨一下。

在近四十年的政治生涯中，徐阶曾两次用错了人，正是这两个错误的任命，让他差点儿死无葬身之地。这是第一次。

当然，现在还不是收场的时候，对于高拱和徐阶来说，这场戏才刚刚开始。

丰富的政治经验及时提醒了徐阶，他终于发现高拱并不是一个能够随意操控的人，而此人入阁的唯一目的，就是取自己而代之。

虽然走错了一步，在内阁中成为了少数派，但不要紧，事情还有挽回的余地，只要再拉一个人进来，就能再次战胜对手。

参考消息 **顾璘**

顾璘是明代有名的文化名人之一。身为“江东三才子”之一（另两人为刘麟、徐祯卿），诗词书法虽不是独步天下，但也可称一绝，一幅墨宝流传到坊间，轻易便可价值千金。这位慧眼识才的老大人成就了张居正，可惜卒于嘉靖二十四年，没有看见自己相中的人功成名就。到了清代道光年间，顾璘被后人纳为“沧浪亭五百名贤”之列，刻石像以纪念。

张居正

1525 年生人
湖广江陵人
出身寒微
别名：张白圭

天才的考
学之路

五岁入学～七岁
通六经～十二岁
考中秀才

十六岁
中举～二十三
岁成为进士

著名改革家

明朝最优秀
的内阁首辅

万历皇帝的
启蒙老师

◆ 天才，就是天才

何心隐帮助徐阶除掉严嵩后，在京城晃了半年，当他飘然离京之时，曾对人说过这样一番话：

“天下之能士尽在京城，而在我看来，能兴我学者并非华亭，亡我学也非分宜，兴亡只在江陵。”

这是一句不太好懂却又很关键的话，必须要逐字解释：

所谓我学，就是指王学，这段话的中心意思是描述王学的生死存亡与三个人的关系。而这三个人，分别是“华亭”“分宜”与“江陵”。

能兴起王学的，不是“华亭”；能灭亡王学的，不是“分宜”；只有“江陵”，才能决定王学的命运。

在明清乃至民国的官场中，经常会用籍贯来代称某人，比如袁世凯被称为袁项城（河南项城），黎元洪被称为黎黄陂（湖北黄陂）。套用这个规矩，此段话大意如下：

兴我王学者，不是徐阶；亡我王学者，不是严嵩；兴亡之所定者，只在张居正！

何心隐说出这句话的时候，张居正的职务是从五品翰林院侍讲学士。

张居正，字叔大，号太岳，湖广江陵人，明代最杰出的政治家，最优秀的内阁首辅。

请注意，在这两个称呼的后面，没有“之一”。

嘉靖四年（1525），湖广荆州府江陵县的穷秀才张文明，终于在焦急中等来了儿子的啼哭。

作为一个不得志的读书人，儿子的诞生给张文明带来了极大的喜悦，而在商议取名字的时候，平日不怎么说话的祖父张镇却突然开口，说出了自己不久之前的一个梦：

“几天之前，我曾梦见一只白龟，就以此为名吧。”

于是这个孩子被命名为张白圭（龟）。

虽说在今天，说人是乌龟一般都会引来类似斗殴之类的体育活动，但在当年，乌龟那可是吉利的玩意儿，特别是白龟，绝对是稀有品种，胡宗宪总督就是凭着白鹿和白乌龟才获得了皇帝的宠信，所以这名也还不错。

此时的张白圭，就是后来的张居正，但关于他的籍贯，却必须再提一下，因为用现在的话说，张家是个外来户，他们真正的出处，是凤阳。

两百年前，当朱元璋率军在老家征战的时候，一个叫张关保的老乡加入了他的队伍。虽然这位仁兄能力有限，没有干出什么丰功伟绩，但毕竟混了个脸熟，起义成功后被封为千户，去了湖广。

这是一个相当诡异的巧合，所以也有很多讲风水的人认为，这还是朱重八太过生猛，死前就埋下了伏笔，两百年后让这个人的后代拯救明朝于水火之中。这种说法似乎不太靠谱，而事实的确如此。

当然，和朱重八的父亲朱五四比起来，张文明的生活要强得多，起码不愁吃穿，有份正经工作，但要总拿穷人朱五四开涮，也实在没啥意思，毕竟和他的同龄人比起来，张文明这一辈子算是相当的失败。他虽然发奋读书，二十岁就考中了秀才，此后却不太走运，连续考了七次举人都没有中，二十多年过去了，还是个秀才。

父亲实现不了的梦想，只能寄托在子女身上。据说张白圭才几个月，张文明就拿着唐诗在他面前读，虽说做父亲的也没指望这孩子能突然停止吃奶，念出一条“锄禾日当午”之类的名句来，但奇迹还是发生了。

不知是不是唐诗教育起了作用，张白圭一岁多就会说话了，应该说比爱因斯坦要强得多，邻居们就此称其为神童。

一晃张神童就五岁了，进了私塾，而他在读书方面的天赋也显现了出来，过目不忘，下笔成文。过了几年，先生叫来了张白圭的父亲，郑重地对他说:

“这孩子我教不了了，你带他去考试吧。”

所谓考试，是考县学，也就是所谓的考秀才，张文明随即领着儿子去了考场，那一年，张白圭十二岁。

张白圭的运气很好，那一年的秀才考官是荆州知府李士翱。这位兄弟是个比较正直爱才的人，看到张白圭的卷子后，大为赞赏，当即不顾众人反对，把这个才十二岁的孩子排到了第一。

这是个比较轰动的事情，整个荆州都议论纷纷，可李士翱却只是反复翻阅着张白圭的答卷，感叹着同一个词：

“国器！国器！”

他约见了张文明和他的儿子张白圭，在几番交谈和极度称赞之后，李知府有了这样一个念头：

在他看来，乌龟虽然吉利，但对于眼前的这位神童而言，顶着乌龟的名字过一辈子似乎也不太妥当，于是他对张文明说道：

“你的儿子前途不可限量，但白圭之名似不大妥当，我看就改名叫居正吧。”

此后，张神童的名字便叫做张居正。

秀才考上了，下一步自然就是举人了。和考进士不同，举人不是隔年就能去的，按照规定，您得在学校再熬个两三年，过了资格考试才能考。但那是一般性规定，张秀才不是一般人，所以他第二年就去了。

所谓赶得早不如赶得巧，正是这次破格考试中，张居正遇上了那个影响他一生的人。

在考试开始之前，考官照例要向领导介绍一下这一科的考生情况，于是湖广第一号人物顾璘得知，有一个十三岁的孩子也来考试了。

六十五年前，一个十三岁的少年曾应考举人并一举中第，他就是闹腾三朝、权倾天下的杨廷和。所以对于这位后来者，顾璘不敢怠慢，他决定亲自去见此人一面。

两人见面之后的情节就比较俗套了，顾巡抚先看相貌，要知道，张居正同志是明代著名的帅哥，后来做了首辅，跟李太后还经常扯不清、道不明，传得风言风语，年轻的时候自然也差不到哪儿去。这是面试关，满意通过。

然后就是考文化了，据说顾巡抚问了张居正几个问题，还出了几个对联，张居正对答如流，眼睛都不眨一下。顾璘十分惊讶，赞赏有加。

两人越说越高兴，越说越投机，于是在这次谈话的结束阶段，巡抚大人估计是过于兴奋了，一边说话，一边作出了一个惊人的举动——解腰带。

当然，顾巡抚绝对没有耍流氓的意思，他的那条腰带也比今天的皮带贵得多——犀带。

在将腰带交给张居正的时候，顾璘还说了这样一句话：

“你将来是要系玉带的，我的这一条配不上你，只能暂时委屈你了。”

事实上，这绝不仅仅是一个关于裤腰带的问题，而是一个极具寓意的场景，是一个非同小可的政治预言。

在明代，衣服是不能随便穿的，多大的官系多高级的裤腰带，那也是有规定的，乱系是要杀头的。而像顾璘这样的高级官员，系一条犀带招摇过市已经算很牛了。

但他认为，眼前的这个少年可以系玉带，而玉带，只属于一品官员。

懵懵懂懂的张居正接过了这份珍贵的礼物，他看着顾璘的肚子，随即作出了一个准确的判断——自己多了一条用不了的腰带。

张秀才捧着腰带回去备考了，顾璘也收起了原先满面欣赏的表情，跑去找到了主考官，下了这样一道命令：

“这科无论张居正答卷如何，都绝不能让他中第！”

这是一个让在场的所有人都目瞪口呆的决定，顾巡抚翻脸的速度似乎也太快了点儿。但巡抚的命令自然是要听的，于是张秀才费尽心机写出的一张答卷成了废纸，打破杨廷和先生纪录的机会也就此失去。

郁闷到了极点的张居正回到了家乡，开始苦读诗书，准备三年后的那次考试。蒙在鼓里的他想破脑袋也想不通，到底是哪里出了问题？

多年以后，张居正再次遇见顾璘时，才终于得知原来罪魁祸首正是这位巡抚大人，但他没有丝毫的埋怨，反而感动得痛哭流涕。

顾璘实在是一个难得的好人，他曾亲眼见过无数像张居正这样的年轻人，身负绝学，才华横溢，却因为年少成名而得意忘形，最终成为了一个四处游荡以风流才子自居的平庸官僚。所以当他看见张居正的时候，便决定不让这一悲剧再次上演。

只有经历过磨难的人，才能够走得更远。张居正，你的未来很远大。

嘉靖十九年（1540），带着不甘与期望，张居正再次进入了考场，这一次他考中了举人。

正如顾璘所料，张居正还是太年轻了，十六岁的他在一片赞赏声中开始迷失，认定自己中进士不过是个时间问题，书也不读了，开始搞起了兴趣小组之类的玩意儿，每天和一群所谓名士文人聚会，吃吃喝喝吟诗作对。转眼到了第二年，张才子两手一摊——不考了。

反正考上进士易如反掌，那还不如在家多玩几年，这大致就是少年张居正的想法。

玩是一件幸福的事情，但不干正事，每天只玩就比较无聊了。就在张居正逐渐厌倦这种所谓的“幸福”时，真正的痛苦降临了。

在这次痛苦的经历中，张居正受到了人生的第一次打击，确立了第一个志向，也找到了自己的第一个敌人。

事情是这样的，虽然张居正的父亲张文明只是一个穷秀才，但他的祖父张镇却是有休面工作的，具体说来，他是辽王府的护卫。

荆州这个地方虽然不大，却正好住着一位王爷——辽王。说起这个爵位，那可是有年头了，当初朱重八革命成功后分封藩王，其中一个儿子去了辽东，被称为辽王。到了他的儿子朱老四二次革命成功，觉得自己的诸多兄弟在周围碍眼，便把北京附近的王爷统统赶到了南方。辽王就这样收拾行李去了荆州。

根据明代规定，只要家里不死绝，王位就一直有，于是爷爷传给儿子，儿子传给孙子，铁打的爵位，流水的孙子。两百年后，这位孙子的名字叫做朱宪㸅。

这里顺便说一句，有明一代，出现过许多怪字奇字，可谓是前无古人，后无来者，不要说《新华字典》《康熙字典》，火星字典里都找不到，原因很简单，这些字压根儿就不存在。

说到底，这还要怪朱重八，这位仁兄实在太过劳模，连子孙的名字都搞了一套规范，具体如下：自他以后，所有的儿子、孙子名字中的第三个字的偏旁必须为金木水火土，依次排列，另一半是啥可以自便。

可是以金木水火土为偏旁的字实在有限，根本满足不了大家的需要，什么

“照”“棣”“基”之类的现成字要先保证皇帝那一家子，取重名又是个大忌讳。于是每一代各地藩王为取名字都是绞尽脑汁，抓破头皮，万般无奈之下，只好自己造字，确定偏旁后，在右边随便安个字就算凑合了。

这是一个极为害人的规定，其中一个受害者就是我，每次看到那些鬼字就头疼，什么输入法都打不出来，只能也照样拼一个。

而这位辽王朱宪㸅（为省事，以下称辽王）除了名字让人难受外，为人也不咋的。自打他继承辽王爵位后，就把仇恨的眼光投向了张居正。

这说起来是个比较奇怪的事情，张居正从来没有见过辽王，而他的祖父，所谓的王府护卫张镇，其实也就是个门卫，门卫家的孩子怎么会惹上辽王呢？

归根结底，这还要怪辽王他妈。这位辽王兄年纪与张居正相仿，同期吃奶同期入学，所以每次当张居正写诗作文轰动全境的时候，辽王他妈总要说上这么一句：

“你看人家张白圭多有出息，你再看你……”

被念叨了十多年，不仇恨一下那才有鬼。

但恨归恨，长大后的辽王发现，他还真不能把张居正怎么样。

在很多电视剧里，王爷都是超级牛人，想干啥就干啥，抢个民女，鱼肉个百姓，那都是家常便饭。但在明代，这大致就是做梦了。

自从朱棣造反成功后，藩王就成了朝廷防备的重点对象，不但收回了所有兵权，连他们的日常生活，都有地方政府严密监视控制。比如辽王，他的活动范围仅限于荆州府，如果未经允许擅自外出，就有掉脑袋的危险。

说到底，这也就是个高级囚犯，想整张居正，谈何容易？

但仇恨的力量是强大的，当张居正扬扬得意、招摇过市的消息传到辽王耳朵里时，一个恶毒的计划形成了。

不久之后的一天夜里，护卫张镇被莫名其妙地叫进王府，然后又被莫名其妙地放了出来。中间发生过什么事情实在无法考证，但结果十分清楚——回家不久就死去了。

这是一个疑点重重的死亡事件，种种迹象表明，张镇的死和辽王有着很大的关系。对此，张文明和张居正自然也清楚，但问题在于，他们能怎样呢？

虽说藩王不受朝廷待见，但人家毕竟也姓朱，是皇亲国戚，别说你张神童、张秀才、张举人，哪怕你成了张进士、张尚书，你还能整治王爷不成？

这就是辽王的如意算盘，我整死了你爷爷，你也只能干瞪眼。虽说手中无兵无权，但普天之下，能治我的只有皇帝，你能奈我何？

张居正目睹了爷爷的悲惨离世，却只能号啕大哭，悲痛欲绝。也就在此时，年轻的他第一次看到了一样东西——特权。

所谓特权，就是当你在家酒足饭饱准备洗脚睡觉的时候，有人闯进来，拿走你的全部财产，放火烧了你的房子，把洗脚水泼在你的头上，然后告诉你，这是他的权力。这就是特权。

在特权的面前，张居正才终于感觉到，他之前所得到的鲜花与赞扬是如此的毫无用处，那些游山玩水附庸风雅的所谓名士，除了吟诵几首春花秋月外，屁用都没有。

荆州知府也好，湖广巡抚也罢，在辽王的面前，也就是一堆摆设。拥有特权的人，可以践踏一切道德规范，藐视所有的法律法规，想干什么就干什么。而弱者，只能任人宰割。

辽王不会想到，他的这次示威举动，却彻底地改变了张居正的一生，并把这个年轻人从睡梦中惊醒。正是在这次事件中，张居正明白了特权的可怕与威势，他厌恶这种力量，却也向往它。

站在祖父的坟前，陷入沉思的张居正终于找到了唯一能够战胜辽王、战胜特权的方法——更大的特权。

我会回来的，总有一天，我会回来向你讨要所有的一切，让你承受比我更大的痛苦。

向金碧辉煌的辽王府投去了最后一瞥，紧握拳头的张居正踏上了赴京赶考的路。此时是嘉靖二十三年（1544），张居正二十岁。

不管情绪上有多大变化，但对于自己的天赋，张举人还是很有信心的，他相信

进士的出路

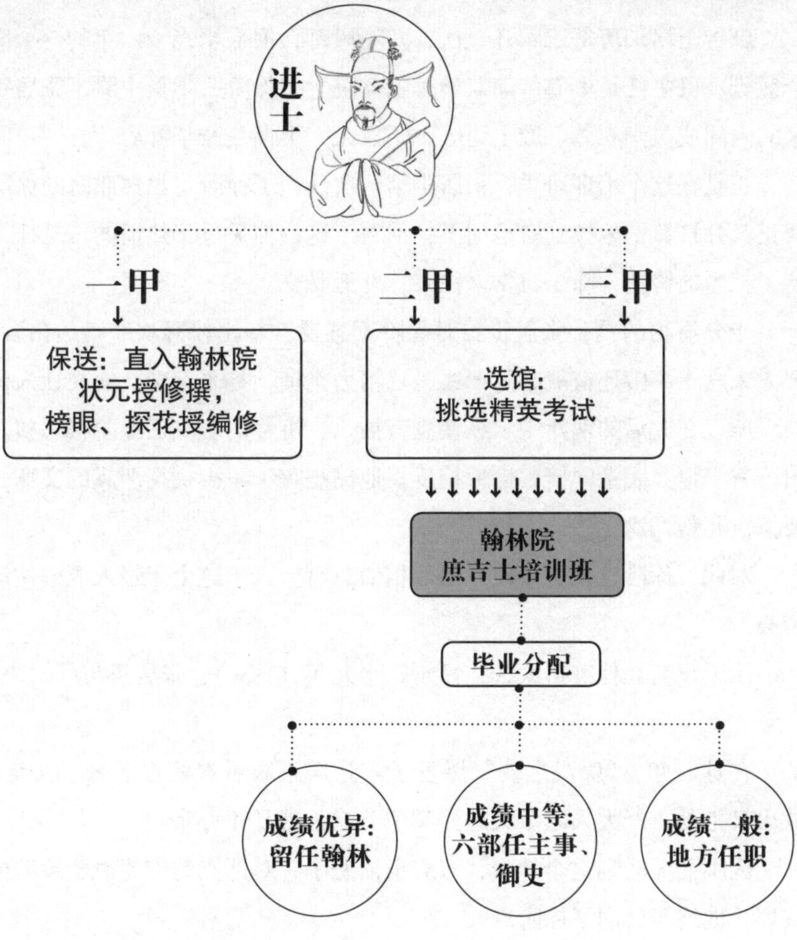

自己能够中第，然而，现实再次给他上了一课——名落孙山。

这是一个张居正无法接受却不能不接受的事实，他的所有骄傲与虚荣都已彻底失去，只能狼狈地回到家乡，苦读不辍，等待下次机会。

嘉靖二十六年（1547），张居正再次赴京赶考，此时他的心中只剩下一个念头：考中就好，考中就好。

赵丽蓉大妈曾经说过：狂没有好处。这句话是有道理的，张居正不狂了，于是就中了，而且名次还不低，是二甲前几名，考试之后便被选为庶吉士，进入了翰林院庶吉士培训班。

庶吉士培训班每三年开一次，并不稀奇，但嘉靖二十六年的这个班，却实在是个猛班。班主任是吏部侍郎兼翰林院掌院学士徐阶，学员中除了张居正外，还有后来的内阁成员李春芳、殷士儋等一干猛人，可谓是豪华阵容。

正是在这个培训班里，张居正第一次认识了徐阶。虽然此时的徐阶已看准了张居正，并打算把他拉到自己门下，但对于这位似乎过于热情的班主任，张居正却保持了相当的警惕，除了日常来往外，并无私交。

十分滑稽的是，张居正虽对徐阶不感冒，却比较喜欢严嵩。在当时的他看来，严大人六十高龄还奋战在第一线，且精力充沛、神采奕奕，实在让人佩服得紧。

所以在此后的两年中，纵使夏言被杀，可怜的班主任徐阶被恶整，他也从未发出一言一语，表示同情。恰恰相反，他倒是写了不少赞扬严嵩的文章，每逢生日还要搞点儿贺词送上去。

对此，徐阶也无可奈何，但他相信总有一天，这个年轻人能够体谅到他的一片苦心。

上天没有让他等得太久，嘉靖二十九年（1550），张居正与严嵩决裂。

在这一年，“庚戌之变”爆发了。张居正眼看着蒙古兵来了又走，走了又来，放火又抢劫。严大人吃了又睡，睡了又吃，就是不办事。

人不能无耻到这个地步，张居正愤怒了，对严嵩的幻想也随着城外的大火化为灰烬，他终于转向了徐阶。

此时徐阶的职务是礼部尚书兼内阁大学士，已经成为了朝廷的高级官员，在张居正看来，他是可以和严嵩干一仗的。可几次进言，这位徐大人却只是笑而不言，对严嵩也百般依从，毫无反抗的行动。

难道你竟如此怯弱吗？张居正没有想到，自己寄予重望的老师，竟然是个和稀泥的货色，只顾权势地位，不敢挺身而出。当然了，愤怒归愤怒，张居正自己也没有站出来，毕竟他此时只是一个七品翰林院编修，况且他也没有杨继盛那样的胆子。

严嵩日复一日地乱来，徐阶日复一日地退让，张居正日复一日地郁闷。终于有一天，他无法忍受了，便作出了一个改变他一生的决定——请病假。

在临走的时候，他给徐老师留下了一封信，痛斥了对方的和稀泥行径，其中有这样一段极为醒目的话：

“古之匹夫尚有高论于天子之前者，今之宰相，竟不敢出一言，何哉？！”

从字面上理解，大致意思是：徐阶老师，你还不如匹夫！

看到信的徐阶却仍只是笑了笑：

小子，你还太嫩了。

第三章

成熟

○ 了解世界的黑暗与绝望 却从不放弃 并以悲天悯人之心去关怀所有不幸的人

○ 这才是伟人之所以成为伟人的真正原因 这才是人类最为崇高的道德与情感

◆ 天下，己任

嘉靖三十三年（1554），带着一腔愤懑，三十岁的张愤青回到了家。说句实话，他选择这个时候回家，实在是再合适不过了，因为此时朝廷正斗得你死我活，杨继盛拼死上书，严嵩大施淫威，徐阶左右逢源，一片腥风血雨，按照张居正的那个性格，想不卷进去都难。

不搞政治，又没有其他娱乐方式，只好游山玩水了。于是在那三年之中，张居正游览了许多名胜古迹，从西子湖畔到武当之巅，处处都留下了他的足迹。然而，这一轮全国三年游不但没有舒缓他的心情，却使他发现了另一个问题。

原来人生可以如同地狱一般。在看过了无数百姓沿街乞讨、卖儿卖女，只求能够多吃一顿、多活一天的惨相后，张居正发出了这样的长叹。

从神童到秀才，再到举人、进士、翰林，纵使有着这样那样的不快，但张居正的一生还是比较顺利的。他不缺衣食，有学上，有官当。

而直到他游历各地，目睹之后，才明白了这样几个真理，比如：一个人如果没有土地，就没有收入，没有收入就没有食物，没有食物，就会开始变卖家产，从家具、房子到老婆、孩子，到了卖无可卖，就会去扒树皮，树皮扒完了，就去吃观音土，而观音土无法消化，吃到最后，人就会死，死的时候肚子会胀得很大。

同时他还发现，原来这个世界上还有很多人不喜欢诗词书画，也没有那么多的忧伤哀愁，他们想要的只是一碗掺着沙子的米饭。对那些骨瘦如柴、眼窝深陷的饥民而言，一幅字画是王羲之的还是怀素的，一点儿也不重要，重要的是那张字画的纸够不够厚，方不方便消化。

在看到那些倒毙在街头、无人理会也无人收拾的尸体时，他有时也会想，这些人生前是不是也有过妻子、丈夫、孩子，是不是也曾有过欢笑的生活，幸福的家。

就在张居正为此痛心疾首之时，一个冤家却再次找上了门来。

这个人就是辽王。说起来，这实在是个缺心眼的家伙，听说张居正回来了，竟然主动找来，只为了一个目的——玩。

作为一个藩王，待在荆州这么个小地方，平时又不能走远，只能搞点儿吃喝嫖赌，真是大大的没趣。所以在他看来，张居正可谓是供消遣的最好人选。

这位仁兄还很健忘，他似乎不记得眼前这个玩伴的祖父曾被自己活活害死。而张居正则成为了玩具，被叫到王府，陪这位公子哥每天饮酒作诗，强颜欢笑。

在那些屈辱的日子里，张居正默默忍受着这一切。与此同时，他又发现了这个世界的另一面：原来人生也可以如同天堂一般。

比如这位辽王，含着金钥匙出生，丰衣足食却依然不知足，鱼肉着属地的百姓，想用就用，想拿就拿。他要做人，百姓就得做牲口；他要潇洒地去活，百姓就要痛苦地去死。

每当张居正结束应酬，离开丰盛的酒席，走出金碧辉煌的王府门口时，总能看到饿得奄奄一息的饥民和无家可归只能睡大街的流浪者。

原来天堂和地狱只有一墙之隔。

这就是大明天下的真相。当无数的贫民受到压榨，失去土地四处流浪的时候，高贵的大人们却正思考着明天去何处游玩，该作一首什么样的诗。

这些在官员们看来并不稀奇的场景却深深地打动了张居正，因为他和大多数官员不同，他还有良心。

面对着那些乞求和无助的眼神，面对着路旁冻饿而死的尸骨，张居正再次确立了他的志向，一个最终坚持到底的志向——以天下为己任。

所谓以天下为己任，通俗点儿说就是把别人的事情当做自己的事情来办。地球人都知道，却似乎只有外星人办得到。

几百年前，一位叫亚当 · 斯密的人在自己的家中写下了一本书，名叫《国富论》。在这本被誉为经济学史上最为伟大的著作中，亚当同志为我们指出了这样一个真理——人天生，并将永远，是自私的动物。

只要回家照照镜子，你就会发现这个法则十分靠谱，试问有谁愿意为了一个素不相识的人去拼搏、奋斗，付出自己的一切努力、心血乃至生命？顺便说一句，没准儿人家还不领你的情。

不是个傻子，也是精神病。相信这就是大多数人的回答。但问题在于，这样的人确实是存在的，他们甘愿牺牲自己的一切，只是为了别人的利益。

而这个特殊的群体，我们通常称之为伟人，所以说伟人不是那么容易干的。

孔子应该算是众多伟人中的一位，他的一生都致力于寻求真理、普及教育。当然，他并不是一个所谓“不可救药的乐观主义者”，他的言行自然也不是“心灵鸡汤”或“励志经典”，在我看来，他倒像是个“不可救药的悲观主义者”。

他流浪数十年，周游四方，目睹了最为残酷的屠杀与破坏，但他依然选择了传道，把希望与知识传递给更多的人，这无疑是一个伟大的行为。而他这样做的真正原因绝不是乐观，而是——悲悯。

了解世界的黑暗与绝望，却从不放弃，并以悲天悯人之心去关怀所有不幸的人。

这才是伟人之所以成为伟人的真正原因，这才是人类最为崇高的道德与情感。

张居正就是这样一个伟人。他锦衣玉食，前途远大，不会受冻，更不会挨饿。他可以选择做一个安分守己的官僚，熬资历混前途，最终名利双收。

然而和那位骑着摩托车横跨南美洲的格瓦拉医生一样，在见识了世上的不公与丑陋后，他选择了另一条道路，一条无比艰苦、却无比光辉的道路。

在黑暗之中，张居正接过了前人的火把，成为了又一个以天下为己任的人。

所以我相信，即使这个世界十分阴晦、十分邪恶，即使它让你痛不欲生、生不如死，但依然应该鼓起勇气，勇敢地活下去。

所以我相信，希望是不会死去的。

◆ 天赋，无与伦比

嘉靖三十六年（1557），张居正回到了北京，此时的他已经脱胎换骨，他知道自己要做什么，也知道该如何去做。

如果单以智商而论，嘉靖年间的第一聪明人应该还轮不上徐阶，因为从实际表现上看，张居正比他还要厉害得多。

在那年头，想在朝廷混碗饭吃实在不易，为了生存，徐阶装了二十多年孙子，还要多方讨好妥协，而张居正的表现却让所有的人大吃一惊。

这位年轻人虽然刚刚三十出头，且在不久之前还是个标准愤青，但在短短几年之间，他已经变成了一个喜怒不形于色、城府深不可测的政坛高手。当时徐阶已与严嵩公开对立，除了个把胆子大的，没人敢与徐阶公开接触，唯恐被严党当做敌人干掉。即使像吴时来、邹应龙这样的死党，每次找徐阶都是趁着夜里，悄悄地进府，通报的不要。

唯一的例外就是张居正。他总是白天来，还喜欢坐官轿，高声通报，似乎唯恐人家不知道他和徐阶的关系。甚至在朝堂上，他也敢公开和徐阶交头接耳。

而更为奇怪的是，对于这一幕幕景象，严嵩及其党羽却不感到丝毫奇怪，也不把他当做对手，因为张居正和他们这边的关系也不错，虽然没有深交，却也经常走动。

即使在我们普通人看来，张居正的行为也无疑是典型的两面派，但在当时，连精得脑袋冒烟的严嵩都认为，这位张翰林是一个光明磊落的人，从不结党，坦坦荡荡。

明明是徐党，明明是耍手段，那么多人都看着，就是看不穿。在长达四十余年的嘉靖朝中，这是最让人莫名其妙的一幕。

而对此怪象，唯一合理的解释是：张居正是个超级牛人。在他的身上，有着一种可怕的政治天赋。即使在最为险恶的政治环境中，他也能够进退自如，在交战双方的枪林弹雨中游刃有余。如此绝技，估计连国际红十字会也望尘莫及。

所以在那几年里，虽然外面你死我活，血流成河，张居正却稳如泰山、安然无恙。

可要是由此认为他安分守己，那你就错了。在徐党中，他大概是最为激进的一个，经常在徐阶面前喊打喊杀，大有与严嵩不共戴天的气势。

然而，徐阶只是微笑，他安排吴时来、董传策、张翀试探严嵩，命令邹应龙弹劾严世蕃，但张居正这颗棋子，他却从未动过。因为他很清楚，这是一个非同寻常的人，而现在，还不是让他上场的时候。

事实上，张居正不但没有出场的机会，连官都升得慢，嘉靖二十六年的进士，一转眼都十多年了，还是个正七品编修，连杨继盛都不如。

对此张居正也想不通，怎么说自己跟的也是朝廷的第二号人物，进步得如此之慢，实在有点儿说不过去。

但当两年之后，他听到那道任职命令之时，所有的抱怨顿时烟消云散，他终于知道了徐阶的良苦用心。

嘉靖三十九年（1560），翰林院编修张居正因工作勤奋努力，考核优异，升任右春坊右中允，兼管国子监司业。

右春坊右中允和国子监司业都是六品官，看上去无足轻重，也不起眼，但事实绝非如此：

右春坊右中允的主要职责是管理太子的来往公文，以及为太子提供文书帮助；而国子监司业大致相当于中央大学的副校长，仅次于校长（祭酒）。

现在明白了吧，成了右中允，就能整理太子的文件，就能和太子拉上关系，这叫找背景。当上中央大学的副校长，所有的国子监学员都成了你的门生，这叫拉帮派。要知道，蒋介石就最喜欢别人叫他校长，那不是没有道理的。

况且这两个职务品级不高，也不惹人注意，没有成为靶子的危险，还能锻炼才干，对于暂时不宜暴露的指定接班人来说，实在是再合适不过了。

算盘精到这个份儿上，真是不服不行啊。

但天衣无缝总是不可能的，顺便说一句，当时的国子监校长恰好就是高拱，而这一巧合将在不久之后，给徐阶带来极大的麻烦。

徐阶对张居正实在是太好了，好得没了谱。嘉靖三十九年，徐阶与严嵩的斗争

参考消息　**董传策**

董传策也是一个充满传奇的人物。他是嘉靖二十九年的进士，资历虽不能算老，但也大小是个刑部主事。嘉靖三十七年，因为跟严嵩叫板而吃了牢饭，差点死在锦衣卫的酷刑之下。巧的是那年华州地震，还震了好几次，朝廷给一批不那么紧要的人减了罪，于是董传策得以谪戍南宁。穆宗即位后，董传策被重新启用，一直到万历元年被劾免官为止。奇异的是，万历七年四月二十九日夜，经历了大风大浪的董传策居然在退出朝堂纷争后，被自己的家奴杀死。而原因，至今尚不明了。

已经到了生死关头，双方各出奇招，只要是个人，还能用，基本都拉出去了。但无论局势多么紧张，作为徐阶最得意的门生，张居正却始终没有上阵，只是安心整理公文，教他的学生。

照这个势头看，即使要去炸碉堡，徐大人也会自己扛炸药包。

这一切，张居正都牢牢地记在心里，他知道徐阶对自己的期望。

严嵩终究还是倒了，倒在比他更聪明的徐阶脚下，于是张居正的前途更加光明了。嘉靖四十三年（1564），他被提升为右春坊右谕德。

右谕德是从五品，也就是说张居正在四年之间，只提了半级。然而当他听到这个任命的时候，高兴得差点儿跳起来，因为这个右谕德的唯一工作，就是担任裕王的讲官。

裕王跟徐阶从来就不是一条线，能把张居正安插进去，那实在是费了九牛二虎之力。

就这样，张居正进入了裕王府，成为了裕王的四大讲官之一。说来有趣，其他三位都是他的老熟人，他们分别是：当年的老同事高拱，当年的老同学殷士儋，还有当年的老师陈以勤（高考时是他批的卷）。

这四位讲官就此开始了朝夕相处的教学生活，在不久的将来，他们将成为帝国政坛的风云人物。

徐阶本打算让张居正再多磨砺几年，到时再入阁接班，但现在情况发生了变化，由于自己的错误判断，高拱已然占据了优势，必须提前开始行动了。

但当徐阶准备收获自己栽培了十几年的庄稼时，意外发生了。

他惊奇地发现，在张居正这块自留地上，竟然长出了杂草。

杂草的名字叫做高拱。

高拱这个人人如其名，性格高傲且极其难拱，与他同朝为官的人很少能成为他的朋友，因为他不但自负才高，且常常藐视同事和上级，动不动就是一句：你们这帮蠢……

或许你会奇怪，这人自己不蠢吗，群众基础如此之差，怎么还能升官？我告

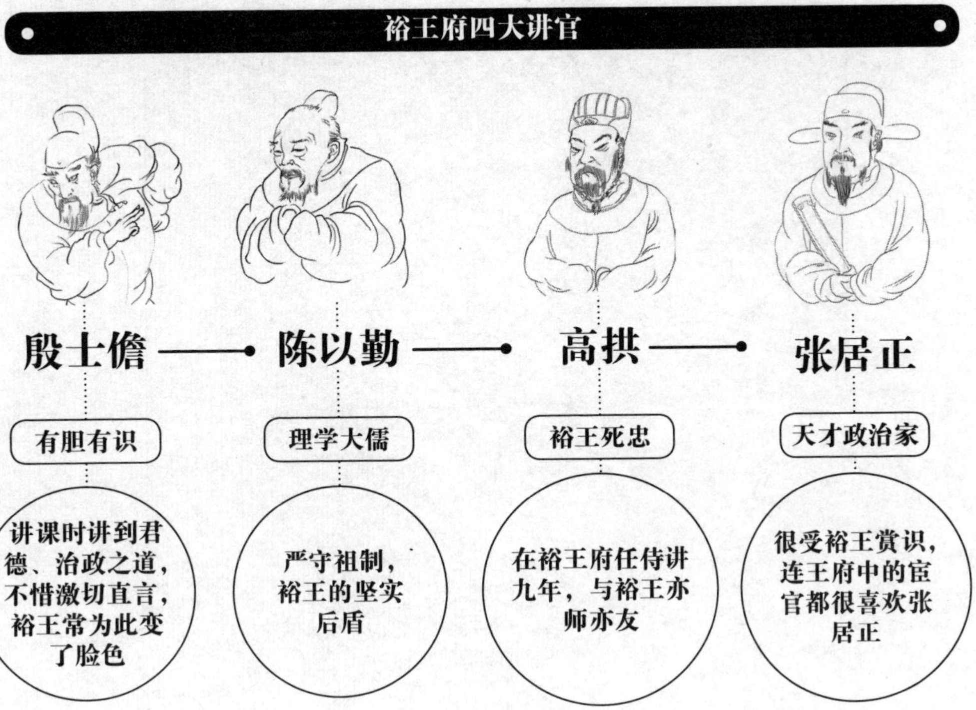

诉你，高先生可不蠢，你要知道，他虽然瞧不起上级同事，却很尊重老板（皇帝）。经常写青词送给嘉靖，且文辞优美，当时的大臣们公认，他写这种马屁文章的水平可排第二（第一名是状元李春芳），徐阶都要靠边站。

更何况，他手里还捏着一个裕王，有如此雄厚的资源，鄙视也罢，骂也罢，你能怎样？

所以他的朋友很少，郭朴算一个，张居正也算一个。

郭朴是他的同乡兼战友，就不多说了，而张居正之所以能成为他的朋友，完全是靠实力。

高拱曾经对人说过，满朝文武，除叔大（张居正字叔大）外，尽为无能之辈。

刚到国子监的时候，高拱对自己的这位副手十分不以为然，把张居正当下人使唤，呼来喝去。人家到底是个副校长，这要换了个人，估计早就闹起来了。

然而，张居正一声不吭，只是埋头做事，短短几个月，就把原先无人问津的国子监搞得有声有色。高拱就此对他刮目相看。

几年之后，当两人以裕王讲官身份重逢的时候，高拱已经彻底了解了这个人的学识和器量，于是他第一次放下了架子，每次见到张居正，居然会主动行礼，而且经常找他聊天，交流思想。

久而久之，两人成了要好的朋友，还经常一起相约出去游玩。正是在一次郊游之中，高拱向张居正袒露了自己内心的秘密。

在那个阳光明媚的清晨，屹立在晨风之中的高拱面对着眼前的江山秀色，感慨万千，对站在身边的张居正说出了这样一句话：

“以君之才，必成大器，我愿与君共勉，将来入阁为相，匡扶社稷，建立千秋不朽之功业！”

张居正目不转睛地盯着眼前这个意气风发的人，然后他走上前去，面对这位志同道合的战友，坚定地点了点头。

是的，这也正是我的目标。

在那一刻，五十二岁的高拱与三十九岁的张居正结成了联盟，一个雄心万丈，于危难中力挽狂澜、建功立业的志向就此立下。

天下英雄，尽出于我辈！

老谋深算的徐阶很快就发觉了两人之间的关系。他知道，要指望张居正一边倒，帮他打击高拱，已经不可能了。但高拱在内阁中气焰日渐嚣张，一时之间他也想不出更好的方法。

就在他苦苦思索对策的时候，一个意外事件发生了，遗憾的是，对徐阶而言，这实在不是一件好事。

事情是这样的，在当时的朝廷里，有一个叫胡应嘉的言官，话说这位仁兄有一天闲来无事，便干起了本职工作——弹劾，这次他选中的目标是工部部长李登云。

他的本意其实只是骂骂人而已，可问题是他的弹章写得实在太好，没过几天，消息传来，李登云被勒令退休了。

这下子胡应嘉懵了，虽说一篇文章搞倒了一个副部长，也算颇有成就，但问题在于，这位李登云有个亲家，名叫高拱。

完了，胡应嘉同志这下麻烦了，得罪了高拱，迟早吃不了兜着走，而且他还由路边社得知，高拱大人对此事极为恼火，准备收拾他。

参考消息 **李登云**

李登云与弟弟李凌云分别是嘉靖十三年的举人、十四年的进士，与他们的兄长李乘云并称“河东三凤”（那时候说“凤”绝没有歧视这三兄弟的意思，所谓人中龙凤者，皇帝在上不能夸人是龙，自然就只能是凤了）。而李登云虽然是高拱的儿女亲家，又高居尚书之位，但这次被胡应嘉的彗尾扫到，不幸沦落，从此节衣缩食，以布衣蔬果为生。

无奈之下，胡应嘉决定铤而走险，与其坐以待毙，不如奋力一搏。他开始打探消息，准备先下手为强。

很快，他就得知了这样三个消息：首先，嘉靖最近得了重病，身体很不好。

其次，高拱搬了家，住到了西安门。

最后，高拱曾把自己西苑值班房的一些私人物品搬回了家，还经常回家住。

这三个情况看上去毫无关系，也无异常，但杀人的血刀却正隐藏其中。胡应嘉灵机一动，想出了一个极为毒辣的计策，并随即挥毫泼墨，写下了一封弹章。

我曾整理过明代言官的奏疏，看过不下百封弹章，骂法各异，精彩纷呈，但要论阴险毒辣之最，那还要算是胡应嘉的这封大作，数百年后读来仍让人毛骨悚然，冷风刺骨。

"臣吏科给事中胡应嘉上奏，礼部尚书、文渊阁大学士高拱身受陛下大恩，却于皇上病重之时脱离职守，擅自回家，并将其值庐（即值班房）内的物品尽数搬回家中，臣实不知其有何用心？！"

毒，实在太毒了，要知道，嘉靖这一辈子最怕的就是大臣另有所图，当年徐阶提议立太子，都差点儿被他给废了，现在正值病重之时，高拱就开始收拾行李了，这不是摆明了要另起炉灶吗？

按照嘉靖的性格，如无意外，他看到这封弹章之日，即是高拱毙命之时。而这条毒计更为阴险的地方在于，胡应嘉已经看透了高拱与徐阶的矛盾，他知道，一旦此文上传内阁，挑起战火，高拱必定认为是徐阶所主使，到时全面开战，这个黑锅就可以转嫁给徐阶，没准儿还能得到他的赏识。

顺便提一下，胡应嘉是徐阶的老乡。

这是一个几近完美的一石三鸟之计，胡应嘉布置完毕，便得意扬扬地等待着高拱的死讯，却没有想到他疏忽了一个最为重要的问题。

病人是容易被激怒的，但是病到一定程度，也就不怒了。

此时的嘉靖同志已经病入膏肓了，躺在床上奄奄一息，就等着去阎王那里报到，哪里还有精力去看胡应嘉的弹章？于是胡言官这份饱含杀人热情的文书就落入了高拱的手中。

当高拱看完这份奏疏之后，顿如五雷轰顶，冷汗直冒。他大为恼火，当即认定这是徐阶的阴谋，公开表示与首辅大人势不两立，并连夜找到郭朴，商量反击的对策。

内阁里被人排挤，张居正被人插足，现在又多了个胡应嘉，徐首辅恨不得去撞南墙。就在他焦头烂额之际，另一个惊天动地的消息传来：

嘉靖死了！

终于还是死了，死并不奇怪，这么晚才死，那才是怪事。

要知道，这位仁兄几十年如一日，把有限的精力投入到无限的修道工作中去，并以大无畏的精神亲身品尝了据说吃了能长生不老的新型药品——金丹，据分析，其主要成分包括金（Au）、银（Ag）、汞（Hg）以及多种重金属、矿物质。

嘉靖是个好同志，就这么些玩意儿，他一吃就是四十年，且毫无怨言，而他竟然还是坚强地活到了六十岁，奇迹，真是奇迹。

说实话，对于这位仁兄，我并不感冒，但没有办法，他当政四十余年，手下能人辈出，怪事频发，不写也实在说不过去，而回过头来，看看这位天才皇帝的一生，实在令人感慨。

嘉靖是个聪明人，十六岁就能控制朝政，操纵群臣，而他的下属大都能力超强，文臣夏言、徐阶、胡宗宪全都权谋老到，武将戚继光、俞大猷、谭纶个个凶狠强悍，可谓是人才济济。

然而，国家却变成了这样一副样子，正如海瑞所说，百姓穷困潦倒，家家干净；官场腐败横行，贪诈成性；国家入不敷出，年年闹赤字。大明帝国逐渐滑向崩溃的边缘。

出现如此之怪象，只是因为两个字——自私。

嘉靖很自私。他认为做皇帝就是来享福的，没有义务，只有权利，而为了享受，就必须分裂群臣，让他们斗来斗去，自己的地位才能稳固；为了享受，就必须修道，这样才能活得更长。至于国计民生，鬼才去管。

总之一句话，在我死后，哪怕洪水滔天！

太上大罗天仙紫极长生圣智统三元证应玉虚总掌五雷大真人玄都境万寿帝君朱厚熜——还是死了。

不过如此！

所以对他的死，也只有一个字可形容：

该！

◆ 不朽

在嘉靖崩掉的那一夜，第一个接到死讯的人，是徐阶。

当然，你要指望他号啕大哭，痛不欲生，那是不太现实的。但听到这个消息后，徐阶确实沉默了，并非默哀，只是因为几十年的政治经验告诉他，一个千载难逢的反败为胜之机已经出现，就在这个死人的身上。

他立刻下达了命令：

“把张居正叫来！”

此时的张居正只是一个翰林院学士，还不是内阁成员，自然也没有值班的义务，所以当他从热被窝里被人叫出来、顶着北京十二月的寒风跑进宫时，还是一头雾水。

徐阶告诉他，皇帝死了。张居正却极为平静，不置可否。

死就死了吧，又不是我爹，有啥好激动的。

但他还是激动了，因为徐阶又说了一句话：

“要写一道遗诏，我来拟，你来写。”

张居正的手发抖了，因为兴奋而发抖。

在明代，皇帝活着的时候可能发布过无数文件，但最重要的一份却是他死后的遗诏，因为这是他一生的总结，而国家的大政方针也将在这封文书中被确定。

而遗诏最关键的秘密在于，它根本就不是皇帝本人的遗嘱，却是由大臣代写的，所以大多数遗诏都被写成了检讨书，把自己骂得狗血淋头，连街头混混都不如的也不在少数。反正您已经死了，还能爬起来算账不成？

遗诏在手，天下在握。

所以能参与这份历史性文件的草拟，张居正极为兴奋。他知道按照规定，自己这个五品翰林院学士根本没有动笔的资格，但现在，他坐在桌前，手握着毛笔，和千千万万天下人的命运。

他抬起头，向站在身边忙着沉思造句的徐阶投去了感激的一瞥。

但他并不知道，当他埋头写作之时，徐阶也曾反复审视着他，眼光中充满了得意。

太好了，一切都在掌握之中。

这是徐阶政治生涯中最为精彩的一招，也是他政治智慧最为辉煌的闪光。

在这个夜里，他露出了自己的真面目，将积蓄了二十多年的怒火全部发泄，彻底否定了几十年胡搞乱搞的嘉靖，痛斥他的乱政怠政，当然，从程序上看，这些话都是嘉靖同志自己说的，怪不得别人。

这就是明代历史上著名的《嘉靖遗诏》。据说全文刊出后，举国欢腾，许多文人纷纷写诗讴歌此文，个别不地道的，竟敢在大丧期间放鞭炮庆祝。皇帝干到这个份儿上，失败，太失败了。

凭借着这封遗诏（作者大家心里有数），徐阶的威望达到了顶点，权势也如日中天，高拱的气焰被打压了下去。但此招最为高明之处却并不在此。

天真的张居正并不知道，当他提起笔、写下第一个字的那一刻，他与高拱已经彻底决裂。

正是因为遗诏极为重要，所以根据惯例，其拟定必须由内阁大臣共同商议决定，但在那天夜晚，到达现场的人，却只有一个徐阶，高拱、郭朴、李春芳都不知道，统统被放了鸽子，这是大忌中的大忌。

李春芳是个老实人，也就算了，高拱和郭朴却不是好打发的。竟敢背着我们吃独食？饶不了你！

不久高拱得知，与徐阶一同草拟文件的还有一个人，而此人竟然就是张居正。张居正是什么级别？凭什么拟遗诏！

参考消息 **郭朴**

嘉靖三十三年，郭朴担任吏部右侍郎时，被命与几个同僚一起服侍皇帝在西内廷写些玄文。嘉靖的这道命令一下，几位当朝大臣立即开始研究玄术，以图个临时抱佛脚。唯独驸马都尉邬景和说自己不懂玄理，直接把这事推了，闹得最后被罢官。郭朴则因为学习进步很快，不但按时交了作业，还得到了嘉靖的厚奖。但嘉靖死后，徐阶草拟遗诏，高拱和郭朴没有参与商议，两人由此跟徐阶有了隔阂，郭朴多次上疏请求致仕回乡，而后在家乡闲居二十多年后去世，当时许多人都为他惋惜。

他大吃一惊，又怒不可遏，一颗仇恨的种子就此埋下，从此以后，张居正不再是他的朋友和伙伴。而对于张居正而言，在老师和朋友之间，他只剩下了一个选择。

姜还是老的辣，狐狸还是老的精。

一天之后，京城监狱的看守得知了嘉靖的死讯，他们商议了一下，便开始分配工作，买菜的买菜，买肉的买肉，做了一顿丰盛的饭菜，然后请牢里的一位犯人吃饭。

这个犯人名字叫做海瑞。

自从骂完皇帝，海瑞先生的名气是一天大过一天了，无数官员把他当做榜样，有些老百姓甚至把他的像挂在家里，早请示晚汇报，成了不折不扣的偶像级人物。

现在皇帝死了，以海瑞的名头，自然是无罪开释，加官晋爵。看守们也想求个进步，便打算投个机，请海大人吃一顿，将来也好有个照应。

饭菜送到牢房里，海瑞一看，有鱼有肉，再一算，太上老君的生日还差得远，自己的生日更不靠谱，明白了，这是断头饭。

所谓断头饭，就是杀头前吃的饭，一般说来都还不错，咱中国人仁义，坚决不给阎王增加负担，保证不让一个饿死鬼去报到。当然了，这顿饭一般人都吃不下去——心理压力太大。

可要搁到海瑞身上，那就是两说了。海猛人二话不说，提起筷子就刨，狼吞虎咽，吃完了还要舔，等到盘子能够照出人影，他终于吃完了。

然后他坐了下来，看着看守，那意思是我吃完了，你们怎么还不动手。

看守被他那种找死的眼神看得发毛，便小心翼翼地对他说：

“海先生，您还不知道吧，皇上已经驾崩了，您很快就能出去了。”

接下来发生的事情被写进了大大小小的史书，堪称史上之奇观。

在听到这句话后，海瑞呆了一会儿，然后突然大哭起来，哭得撕心裂肺，哭到喘不过气，然后就开始吐，先吐这顿的，再吐上顿的，最后是黄胆水。

看守呆住了，他不知道这是怎么回事，吓得魂不附体，紧紧贴着墙壁，一动也不敢动。

海瑞是真哭，嘉靖死了，他很悲伤。说来真有点儿讽刺意味，嘉靖信任严嵩、信任徐阶，给了他们高官厚禄，结果一个把他当工具，一个把他当傀儡，唯一为他的死而感到悲哀的人，竟然是那个痛骂过他、又被他关进监狱的海瑞。

嘉靖，原来你竟如此的孤独。

而对于海瑞的这一表现，大致有两种不同的评价，捧他的人刻意回避，压根儿不提，骂他的人说这是他愚昧与盲从的集中体现。

记得在我小时候，曾经看过一套连环画《说岳全传》，算是我的历史启蒙教材，在每本连环画的前言部分，会介绍本集故事梗概，但无论是哪一集，下面总会有这样一句话：请读者注意，岳飞的行为是封建忠君思想的体现，应该予以批判。

我个人觉得，这是一句相当无耻的话。

封建社会嘛，又没有民主推荐、差额选举，除非你自立门户，不然除了忠君还能忠谁，难不成去信上帝？

在封建时代，就做封建时代的事，说封建时代的话，别指望人家有多高的觉悟，这就叫历史唯物主义。

海瑞没有看过孟德斯鸠和卢梭的书，嘉靖活着的时候，海瑞骂他，是尽本分；嘉靖死的时候，海瑞哭他，也是尽本分。

本分，本分而已。

但哭是哭不死的，哭完了还得活，不出看守们所料，海瑞很快就被释放了，几年之后，他将再次出山，并闹出更大的事情。

十天之后，全天下的人都知道了皇帝的死讯，这其中也包括湖广蕲州（今湖北蕲春）的一个平民。对于这个消息，他表现得十分平静，因为十几年前，当他见到尚在壮年的嘉靖时，就已经料定，这位嗑药的皇帝是撑不了多久的。

他无奈地摇了摇头，然后回到简陋的小屋里，继续写他的那本书。

三十多年前，作为一个想要考取功名的秀才，他曾三次参加乡试，不过运气不太好，总是考不上，于是一气之下，便干起了父亲的老本行。

虽说名落孙山是一件悲痛的事，但这个人的落榜实在值得全人类放鞭炮庆祝，因为他的名字叫李时珍。

事实上，李时珍原本不想做医生，因为他的父亲虽是当地的名医，家里也有点儿钱，但在那年头，四书五经才是正道，医学算是杂学，那么医生就是杂人了。

杂人自然是不受待见的，有钱又如何，就是瞧不起你！所以李时珍的老爹千叮咛万嘱咐，将来千万不能从医。

李时珍是听话的，但就是考不上，你有什么办法？更为麻烦的是，二十岁的时候，他还染上了一种极为难治的肺病，百般折腾，死去活来，才算保住了一条命。

于是不久之后，久病初愈的他找到了父亲，只说了一句话：

“我不考了，请将医术传给我。”

父亲想了一下，点头同意了。

我所经历的痛苦与折磨，不想再让别人承受。

在我看来，这大致就是李时珍的行医动机。

虽说读书不在行，但摆弄药材，李时珍还是很有点儿天赋的，而随着年龄的增长，他见过的怪病越来越多，经验越来越丰富，医术也越来越高。

这么看来，现在医院里五六十岁的老头、老太太坐镇门诊，二三十岁的医生只能坐在一旁打苍蝇，也实在不是没有来由的。医术如何暂且不说，人家毕竟多活了几十年，没有功劳也有苦劳。

但李时珍明显不是一个具备现代观念的医生，一点儿潮流意识都没有，他给穷人看病，竟敢不收上百万的医疗费，竟敢热情问诊、嘘寒问暖，竟敢免除所有的检验费、治疗费，实在是“罪大恶极”！

行医十几年，不计成本，只求救人，李时珍就这么坚持了下来。他的积蓄越来越少，名声却越来越大。

于是到了嘉靖三十年（1551），他迎来了人生的一场大变，在这一年，几个人找到他，十分客气地把他请到了楚王府，希望他担任楚王的私人医生。

能吃饱饭，还有无数的医书和药材资源，李时珍不是傻瓜，他答应了。

在楚王府，李时珍干得很不错，治好了很多人，被称为神医，名震天下。

好东西人人都想要，尤其是嘉靖这样的人，所以在听说李时珍的大名后，他便告诉楚王，你另外找一个医生，把这个给我送过来。

就这样，李时珍进入了太医院，并见到了大明帝国最高级的病人——嘉靖。

其实能进入太医院，李时珍是很高兴的，能做到太医，也算是医生中的成功人士了，不得意一下，实在也说不过去。

但没过多久，他就想走了。

具体原因并不像许多书上所说的那样，什么疾恶如仇、厌恶庸医等，李时珍不是海瑞，走南闯北混了那么多年，场面上的事情还是过得去的。他之所以要走，实在是因为力不从心。

李时珍是神医，在那个年头，只要不是天花、肺结核之类的绝症，他基本上都能搞定，可问题在于，他那位唯一的病人是没病找病。

嘉靖其实身体很好，只要能够坚持锻炼，每天早上跑跑步、打打太极拳，活个七八十岁应该不成问题。可他的目标过于远大，七八十？至少也要活个七八百才够本。

于是他开始没事找抽，日复一日地吃重金属和水银，还美其名曰金丹。李时珍倒是劝过他，也想帮他，却毫无用处。

这实在怪不得李时珍，因为要从科学门类来分，嘉靖同志弄的这一套应该算是有机化学，隔行如隔山，李医生当年也没搞过化学，只能爱莫能助了。

太医院别的没有，医书和药材是不缺的，于是嘉靖接着嗑他的药，李时珍接着搞他的研究。直到有一天，他认为自己已经学不到更多东西了，便打起背包，收拾资料，离开了这个他曾无限向往的地方。

嘉靖三十一年(1552)，李时珍回到了民间，这一年他三十五岁，见过最穷的贫民，也看过最富的天子，到过寒酸的茅舍，也走过金銮大殿，人世间的富贵、疾苦，他已了然于胸。

鲁迅先生曾经说过，他爹就是被一堆奇形怪状的药材给治死的。在表示哀悼的同时，我们有理由相信，在李时珍的那个年代，患了感冒开给你几剂砒霜应该也不是什么稀奇的事。

没办法，咱中国地大物博，药材植物也多，到底哪种东西治什么病，谁都搞不清楚，被乱治胡吃搞死的人，也只有阎王才能数得清。

忆往昔，他此起彼伏，于是他决定写一本书，写一本囊括所有植物药材以及正确用法的书。

这本书的名字叫做《本草纲目》。

从嘉靖三十一年（1552）起，李时珍开始写这本书，要知道，医书不是小说，你不但要写出药用植物的形状、外貌，还要详细描述它的特点、疗效。坐在家里胡编乱造，是一个字也写不出来的。

所以从决定写书的那一天起，李时珍便开始了另一种生活——奇特而艰苦的生活。

作为曾经在太医院干过的医生，此时的李时珍已经成了传奇人物，来找他看病的人络绎不绝。医术且不说，想想当初这人给皇帝都号过脉，那就是御医，说起来咱这辈子还看过御医，也够吹个三五十年的。

名声大了，收入自然也高了，李时珍就算闭着眼睛号脉，混个百万富翁也绝不成问题。然而，他默默地收拾行囊，开始远行，足迹踏遍了全国十三省，无论是名山大川，还是悬崖峭壁，凡是有药材的地方，就有他的踪影。为了弄清药物的疗效，他曾亲自品尝过许多药材植物，好几次差点儿植物中毒，一命呜呼。

为了写这本书，李时珍从一个名医变成了流浪汉。他居无定所、风餐露宿，他放弃了舒适的生活，放弃了宽敞的诊所，也放弃了自己唾手可得的幸福生活。

但他依然执著地写了下去——为了更多人的幸福。

从嘉靖三十一年（1552）开始，历经二十六年，李时珍走遍了全国各地，尝遍了无数植物药材，查遍了世上的所有医书，最终完成了这部中国历史上最为伟大的医学著作。

《本草纲目》共计十六部、五十余卷，全书记载药物一千九百余种，还详细记载了这些药物的采集、制作、特性、治疗病症，并全部附有手绘插图（佩服），此外，书中还收入经检验有效的方剂一万一千多则。

李时珍于万历二十一年（1593）去世，他没有能够看到此书的出版。

三年后，《本草纲目》正式印刷发行，很快脱销，并迅速传入日本、朝鲜以及东南亚一带，几十年后又传入欧洲、北美，并被翻译成几十种文字，成为世界医学史上的权威书籍。而李时珍也得以超越嘉靖、徐阶、张居正，成为被世界公认的伟大科学家。

而对于《本草纲目》的意义，其实不需要用它的传播范围以及受到的夸赞加以肯定，我们只要知道，它的出现已经拯救了无数人的生命，直到现在仍然继续，这就够了。

鲁迅先生除了痛斥庸医外，自己也当过医生，当然，之后他又不干了，原因大家都在课本里学过，他觉得医人无用，“启发民智”才是正道。

对于这个判断，自然不能说错，但凑巧的是，我看过一个类似的故事。

在很久以前（具体多久我也不知道），有一个医生，这位医生的医术很高明，很多人来找他看病。

当时恰逢战乱，打得你死我活，敌对双方的受伤士兵都来找他治疗，他来者不拒，悉心照料，使他们很快康复。

很快，他就惊奇地发现，原先治好的人竟然又负伤了，还是来找他，没办法，战争年代刀剑无眼，其实我们也不想光荣负伤，您受累了。

看起来这场仗时间很长，不断有新伤员来找他，但让人高兴的是，老伤员似乎越来越少——战死了就不用治伤了。

如此周而复始，他终于崩溃了。我治好了他们，他们又去打，然后又负伤，我再去医治，这样做有什么意义！

于是他丢掉了药箱，远离了诊所，跑到山区隐居起来。

但没过多久，人们惊奇地发现，他又回到了诊所，照旧开始医治那些负伤的士兵。

于是有人问他：

“为什么你会回来医治这些人？”

他笑着回答：

《本草纲目》的成就

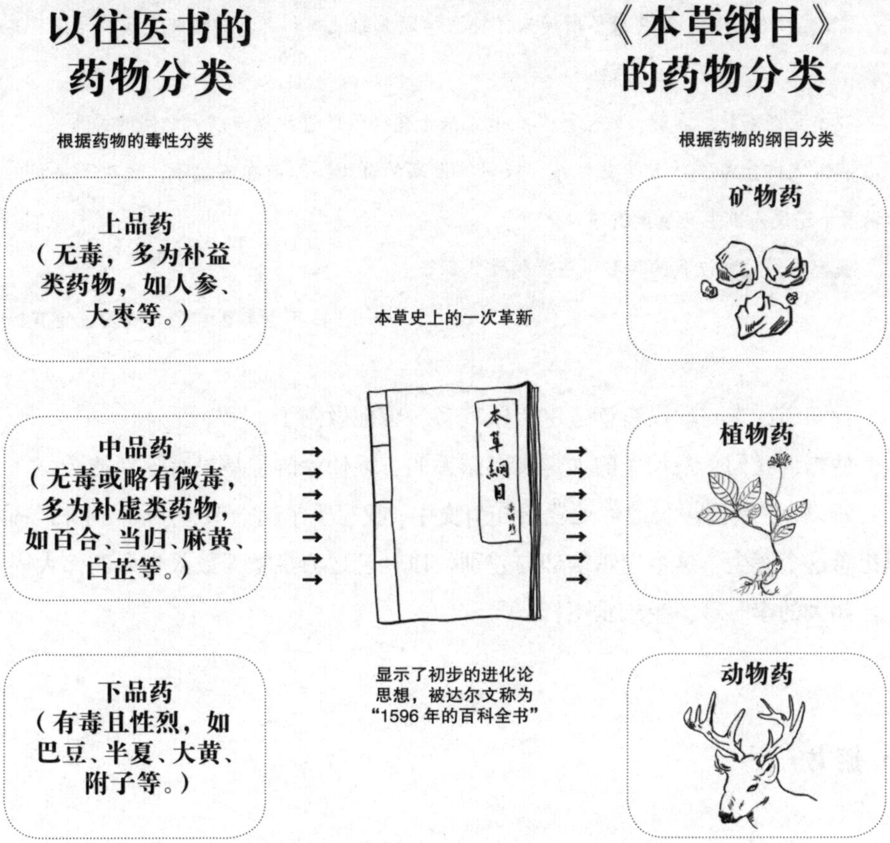

“因为我本就是个医生啊！”

这就是最终的答案。

无论徐阶是否斗倒了严嵩，无论张居正是不是一个杰出的改革家，都不关李时珍的事，他只是一个医生。他知道，生命很珍贵，也很柔弱，作为一个医生，有责任和义务去维护生命的存在。

这就是明代医生李时珍的觉悟，以及他抛弃荣华富贵，历经困苦三十年著书救人的唯一动机与目的。

在我被吸收为医学事业中的一员时，我严肃地保证将我的一生奉献于为人类服务。

我将用我的良心和尊严来行使我的职业。我的病人的健康将是我首先考虑的。我将尊重病人所交给我的秘密。我将极尽所能来保持医学职业的荣誉和可贵的传统。我的同道均是我的兄弟。

我不允许宗教、国籍、政治派别或地位来干扰我的职责和我与病人之间的关系。

我对人的生命，从其孕育之始，就保持最高的尊重，即使在威胁下，我决不将我的医学知识用于违反人道主义规范的事情。

我出自内心和以我的荣誉，庄严地作此保证。

——1948 年世界医学会《日内瓦宣言》

我知道，李时珍没有读过这一段宣言，但他做到了。

他告诉我们，最伟大的人是没有派系的，最伟大的爱是没有分别的。

所以，在我国漫长的你死我活斗争史中，我写下了这一节，并以“不朽”命名，以纪念这个医生，这个超越信仰与差别、以一己之力挽救无数人生命的伟大人物。

伟大的李时珍医生永垂不朽。

◆ 禁书

与上一节不同，这一节我考虑了很久才落笔。按说嘉靖都死了，追悼会也办完了，事情就完了，该他儿子出场了。

如果还要接着搞总结，相信会有人说我啰唆，天地良心，我从来不管小事，问题不闹得天翻地覆，鬼哭神嚎，是断然不会被写下来的。而这嘉靖年间的最终问题，如果不写，实在是对不起那几位光辉人物，于是我毅然决定，把这个最后的问题写完。

嘉靖年间是个多事的时代，嘉靖本人复杂，连带着他的大臣、子民跟着一起复杂，什么事都有，什么人都出，忠臣、奸臣、骂臣、海盗、汉奸、英雄，还有日本、葡萄牙、西班牙等多国友人进来掺和，不热闹是不可能了。

对了，还漏了一个，文人。

嘉靖这四十五年是一个争议很大的时期，有人说是嘉靖中兴，也有人说是亡于嘉靖，但有一点是大家都不否认的——灿烂的文化。

除了杨慎、王世贞、徐渭等人的诗词书画外，更值得人们骄傲的是，在这个时期前后，伟大的明代四大名著已经全部诞生，并得以发扬光大。它们分别是《水浒传》《三国演义》《西游记》以及《金瓶梅》。

由于《水浒传》和《三国演义》的作者是老熟人，所以成书年代也差不多（明初），而到嘉靖年间，由于市民文化普及，这两本书已经家喻户晓，得到了广泛的流传。

至于《西游记》，我们目前得知的是，其作者为吴承恩，江苏淮安人，其他情况不是不详，就是存在争议。吴先生就如同孙猴子一样，神出鬼没，难以捉摸。

而《金瓶梅》，应该是争议最多的一本书了，连成书时间都存在争议，不过大抵也就是嘉靖后期到万历之前的这一段，跑不了多远。

但有一点是可以肯定的：《金瓶梅》是一本具有伟大意义的杰出著作，它应该被堂而皇之地与其他三本书摆在一起，被后人顶礼膜拜。

《金瓶梅》的作者以其精湛的笔法、深刻的思想，勾勒出了西门庆、潘金莲等知名人物（拜“水浒”所赐）的形象，并以这些鲜活的人物描述了明代中期的市民生活、被冲击得千疮百孔的封建礼教，以及不可遏制的思想解放与性解放潮流（拜王守仁心学所赐）。

即使从文学题材上讲，它也是杰出的，连一些红学家也认为，《红楼梦》关于

参考消息 **李时珍和吴承恩**

李时珍离开京城太医院之后，返回故乡蕲州开始编撰《本草纲目》。因为一次到蕲王府为蕲王诊断，从而结识了在蕲王府做幕僚的吴承恩。两人都有过走南闯北、东游西荡的经历，谈话十分投机。由于祖制而被迫足不出户的蕲王，也经常加入到二人的茶话会中，讨论一下各处的风情、草药和神怪之事。三人虽然名为主从，实则亦兄亦友。这种云游、聊天的美好生活，一直持续到万历十年一代文坛怪才吴承恩去世才结束。

人物日常生活的写作，是承继自《金瓶梅》的。

疑问最多的，大概就是此文的作者了，那个所谓的“兰陵笑笑生”如果要列出嫌疑名单，是可以另写一本书的。其实作者不留名倒也可以理解，毕竟这书里还有些不堪入目的东西（专用名词“糟粕”），咱们到底是礼仪之邦，有些事情上不得台面，写了这么个玩意儿，总还是有点儿不良影响，要顾及脸面。

而王世贞之所以被确定为重点作者嫌疑人，说起来还和严世蕃先生有着莫大的关系。因为很多人认为，金瓶梅中的这位西门庆是有原型的，而原型就是严世蕃。

其实就生活腐化而论，西门庆和严世蕃压根儿就不是一个档次的。西门庆的老婆说起来也就潘金莲那么几位，严世蕃那就多了去了，基本都是两位数起算；要谈贪污的钱财数目，更不知从何说起，西门大官人才什么级别，严侍郎可不是吃素的。

当然，说他们两人有关系，那也不是凭空讲白话，人家还是有证据的，比如严世蕃同志又叫东楼，东楼和西门似乎还对得上；再比如严世蕃同志有个小名，叫做庆儿，这种类似猜谜类的玩意儿数不胜数，就不多说了。

而王世贞之所以被扣上这个帽子，实在是因为他和严嵩有仇，且名声太大，文章写得太好，大家觉得如此精彩的一本小说，不是寻常村夫或是文学青年能写出来的，思来想去，就是他了。

当然，现在也有许多人说王世贞不是作者，并列举了很多证据，我不搞考证，也就不写了。

不管有多少争议，但至少我们知道，明代曾有过怎样辉煌的文化。伟大的四大名著自诞生之日起，便已成为了经典，此后的五百年中，除了一部《红楼梦》，无书可望其项背，不知道后面那帮人都干吗去了。

但还有一点必须说明，那就是在当时，四大名著之中，有一本是禁书，如果藏有此书，是要惹麻烦的。

我大致知道许多人的答案，但我要告诉你们，不是那一本。

被禁的那一本，是《西游记》。如果你还记得，书中有这样一个情节，唐僧师徒四人曾经到过一个叫车迟国的地方，那个地方的皇帝推崇道教，迷信成仙，还搞出了几个虎力大师之类的邪门道士，最后被孙猴子一顿收拾，见阎王去了。

说到这里，你应该明白为什么它会被禁了，这种骂人不吐脏字的把戏历来就不少见。还有那句著名的“皇帝轮流做，明年到我家”，除了孙猴子外，估计也没人敢说。

总而言之，那是一个痛并快乐着的时代，至少我认为如此。

参考消息 **另一本禁书**

嘉靖年间，广东有一位书生陈建，编了一部名为《皇明资治通纪》的史书，记载从元末至正十一年（1351）到明正德十六年（1521）年的历史，什么犯禁的事儿都敢收进去。原本小范围流传的时候没出什么乱子，到了隆庆年间，这本《皇明资治通纪》已经成了畅销书，于是工科给事中李贵和请求朝廷封禁此书。不过也仅在隆庆、万历两朝略略做了做样子，到了明末又重新刊行了起来，并有诸多学者对其进行补充和整理。这部书不仅是明代首部编年史，还因为它诞生在危机四伏的嘉靖朝，直言敢书、有救世之意，而备受时人推崇。

第四章

最终的乱战

○斗争形势是复杂的 斗争路线是曲折的 而敌人是狡猾的 所以要想一劳永逸地解决问题 必须作好充足的准备 找好突破口 才能一举搞定

◆ 明穆宗朱载垕

公元 1566 年，朱载垕继位了，年号隆庆。他等了二十多年，终于等死了自己的老子，等到了皇位。

这位仁兄能混到这个位置实在不易，因为他是奉遗诏登基的。遗诏是怎么回事前面已经说过了，嘉靖忽悠了儿子那么多年，临死也没说句接班的话。

不管怎样，毕竟已经是皇上了，隆庆开始召集大臣们上朝。

被嘉靖冷落了那么多年，终于有了发言的机会，大家都十分激动，滔滔不绝，唾沫横飞，甚至在朝堂上公开对骂。然而从第一天起，大臣们就惊奇地发现，这位皇帝似乎有点儿不对劲儿。因为无论下面吵得多热闹，上面的这位兄弟却一句话都不说，始终保持沉默。

隆庆是个很可怜的人。

他是嘉靖的第三个儿子，皇位根本没他的份儿，安心做个藩王，好好过日子就行。可偏偏老天爷开眼，前面两个都没能熬过去，于是老三就变成了老大。

但这对于他而言，实在算不上一件好事。因为嘉靖同志不但命硬，还极难伺候，能和他打交道的，也

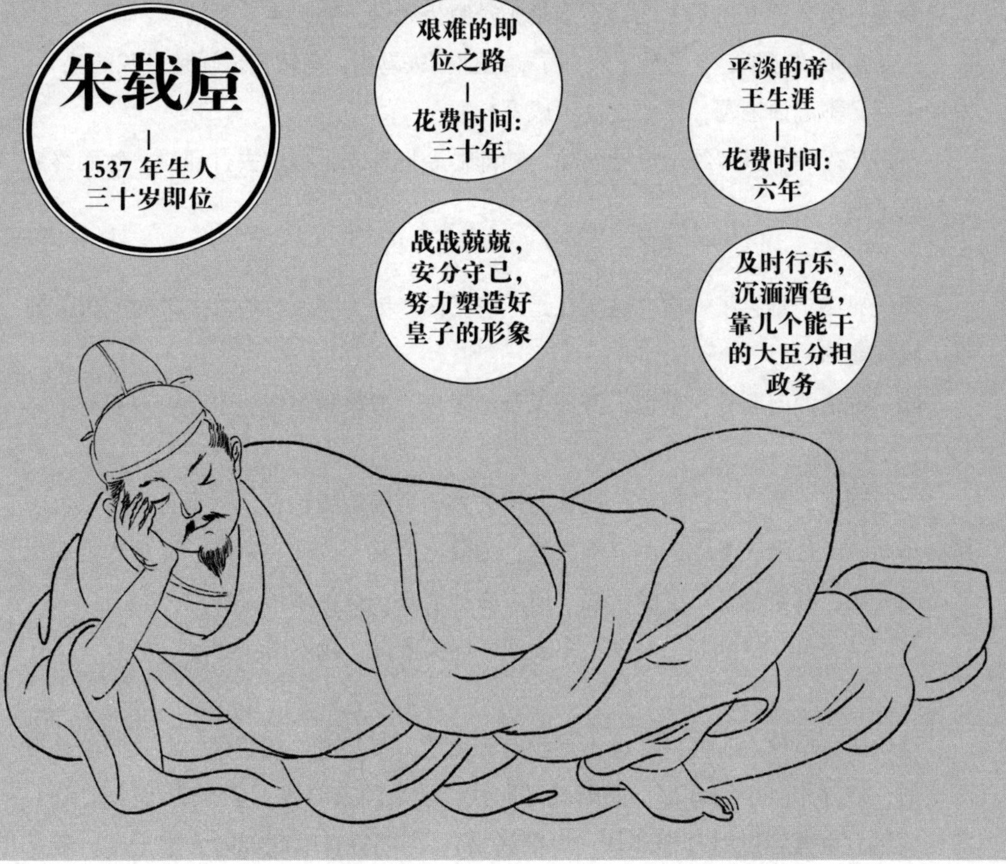

都是徐阶、严嵩这类老滑头，以朱载坖的智商水平，只能是重在参与了。

现在看着下面这帮杀气腾腾、脸红脖子粗的陌生人，他经常会发出这样的感叹：我怎么会待在这种地方，和这些人打交道？

他知道，如果自己开口说话，不管好坏，按照言官们的光荣传统，一定会被骂，既然如此，那我就不说话了，看你们还能怎么样？

不久之后，隆庆终于明白，原来不说话也有不说话的骂法。

很快就有人找上门来了，这个人叫郑履淳。他慷慨陈词，严厉指责皇帝继位以来，放任大臣发言，自己却不说话，长此以往，国家怎么得了？

说来有点儿搞笑，因为这位郑先生时任尚宝丞，是管机要文件的，并不是言官，就算要骂，怎么着也轮不上他，不知是不是穷极无聊，想找点儿事情干。

于是皇帝愤怒了，老子都不说话了，让你们去骂街，竟然还是闹到了我的头上，说话也骂，不说话也骂，你要造反不成？！

恨得牙痒痒的皇帝终于没能忍住，随即命令把郑先生拖出去打屁股，然而终究还是放了他。

隆庆兄终于雄起了一次，这实在是不容易的，因为在执政的大多数时间内，他是比较窝囊的。

除了说话的问题外，皇帝大人还惊奇地发现，原来做皇帝，也是可以很穷的。

一般说来，新官上任都有三把火，作为大明帝国的统治者，刚刚登基自然也想摆摆场面。于是隆庆下令，由户部拨款，为后宫购买一些珠宝首饰，算是送给诸位老婆的礼物，其实也花不了多少钱，所以在他看来，这件事情并不过分。

然而结果是，户部尚书马森上书表示：你买可以，我不出钱。

这句话看似耸人听闻，却也不是没有来由的。要知道，在明代，财政制度是很严格的，户部相当于财政部，而财政部的钱，就是国家的钱，皇帝是无权动用的，即使要用，也要经过财政部部长（户部尚书）、内阁分管财政部的大学士（一般是首辅）层层审批，还要详细说明你把钱用到什么地方去了，准备用多久，打不打算还，什么时候还。

要不说清楚，一个子儿都甭想动。

参考消息 **开源节流**

隆庆刚刚当上皇帝，这一年，太仓存银仅二百零一万两，军秣粮草要花费一百三十五万余两，支付边饷需要二百多万两，更有治理黄河和次年的赈灾之需等着。换句话说就是入不敷出，赤字将近四百万两。隆庆看了户部尚书马森的账本之后，立刻下令抄了给嘉靖道友的房子以开源；凡官内有储备的物料全部停止采办，号召后宫勤俭持家，用父亲嘉靖没用完的东西以节流，总算是让众大臣稍微松了一口气。

所以，历代皇帝要用钱的时候，大都会动用内库，也就是他们自己每年的收入，除非是穷得没办法，一般都不会去找户部打秋风。

既然明知，为什么还要去触这个霉头呢，因为他就是穷得没办法了。

原先内库还有点儿钱，但传到他爹手上，都拿去修道和给道士发工资了，等传到他这里，已经是一穷二白，干干净净。

现在马森不给，他也没办法，本打算再下一道谕令，希望这位部长大人手下留情，多少施舍点儿，但就在此时，大麻烦来了。

言官们不知从哪里知道了这个消息，于是大家兴奋了，这回有事干了。

首先是给事中魏时亮上书，严厉批驳皇帝的浪费行为。很快御史贺一桂跟进，分析了买珠宝的本质错误所在。还没等皇帝大人回过神来，另一个重量级的人物出场了。

这个人的名字叫做詹仰庇，人送外号詹三本，很快你就会知道这个外号是怎么来的。

这位詹兄是嘉靖四十四年（1565）的进士，换句话说，他刚当官才两三年，虽说资历浅，但可谓人浑胆子大，看见大家上书，他也上了一本：

“陛下你要知道，历史上的贤君都不喜欢珠宝，比如某某某某（此处略去），现在您刚刚登基，就开始喜欢这类东西，一旦放纵，后果不堪设想，我听说两广还在打仗，您怎么能够本末倒置呢？”

皇帝又愤怒了，户部不给钱，我也没追究，你们还一拨一拨地上奏折，老子不还没买吗，你们到底想干什么？！

然而这一次，他忍了下来，没有发作，继续保持沉默，珠宝的事情也不提了，就当没这回事。

可是他万万没有想到的是，詹三本又行动了。

不久之后，这位仁兄在宫里闲逛，偶然看见了太医，就上前打招呼，一问，是进宫给皇后看病的。换了别人，这事也就完了，但詹三本不是别人，他就开始琢磨了，这皇后怎么就生了病呢，再一打听，原来是夫妻双方闹矛盾，皇后搬到别处去住了。

好了，好了，用功的时候又到了，詹三本琢磨来琢磨去，又上了第二本：

“臣最近听说皇后已经搬到别处居住，而且已经住了近一年，最近身体还不好。臣觉得这件事情陛下不应该不理啊，要知道皇后是先皇选定的，而且一向贤淑，现在您不去看望皇后，万一有个什么三长两短，那可怎么得了？

“所以希望皇上听我的话，前去看望皇后，臣就算死，也好过活着了（虽死贤于生）。”

这就是无理取闹了，人家夫妻俩吵架，与你何干，还要你寻死觅活？

隆庆收到奏疏，大为恼火却不便发作，不回答又不行，只好回了个话：

“皇后生了病，所以才住到别处去养病。我的家事你怎么知道，今后不要乱讲话！”

就这样，詹仰庇出名了。他本来预计这次投机是要挨板子的，但现在居然毫发无伤，这笔生意做得太值了，正是所谓——中外惊喜过望，仰庇益感奋（原话）。

感奋不已的詹仰庇再次感奋了，他决定再接再厉，把弹劾进行到底。很快，他就上了第三本，这一次他把矛头对准了宫内的宦官，说他们多占田产，收取赋税，希望皇帝陛下驱逐他们。

事实证明，詹仰庇先生的弹劾，欺负欺负隆庆皇帝这样的老实人还是可以的，但对付真的坏人，那就不灵了。宦官们立刻找了个由头，坑了他一把，把他赶出了京城。

参考消息　不屈不挠

这一次没成功，隆庆二年十二月，穆宗再次提出采办珠宝的要求，马森又毫不犹豫地给了他当头一棒：存银不足。穆宗勃然大怒，我的用度减了那么多，到现在还用老爹剩下的，有这么欺负人的吗？百官诤谏不听，限三日内采买珍珠宝石若干。隆庆四年五月，穆宗又起了买珠宝的念头，这道命令如同捅了马蜂窝，户部给事中们个个捧着核算清单发起了围攻，穆宗懵了，于是请出老祖宗的法宝——廷杖，领头闹事的给事中李已被打了一百棍，其他人也各自论罪，才算勉强将势头压了下去。

起于弹劾，终于弹劾，詹三本到此终于功德圆满。十几年后，他还曾经复起，担任过都察院左副都御史，为了巴结当时的大学士王锡爵，甘当打手四处骂人，后又被人骂走。事实证明这位仁兄是典型的没事找抽型人格。

隆庆皇帝面对的就是这么一群人，说得好听点儿是读过书的大臣，说得不好听就是有牌照的骂街流氓。他的心理承受能力又不如内阁的那几只老狐狸，实在是疲于招架。

所以从登上皇位的那天起，他就意识到了这样一点：皇帝是不好干的，国家是不好管的，而我是不行的，国家大事就交给信得过的人去干，自己能过好小日子就行了。

事实证明，正是这个判断使大明王朝获得了重生的机会。

那么谁是信得过的人呢？对于隆庆而言，自然就是身边的那几位讲官了，除殷士儋外（原因很复杂，后面再讲），高拱、张居正、陈以勤都是最合适的人选。

于是在隆庆初年（1567），礼部尚书陈以勤与吏部左侍郎张居正同时入阁。至此内阁已有六人，他们分别是首辅徐阶，次辅李春芳、郭朴、高拱、陈以勤、张居正。

请注意上面的六人名单排序，它的顺序排列实在非同寻常。

在明代，内阁是讲究论资排辈的，先入阁的是前辈当首辅，后来的只能做小弟当跟班，那小弟怎么才能做首辅呢？很简单，等前辈都死光了，你就能当前辈了。

这里特别说明，早你一天入阁就是你的前辈，你就得排在后面，规矩是不能乱的。可能有人要问，要是两人同一天入阁怎么办呢？

那也简单，大家就比资历吧，你是嘉靖二十年的进士，我是嘉靖二十六年的，那你就是前辈。如果连资历也相同，就比入阁时候的官级，你是正部，我是副部，你还是前辈。如果官级也相同，那就比年龄，反正不分出个先后不算完。

所以张居正虽然与陈以勤同时入阁，但论资历和官级，他都要差点儿，只能委屈点儿，排在第六了。

其实，这种排序本也说不准，要说起来，排第二的李春芳还是陈以勤的学生，谁让人家进步快呢？这种事情，不能怨天尤人。

这就是隆庆初年的内阁顺序表，考虑到排序，再看看前面几位生龙活虎的状态，如果按自然死亡计算，张居正要想接班，至少也得等到七八十，这还是保底价。

不过幸好，除了论资排辈外，我国也不缺乏其他的优秀传统，比如不斗到死不罢休的斗争哲学。

就在张居正刚刚入阁之后不久，一场猛烈无比的风暴来临了。

正所谓十处打锣，九处有他，这次挑事的又是一位老熟人——胡应嘉。

◆ 弹劾，归隐

虽说上次投机不成，没有搞掉高拱，反而结了仇，但胡应嘉没有辞职，更没退休，这位仁兄注定是闲不下来的。很快，一个偶然事件地发生，为他提供了新的发挥途径——京察。

明代的官员制度是很严格的，每三年考核一次，每六年京察一次。顾名思义，京察就是京城检察，对象是全国五品以下官员（含五品），按此范围，全国所有的地方知府及下属都是考察对象（知府正五品）。

当然，也包括京城的京官。

这么一算起来，那些整天叫嚷的言官也都是考察对象，全国十三道监察御史统统是正七品，六部六科都给事中是正七品，给事中才从七品，算是包了饺子。

我查了一下，这个条例是明宪宗朱见深时开始实施的，很怀疑这是不是朱同志

参考消息 **京察**

京察始于正统元年（1436），考察依据主要有三种，一是自陈，即官员对自己几年来的工作总结；二是考语，即由官员所在衙门写的工作鉴定及评语；三是访单，即吏部向被考察官员身边的人发出的意见调查表，借此了解大众舆论，查明该官员是否贤明。有时，访单也会成为报复工具，以致某些官员明明表现良好，但因为得罪了人，而在访单中被刻意地抹黑和中伤。不过，收集完考语和访单后，主持考察的官员会对被察官员进行亲自询问，对考语和访单的结果进行复核。

京察

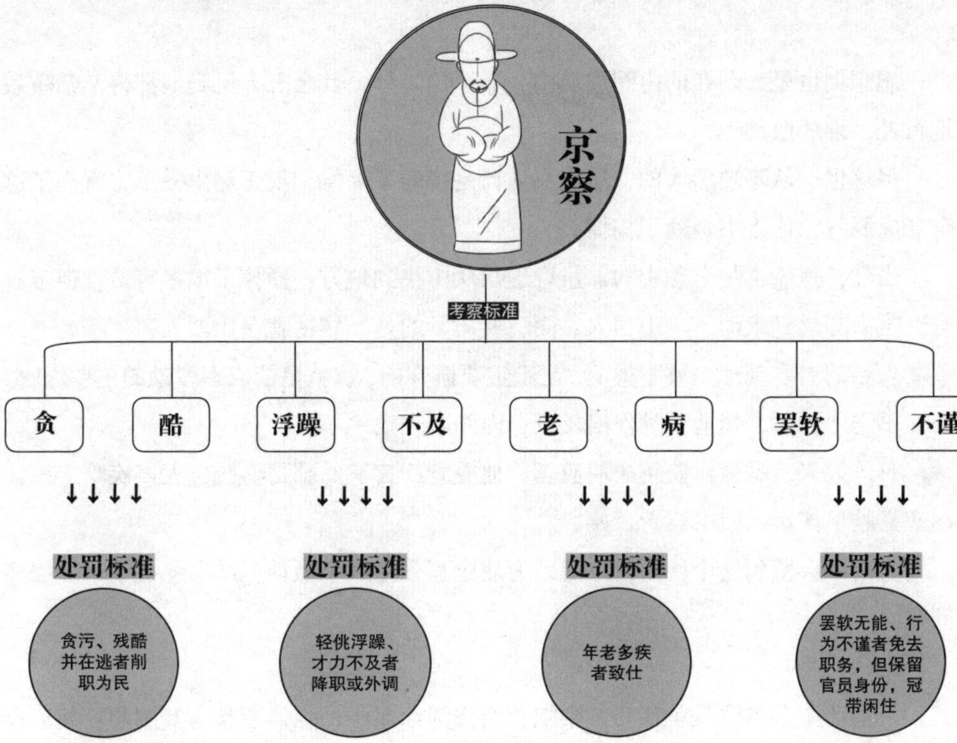

受不了骂，故意这么干的。

如果这真是他的本意，那他就要失望了，因为一百多年来，每次京察的结果总是地方官倒霉，言官安然无恙。想想也是，管京察的是吏部尚书和都察院左都御史，并不是内阁大学士，连皇帝都怕言官，两位部长大人怎么敢干得罪人的事情呢？

但这次似乎有点儿不同了，除了地方官外，许多原先威风凛凛的御史、给事中都下了课，乖乖地回了家。朝野一片哗然，敢闹事的却不多。

因为此时的吏部尚书是一位超级猛人，他虽然没有入阁，却比大学士还狠——杨博。

说来惭愧，这位当年严世蕃口中的天下三杰竟然还活着，而且老而弥坚。这次京察是由他主导的，那就真算是一锤定音了：

想当年我二十多岁的时候就陪大学士巡边，之后镇守蒙古边疆，杀了二十多年人，又干了十几年政务，严嵩在时都要让老子三分，你们这些小瘪三，也只能去欺负皇帝，免了就免了，辞了就辞了，你敢怎样？

想想倒也是，现在的内阁成员中，除了徐阶外，其余五人见到他都得恭恭敬敬地行礼，谁还敢动他？

但这世上从不缺胆大的，胡应嘉估计是得罪了高拱，反正豁出去了，就摸了这个老虎屁股，他上书弹劾了杨博。

当然，弹劾也是有理由的。虽说这次从中央到地方，撤掉了很多官员，但唯独有一类人却丝毫未动——山西人。而“凑巧”的是，杨博就是山西人。

狭隘的老乡观念是要不得的，是一定要摒弃的，这就是胡应嘉弹劾的主要内容。但文书送上去后，杨博还没作出反应，内阁就先动手了。

具体说来，是高拱要解决胡应嘉。他握着胡言官的那封奏疏，大声疾呼应该让胡应嘉趁早滚蛋，回家当老百姓。

之所以会落到这个局面，只是因为胡应嘉先生过于激动，结果忽视了一个程序问题。

京察的主办单位是吏部和都察院，而作为给事中，也是要参与其中的。胡应嘉全程办理了此事，却一言不发，现在京察结束了才来告状，你早干吗去了？

高拱等这个机会已经很久了，他辞严色厉，一边骂胡应嘉，还一边斜眼瞟徐阶，那意思是你能拿我怎样。而郭朴也趁机凑了回热闹，跟着嚷起来，要严惩胡应嘉。

像徐阶这种老江湖，自然是不吃眼前亏的，如果再闹下去，就要骂到自己头上来了，所以他腰一弯，就势打了个滚：

“那好吧，我也同意。”

高拱，这可是你自找的，不用我出手，自然有人收拾你。

事实说明，高拱兄还是天真了点儿。他万万想不到，处罚令下达之日，就是他倒霉之时。

自打胡应嘉要贬官的传言由路边社传出之后，高拱就没消停过，京城里大大小小的言官已经动员起来：胡应嘉替我们说话，既然高大人要他下课，我们就要高大人下台!

最先跳出来的是给事中辛自修、御史陈联芳，他们分别弹劾高拱滥用职权、压制言论等罪名。但高拱不愧为老牌政治家，轻而易举便一一化解。

然而，当听说另一位言官准备出场弹劾时，高拱顿时感到了末日地来临，这个人的名字叫欧阳一敬。

欧阳一敬，嘉靖三十八年（1559）进士，给事中，从七品。

这是一份并不起眼的履历，但只要看看他的弹劾成绩，你就会发现他的可怕。

嘉靖年间，他弹劾太常少卿晋应槐，晋应槐罢官。

接着，他弹劾礼部尚书董份，董份罢官。

后他调任兵科给事中，弹劾广西总兵（军区司令员）、恭顺侯吴继爵，吴继爵罢官。也正是因为这位仁兄的一状，饱经沧桑的俞大猷大侠才得以接替此位，光荣退休。

三个月后，弹劾陕西总督陈其学、巡抚戴才，陈其学、戴才罢官。

如果你觉得他已经很有胆、很敢弹的话，那我建议你还是接着往下看，因为他还曾经弹劾以下这些人（排名不分先后）:

英国公张溶、山西总兵董一奎、浙江总兵刘显、锦衣卫都督李隆等。

所谓英国公，就是跟随永乐皇帝朱棣打天下的那位张玉的后代，最高公爵，世袭罔替。山西总兵和浙江总兵都是省军区司令员，而李隆都督是特务头子。

弹劾结果：以上官员中，除英国公张溶外，全部罢官。

总而言之，在欧阳一敬不到十年的弹劾生涯中，倒在他脚下的三品以上部级文

参考消息　董份

在欧阳一敬弹劾的几名官员中，有一个叫董份的特别显眼。此人是严党，跟严世蕃的交情尤其好，因为在严世蕃倒台时为其求情而被免官。董份特别有经济眼光，名下的数百房产都是商铺，每年仅租金一项就有几百万的进款，在外又另有商船三百多艘。董份讲究生活享受，家中的园子占地千顷，仆从千余人。虽然被免官，但他的家产算是下海经商所得，没有充分的罪名被抄。所以他在居家之余，还有闲情逸致写些文章。董份一直活到了万历二十三年，寿八十六，有《泌园集》行世。

武官员合计超过二十人，并附侯爵一人、伯爵两人。

当我看到这份成绩单时，总会不禁感叹，原来骂人也是有天赋的。

骂神出马，自然不同凡响。欧阳一敬实在是彪悍得紧，不但弹劾高拱，还捎带了杨博，并大大夸赞了高拱的奸恶水平，说他比历史上的著名奸臣蔡京同志还要奸。

在弹章的最后，他还体现了有难同当的高尚品质：

“胡应嘉弹劾的事情，我事前就知道了，你们要处罚胡应嘉，就先处罚我吧！”

这种江湖义气，实在颇有几分黑社会的神韵。

这回高拱扛不住了，可还没等他开始反击，另一个人却蹦了出来，此人就是他的学生齐康。

齐康也是御史，但老师吃了亏，同行也就顾不上了，他立马站出来，先骂欧阳一敬，再骂徐阶。但是事实证明，骂架和打架的道理大致相同，人多打人少才能打赢。

齐御史刚出头，就被欧阳一敬方面的口水彻底淹没。而徐阶兄也不甘示弱，趁你病要你命，还找来了几个六部官员，大家一起去踩高拱。

这下高拱再也扛不住了，隆庆元年（1567），屁股还没坐热的高学士主动提出辞职回家，一个月后，他的同乡好友郭朴也退了休。

徐阶，算你狠，我们走着瞧！

就这样，徐阶轻而易举地获得了胜利。这也只能怪高拱兄不自量力，徐首辅久经考验，当年孤身一人，尚且敢跟严嵩对干，如今天下在握，皇帝都不好使，何况高学士，内阁里你排老几？

高拱走了，最伤心的人是皇帝，但他也无能为力，因为他说了不算。

此时的徐阶已经比皇帝还皇帝了，隆庆被他抓在手里，动弹不得。皇帝说：中秋节到了，咱们摆个宴席，庆祝一下。

徐阶说：铺张浪费，你就不要办了。

皇帝说：那好，我听你的。

不久之后，皇帝又说：我这么多年一直待在北京，想要出去转转。

徐阶真是个直爽人，说了一大堆话，概括起来两个字：不行。

隆庆终于愤怒了，我爹还不敢这么管我呢！你凭什么？！一气之下，他毅然收拾行李，还是去了。

虽然这次英雄的举动为他赢得了一次自助游的机会，但长此以往，怎么得了？高拱又走了，身边连个出主意的人都没有，就在皇帝大人苦苦思索对策的时候，一件出乎他意料的事情发生了。

徐阶致仕了，他放弃了首辅的位置，打好包裹，准备回松江老家。

这在当年,算是一件奇闻。要知道,以徐首辅的地位和威望,想干多久就干多久，想灭谁就灭谁，完全是天下无敌的状态，所谓金盆洗手、急流勇退，那只是一个遥远的童话。

然而童话确实成为了现实，而原因也十分简单——疲惫，以及欣慰。

隆庆二年（1568），徐阶六十六岁，暂住北京，即将退休。

四十八年前，他十八岁，家住松江府华亭县，在那里他遇见了一个叫聂豹的七品知县，听从了他的教诲：

“我将致良知之学传授于你。”

四十五年前，他二十一岁，来到北京考中了进士。在大明门前，他见到了首辅杨廷和，听到了他高声的预言：

“此子之功名，必不在我辈之下！”

三十八年前，他二十八岁，面对首辅张璁的怒吼，他从容不迫地这样回答：

“我从未曾依附于你！”

然后他前途尽毁，家破人亡，被发配蛮荒之地，在那里，他第一次见识了这个世界的黑暗与残忍。

二十年前，他四十六岁，看着自己的老师夏言被人杀死，不发一言。

因为他已经了解了这个世界的规则，报仇雪恨也好，伸张正义也罢，冲动解

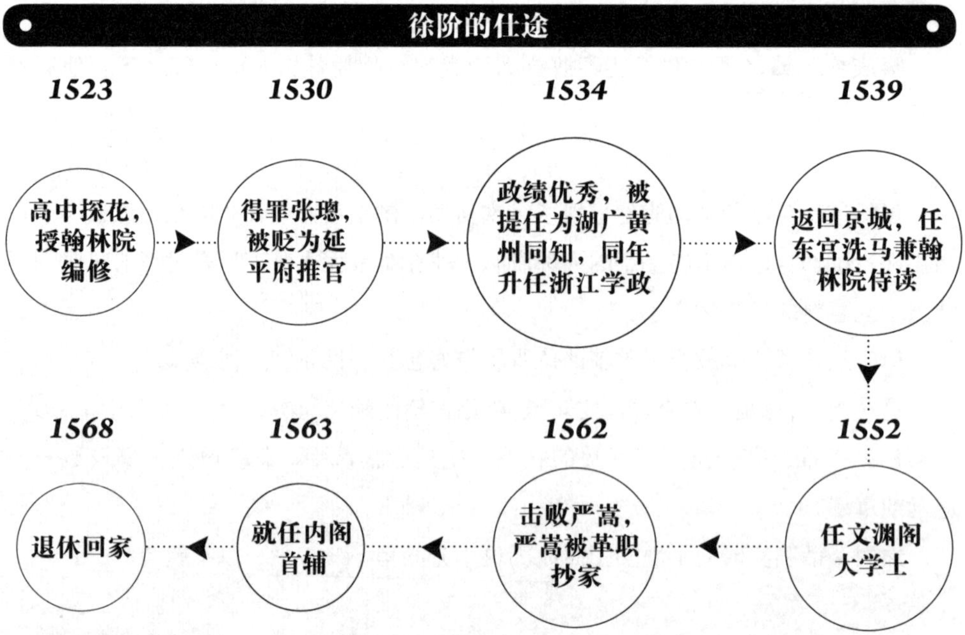

决不了任何问题。

四年前，他六十二岁，经过十余年的忍耐与经营，他除掉了严嵩，杀死了他的儿子，成为了一个工于心计、城府深不可测的政治家，世间的一切都在他的掌控之中。

现在，一切又回到了起点。

当年的青年才俊，现在的老年首辅；当年的热血激情，现在的老到深沉。从黑发到白发，从幼稚到成熟，一切都变了，唯一不变的，是志向。

徐阶这一辈子，被人整过，也整过人，干过好事，也干过坏事，但无论何时何地，他始终没有背弃自己当年的誓言。在他几十年的从政生涯中，许多正直的官员得以任用，无数普通百姓的生活得到保障，高拱与张居正的伟大新政由他而起，我想，这已经足够了。

在为国效力的同时，他的一生都献给了斗争事业。这么多年来，他一直在第一线勤勤恳恳地斗，奋发图强地斗，干了一辈子斗争工作，也该歇歇了。

虽然皇帝陛下第一时间就批了他的致仕申请，且唯恐他反悔，当即公布天下，发退休金让他走人，明显有点儿不够意思，但徐阶却并不在意，因为他已欣慰地看到，自己为之奋斗终生的那个报国救民的理想，将由一个更为优秀的人去实现。

张居正，我相信，你会比我做得更好。

除了张居正外，对另一个人的提拔与关照也让他倍感安心。他认为，这个人将成为张居正的得力帮手。

这个走运的人，就是我们的老相识海瑞先生，自打从牢里放出来，那可真叫一发不可收拾，先是官复原职，很快就升了官，当了大理寺丞（正五品），专管审案，也算发挥特长。

不久之后，这位当年的小教谕竟然当上了都察院佥都御史（正四品），成为了名副其实的高级官员。

海瑞能够飞黄腾达，全靠徐阶。在徐首辅看来，海瑞是个靠得住的清官，是应该重用的，临退休前把他提拔起来，将来还有个指望。

然而事实证明，这正是徐阶人生中第二次错误的任命，很快，一次致命的打击就将向他袭来。

但此时的徐阶依然是幸福的。他看着自己亲手创造的一切，微笑着离开了这里，离开了这个带给他痛苦、仇恨、喜悦和宽慰的地方。

隆庆二年（1568）十一月，徐阶回到了松江府华亭县，他又看到了熟悉的风景，和他离弃多年的家。

四十多年前，他从这里出发前往北京，一切就此开始，而现在，是结束的时候了。

他推开了家中的那扇门。

柴门闻犬吠，风雪夜归人。

我回家了，终于。

◆ 你的命运，在我的手中

世界上的事情实在是说不准的，短短两年，高拱和郭朴走了，徐阶也走了，原本甩尾巴的张居正一下子排到了第三。当然，这只是看上去很美，因为甩尾巴的依旧是他。

所谓老实人不吃亏，李春芳现在有了充分的心得，像他这样的好好先生，从来不争不闹，居然也成了首辅，而陈以勤则当上了次辅。这两位老好人脾气不大，才能不高，以一团和气为指导思想，整天就忙着和稀泥、劝架，从不惹事，看起来，和平终于来临了。

不过终究只是看起来而已，很快，一场新的狂风巨浪就将掀起，而这一切的始作俑者，是一个极为神秘的人物。

隆庆三年（1569），赋闲在家的徐阶突然接到了仆人的通告，说有人来拜会他。作为朝廷前任首辅，地方上那些小芝麻官自然要经常上门拜码头，为省事起见，但凡遇到这种情况，仆人会直接打发他们走人。

但这一次是个例外。仆人告诉他，来访的这位虽不是官，却比官还牛，口口声声说有紧急机密的事情要找徐阶，且口气极大，极其嚣张。

于是徐阶也好奇了，他把这个人叫了进来。

这是一个其貌不扬的人，自称姓邵，别号“大侠”，没有官职，没有身份。然而，他进来之后，只说了一句话，就让久经沙场的徐阶目瞪口呆。

他说的这句话是：我能帮助你再当上首辅，你愿意吗？

等徐阶确定自己的耳朵没有问题后，便大笑了起来。他没有说话，只是不停地

参考消息　丹阳大侠

邵大侠的姓名有见于《明史》，姓邵，名方（野史中亦做芳），号樗朽，人称“丹阳大侠”。他为人做事有些轻浮，光天化日之下就敢声称自己在搞密谋。据说他怕人不知道，还在自己的书房旁边设了一个“密室”，弄块牌子明晃晃地挂在门上，写着“机要重地，非请勿入”，惹得本来就吃了闷亏的张居正等人对他记恨不已，务必将其斩草除根，甚至在张居正上台之后的很长一段时间里，“丹阳大侠”就是骂人的话。

笑，在他四十多年的执政生涯中，遇到过无数怪事、怪人，但眼前此情此景，实在是闻所未闻，见所未见：

我在内阁混了十几年，九死一生才当上首辅，天下到处都是我的门生亲信，皇帝都要服我管。你既无官职，也无名望，也就算个二流子，竟然要扶持我当首辅！

差点儿笑岔气的徐阶挥了挥手，让人把眼前这个不知天高地厚的家伙赶了出去，在他看来，这是退休生活中一次有趣的娱乐插曲。

但他并没有注意到，在他放声大笑之时，这位邵大侠并没有丝毫惊慌与尴尬，在他的眼中，只有两种情绪在闪动：失望，以及仇恨。

于是被赶出徐家之后，他立刻调转了方向，前往另一个地方——河南。在那里，他将会见第二个人，并兑现自己的诺言。

十几天后，高拱在自己的家中见到了这位邵大侠，也听到了他的承诺，但与徐阶不同的是，他相信了眼前的这位神秘访客。而一个传奇也就此开始。

我最早是从一些杂谈笔记中看到这一记载的，当时只是一笑了之，从古至今，像邵大侠这样的政治骗子一向不缺，拿着几份文件，村长就敢认部长的，也不在少数。

一个无权无势的无名小卒，怎么可能把高拱扶上首辅的宝座？打死我也不信。

然而打不死，所以我信了。

因为在后来的查阅中，我发现，有许多可信度很高的史料也记载了这件事，而种种蛛丝马迹同时证明：这位邵大侠虽然是个骗子，却是骗子中的极品。

邵大侠，真名不详（一说名邵方），具体情况不详，但可以肯定的是，他是一个混混。

这位仁兄自小就不读书，喜欢混社会。一般说来，年轻人混到二十多岁，就该去找工作娶老婆了，但他却是个例外。对他而言，混混已经成为了一种事业，从南混到北，从东混到西，最后混到了京城。

正是在京城，他圆满完成了转型，成功地由一个小混混变成了巨混混。因为在这里，他认识了一个人，这个人虽不起眼，品级不高，也不是内阁成员、六部部长，却有着不亚于内阁首辅的权势。

他的名字叫做陈洪，时任御用监掌事太监。

前面曾经说过，在太监的部门中，司礼监权力最大，因为他们负责批红，任何命令没有他们打钩都不能算数。而这位陈洪兄虽也干过司礼监，此时却只是个管日用品的御用监。

但事实上，这位陈兄是当年最牛的太监之一，究其原因，那还要感谢嘉靖同志。

因为嘉靖不信任太监，加上当时的内阁过于强悍，都是夏言、严嵩、徐阶之流老奸巨猾的人物，所以司礼监的诸位仁兄早就被废了武功，又练不成葵花宝典，每天除了在公文上打钩外，屁都不敢放一个。

于是御用监脱颖而出了，你再威风再嚣张，吃喝拉撒总得有人管吧，日常用品总得有人送吧,这就是关系,这就是机会。所以不起眼的陈洪,却有着极为惊人的能量。

但太监是不能自己随意出宫的，有钱没处花，有劲儿没处使，于是邵大侠就成为了陈太监的联络员，而高拱，就是陈洪的第一个同盟者。

绝顶聪明的徐阶赶走了高拱，安插了张居正，在他看来，高拱已经永无天日，事情已经万无一失，却没有想到，还是留下了这唯一的破绽。

隆庆三年（1569）十二月，经过无数说不清道不明的内幕交易与协商，高拱又回来了，此时距他离去仅仅过了一年。

得意了，翻身了，凭借着一个太监的帮助，高拱以十倍于胡汉三的精神状态回到了京城，在他看来，天下已尽在掌握。

但他万万想不到的是，三年后，他将沿原路返回老家，而赶他回家的，是另一个太监。

所谓人走茶凉,有时候也不一定。听说高拱回来了,隆庆十分高兴,亲自接见他,并刻意叮嘱好好工作，天天向上。

说是这样说，但毕竟人走了一年，原先在内阁排老四，现在也只能去甩尾巴了。朝廷的规矩，就算天王老子，也不能插队！

但皇帝大人实在很够意思，为保证高老师不至于被排在前面的几位熬死，他玩了一个小小的花招，正是这个花招成就了高拱。

在下令高拱为大学士进入内阁的同时，隆庆兄还悄悄地送给他的老师一个职务——吏部尚书。

这是一个非同小可的任命。根据历朝的惯例，为保证皇帝大权在握，内阁大学士不能兼管吏部。因为吏部是人事部，是中央六部中权力最大的部门，如果把人事权和政务处理权都交到一个人的手中，不出鬼才怪。

但咱们谁跟谁啊，战火中结交，斗争中成长，是铁得不能再铁的兄弟，不信你高老师还能信谁？

于是大权在手的高拱准备行动了，为了得到那最高权力的宝座，为了实现自己报国救民的抱负，必须先铲除几个敌人。

高拱黑名单上的第一个目标，不是一个，而是一群。

那群唧唧喳喳的言官们终于要吃苦头了，高学士不是隆庆皇帝，说整你就整你，绝不打折扣。于是短短几个月中，二十多名言官不是撤职，就是调任，反正当年只要朝高先生吐过口水的，基本都被罚了款。

这些小鱼小虾都在其次，高先生最惦记的，还是欧阳一敬。

为了对付这位传说中的骂神，高拱做好了充足的准备，但正当他要下手的时候，一个出人意料的消息传来——欧阳兄主动辞职了。

骂神不愧为骂神，骂人厉害，闪人也快，见势不妙，立刻就溜号了。但不知是不是骂人太多，过于缺德，或是高老师玩了什么把戏，这位兄弟在回家的路上竟然不明不白地死了。对他而言，没有死在骂人的工作岗位上，实在是一种遗憾。

现在只剩下胡应嘉了，欧阳一敬好歹还是个帮凶，胡先生可是真正的罪魁祸首，那是怎么也跑不掉的。但让高拱想不到的是，他竟然还是没能整治这位仁兄。

因为胡应嘉的避祸方法更有创意，他直接就死掉了。

在得到高拱上台的消息后，胡应嘉由于心理压力过大，几天后就不幸死亡了，对一个死了的人，还能怎么整治呢？也就这样吧。

言官们完蛋了，高拱快刀斩乱麻，准备对付下一个对手，和那些只会骂人的家伙比起来，这个敌人才是真正的威胁。

高拱王者归来之时，在欣喜之余，他也惊奇地发现，自己只能排在第五了，而多出来的那个第四内阁学士，就是赵贞吉。

说起这位赵兄，也算是老面孔，之前他曾多次出场，骂过严嵩，支持过王学，时任礼部尚书，现在入阁，可谓功德圆满了。

但自打这位声名显赫的尚书大人来后，内阁的其他四位同志就没过上一天舒坦日子，因为赵兄弟一反常态，热衷于惹麻烦，一天到晚都要没事找事，从李春芳到陈以勤，都挨过他的骂，最惨的是张居正，每天都被横眉冷对，心理压力巨大。

为什么呢？说到底，还是一个心态问题。

要知道，李春芳和张居正都是嘉靖二十六年（1547）的进士，陈以勤是嘉靖二十三年（1544）的，而赵学士，是嘉靖二十年（1541）。

论资历，他是内阁里最老的。他当官的时候，其他的内阁同事们还在家啃书本。现在他虽然也入了阁，却排在最后，连张居正都不如，咱中国就讲究个论资排辈，你要他倚老而不卖老，那实在是要求太高。

但好在李春芳和陈以勤都是老实人，张居正翅膀没硬，也不怎么吭声，所以内阁里每天都能听见赵学士大发感慨，叹息“老子当年”之类的话，也没人敢管。

现在高拱回来了，排在了最后，赵学士终于找到了心理安慰，开始找高拱的麻烦。

可实在不巧，高学士也是嘉靖二十年的进士，论资历旗鼓相当，而他也不把赵贞吉放在眼里：混那么多年才入阁，只能说你无能！

更为重要的是，他的目标是首辅，就算赵贞吉不找他，他也要去解决赵贞吉，不把你解决掉，我怎么当老四？

很快，他就纠集手下的言官弹劾赵贞吉，加上他还是吏部尚书，各级官员一起

参考消息　赵贞吉的人缘

赵贞吉与高拱一样，都有个刚愎自用的毛病。八月入阁，赵大学士就在皇帝面前发表了自己的上任感言：“朝廷的纲纪、边防、政务都废弛了一段时间了，臣我有心整顿朝政，就是担心会遭人记恨，恳请皇上您到时候一定要为我做主啊。”这么一声张，不仅公开让皇帝为自己撑腰，还无视内阁此前的工作成绩，结果自然和他说的一样，刚入阁就在同僚内部落了个坏人缘。九月，赵贞吉又上疏，告了边关处理战事不利的御状，不仅把边将骂了，兵部乃至首辅李春芳也都在他的谴责之列，成功地创造了个人一举而树众敌的新纪录。

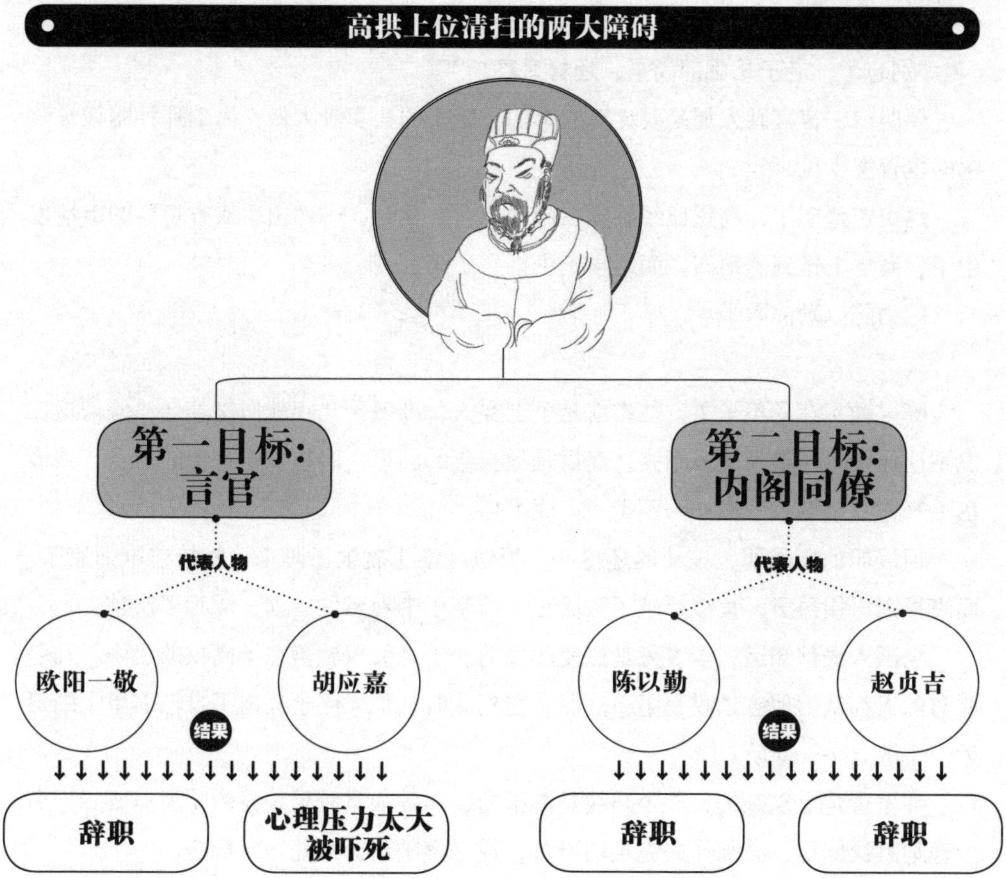

上，不搞掉你誓不罢休！

可赵学士也不是省油的灯。事实上，在当时的内阁里，唯一能与高拱对抗的人就是他，因为十分凑巧，在内阁里他恰好分管打手机关——都察院。

从某种程度上讲，当时的都察院可算是疯人院，里面许多人都是穷极无聊，一放出来就咬，咬住了就不放，一时之间又是口水满天飞。

然而，赵贞吉没有高兴多久，就惊奇地发现，那些言官突然安静了下来，也不再卖力骂人了，不管他好说歹说，就是不动。

对于此中奥妙，我们还是请高拱同志来解释一下：

“别忘了，老子是吏部尚书，还管京察！”

要明白，言官骂人那是要计算成本的，赔本的买卖没人做，海瑞那种赔钱赚吆喝的也着实少见。

赵贞吉绝望了，高拱已经胜券在握。但就在此时，一件出乎双方意料的事情发生了，高学士排到了第四，而赵学士也排到了第三。

因为陈以勤辞职了。

陈以勤实在受不了了，他本就是个老实人，准备干几年就回家养老，偏偏这二位不让他休息，整天闹来闹去，高拱是他当年的同事，而赵贞吉是他的老乡，帮谁也不好，于是他心一横——不干了，回家！

但辞职的归辞职，该斗的还得斗，很快赵学士就败下阵来，收拾包袱回家了。而高拱则再接再厉，直接超越了张居正，排到了李春芳的后面，成为了次辅。

全国人民都知道，李春芳是热爱和平的，于是大权就落在了高拱的手中。几乎所有的人都认为他应该收手了，然而，直到此时，他才终于亮出了自己名单上的最后一个敌人——徐阶。

斗争形势是复杂的，斗争路线是曲折的，而敌人是狡猾狡猾的，所以要想一劳永逸地解决问题，必须作好充足的准备，找好突破口，才能一举搞定。

而现在，这个突破口已经出现了，他的名字叫海瑞。

第五章

高拱的成就

◎自朱元璋起　折腾了两百多年的明蒙战争终于落下帷幕　此后近百年

◎中双方再未爆发大规模的战争　和平终究还是实现了　这是高拱造就的不朽功勋

◆ 海青天的实力

隆庆三年（1569），海瑞终于得到了他人生中最肥的一个职位——请注意，不是最大，是最肥。

大家同样在朝廷里混，有的穷，有的富，说到底是个位置问题，要分到一个鸟不生蛋的地方，十天半月不见人，穷死也没法。而某些职位，由于油水丰厚，自然让人趋之若鹜。

而在当时，朝廷中公认的四大肥差，更是闻名遐迩，万众所向，它们分别是吏部文选司、吏部考功司、兵部武选司、兵部武库司。

文选司管文官人事调动，要你升就升；考功司管每年的官员考核，要你死就死。这是文官。

武选司管武将人事任命，战场上拼不拼命是一回事，升不升官又是另一回事；而武库司从名字就能看出来，是管军事后勤装备的，不肥简直就没天理了。

这就是传说中的四大肥差，也是众人日夜期盼的地方。然而和海瑞先生比起来，那简直不值一提，因为他要担任的职务，是应天巡抚。

所谓应天，大致包括今天的上海、苏州、常州、镇江、松江、无锡以及安徽一带。光从地名就能看出来，这是一块富得流油的地方，光是赋税就占了全国的一半。

四大肥差

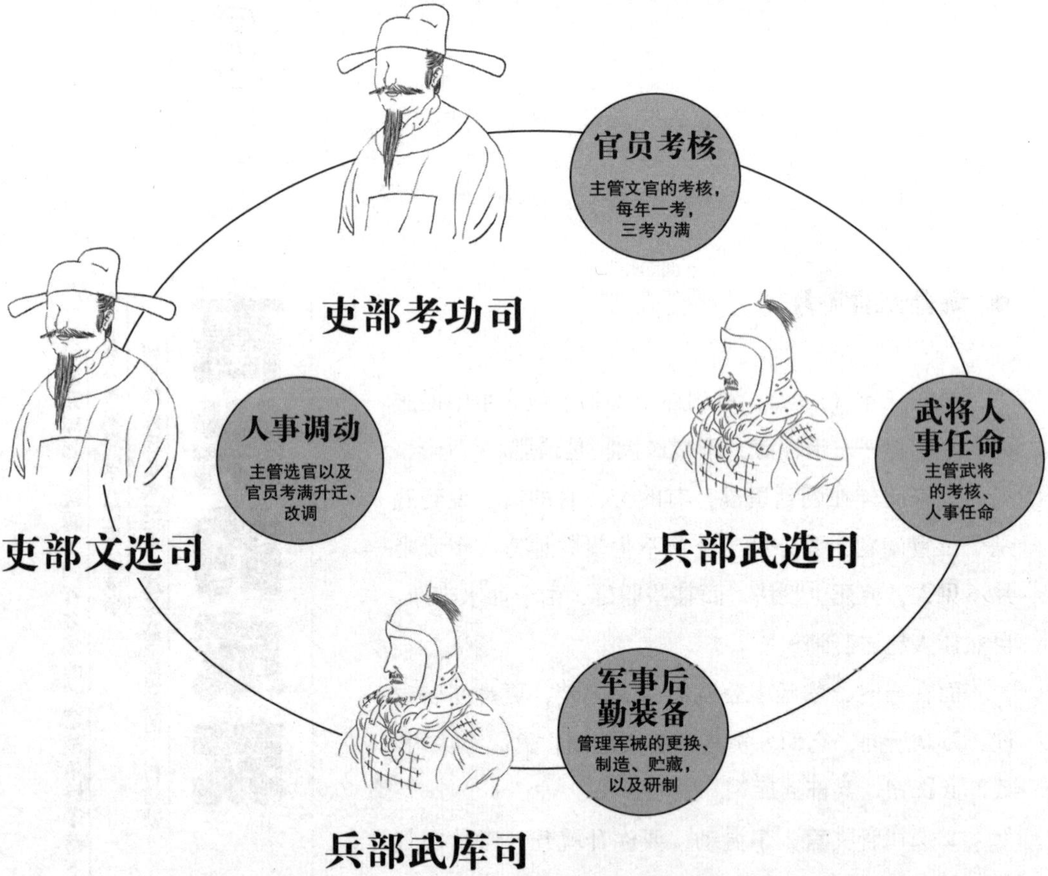

而海瑞之所以能得到这个职务，自然也是徐阶暗中支持的结果，对此海瑞也心知肚明。他虽然直，却不傻。

但如果徐阶知道接下来即将发生的事情，估计他能立马跑去给海先生三跪九叩，求他赶紧退休回家养老。

“海阎王就要来了！”

随着几声凄厉的惨叫，中国历史上一场前无古人、相信也后无来者的壮观景象出现了：政府机构没人办公了，从知府到知县全部如临大敌，惶惶不可终日。平常贪污受贿的官员更是不在话下，没等海巡抚到，竟然自动离职逃跑。

而那些平时挤满了富商的高级娱乐场所此时也已空无一人，活像刚被劫过的。大户人家也纷纷关门闭户，听见别人说自己家有钱，比人家骂他祖宗还难受。高级时装都不敢穿了，出门就套上一件打满补丁的破衣烂衫，浑似乞丐。恰巧当时南京镇守太监路过应天，地方上没人管他，本来还想发点儿脾气，再一问，是海瑞要来了。于是他当机立断——不住了，赶紧走！

走到一半又觉得不对，便下了第二道命令——换轿子！（按照规定，以他的级别只能坐四人小轿）就这样连走带跑离开了应天。

于是等海巡抚到来之时，他看到的，已经是一片狼藉，恶霸不见了，地主也不见了，街上的人都穿得破破烂烂，似乎一夜之间就回到了原始社会。

但这一切似乎并未改变海瑞的心情，他是个始终如一的人，该怎么干还怎么干，到任之后第一件事就是张榜公布，欢迎大家来告状，此外还特别注明免诉讼费，并告知下属，谁敢借机收钱，我就收拾谁。

告状不要钱！那就不告白不告了，于是司法史上的一个奇迹发生了。

每天巡抚衙门被挤得像菜市场一样，人潮汹涌，人声鼎沸，最多一天竟收到了三千多张诉状。而海阎王以他无比旺盛的精力和斗志，居然全部接了下来，且全部断完，而结果大多是富人败诉。

这是海瑞为后人津津乐道的一段事迹。然而事实上，它所代表的并非全是光明和正义，因为在这个世界上，还有一种人叫做刁民。

所谓刁民，又称流氓无产者，主要工作就是没事找事，赖上就不走，不弄点儿好处绝不罢休，而在当时的告状者中，这种人也不在少数。而海瑞照单全收，许多人借机占了富人的家产，自己变成了富人，也算是脱贫致富了。

但总体说来，海巡抚还是干得不错的，毕竟老百姓是弱势群体，能帮就帮一把，委屈个把地主，也是难免的。

但与以往不同的是，这次海瑞大张旗鼓地干，却没有人提出反对，也不搞非暴力不合作，极其听话。说到底，大家怕的并不是他，而是他背后的那个人——徐阶。

得罪海瑞无所谓，但徐阶岂是好惹的，所以谁也不触这个霉头。

然而，随着追究恶霸地主工作的进一步深入，平静被彻底打破了，因为海瑞终于发现了应天地区最大的地主，而这个人正是徐阶。

其实徐阶本人也还好，关键是他的两个儿子，仗着老爹权大势大，在地方上肆意横行，特别喜欢收集土地，很是捞了一把。而徐阶兄不知是不是整天忙着搞斗争，忽略了对子女的教育，也没怎么管他们，所以搞成现在这个样子。所以徐阶同志的深刻教训再次告诉我们，管好自己身边的亲属子女，那是十分重要的。

不过，海瑞倒是不怎么在乎徐阶的教育问题。他只知道你多占了地，就要退，不退我就跟你玩命。

但看在徐阶的面子上，他还是收敛了点儿，给徐大人写了封信，要他退地。

徐阶还是很有风度的，他承认了部分错误，也退了一部分地，在他看来，自己救了海瑞的命，还提拔了海瑞，现在又带头退地，应该算是够意思了。

可海瑞太不够意思了，他拿到了徐阶的退地，却进一步表示，既然你有这个觉悟，那就全都退了吧，就留一些自耕田，没事耕耕地，还能图个清静，我是替你着想啊！

徐阶当时就蒙了，我辛辛苦苦干了一辈子，还是内阁首辅主动退休，准备回家享享福，你要我六十多岁重新创业，莫非拿我开涮不成？

于是他又写信给海瑞，表示自己不再退田，希望他念在往日情谊，高抬贵手，就当还我的人情吧。

可是事实证明，海瑞兄的脑袋里大致没有这个概念，这位兄弟几十年粗茶淡饭，近乎不食人间烟火，什么是人情？什么是欠？什么是还？

到此徐阶终于明白，自己混迹江湖几十年，竟然还是看走了眼，这位海瑞非但油盐不进，连砖头都不进。

他下定了决心，要顽抗到底，并摆明了态度——不退。

海瑞也摆明了态度——一定要退。

双方开始僵持不下，就在这时，高拱来了。

◆ 最好的工具

活了这么大年纪，高拱从来没相信过天上会掉馅饼，但现在他信了。

虽然已经身居高位，但他从不敢对徐阶动手。这并非因为他宅心仁厚，只是徐阶地位太高，且在朝廷混了那么多年，群众基础好，如果贸然行动，没准就被闹下台了，所以一直以来，他都是冷眼旁观。

等他知道海瑞正在逼徐阶退田的事情后，立即大喜过望，反攻倒算的时候终于到了！

原因很简单，如果用自己的人，大臣们一望即知，必定会去帮徐阶。现在大家都知道，海瑞是徐阶的人，你自己提拔的人去整你，我不过是帮帮忙，总不能怪我吧。

海瑞，是一件最合适的利用工具。

高拱很快对海瑞的行为表示了支持，并且严厉斥责了徐阶的行为。海瑞得到了鼓励，更加抖擞精神，逼得徐阶退无可退。

于是徐阶准备妥协投降了。他表示，愿意退出全部的田地。在海瑞看来，问题已经得到了圆满解决。然而就在此时，事情又出现了意想不到的变化。

朝廷里的言官突然发难，攻击徐阶教子不严。而一个叫蔡国熙的人被任命为苏州兵备使，专职处理此案。很巧的是，这位蔡先生恰好是高拱的学生，还恰好和徐阶有点儿矛盾。

事情闹大了，徐阶的两个儿子被抓去充军，家里的所有田产都被没收，连他的家也被一群来历不明的人烧掉了，徐大人只能连夜逃往外地。

看起来，海瑞赢了，然而事实证明，最后的胜利者只有高拱。

隆庆四年（1570），海瑞接到了朝廷的命令——收拾东西走人。

于是仅仅当了半年多巡抚的海瑞走了。他本着改造一切的精神跑来，却发现被改造的只有他而已。

海瑞先生岂是好惹的，这么走算怎么回事？他一气之下写就了另一封骂人的奏疏。

在海瑞的一生中，论知名度和闹事程度，这封奏疏大概可以排第二，仅次于骂嘉靖的那封。

要知道，骂人想要骂出新意是不容易的，既然骂过了皇帝，骂其他人也就没啥意思了，但海瑞先生再次用行动证明了他的骂人天赋。这一次他找到了新的对象——所有的大臣（除他以外）。

而他在奏疏中，也创造了新的经典骂语——“举朝之士，皆妇人也。”

这句话可谓是惊天地泣鬼神，在古代骂对方是妇人，比骂尽祖宗十八代还狠。于是满朝哗然一片，然而奇怪的是，却没有人出面反击。

究其原因，还是海瑞先生太过生猛，大家都知道，这位兄台是个不要命的主，要是和他对骂，后果不堪设想。于是所有人都原地不动，愣愣地看着海瑞大发神威。

只有两个人说话了。

第一个是李春芳。作为朝廷的首辅，他不表态也说不过去，然而出人意料的是，他既没有攻击海瑞，也没有处分他，却拿着海瑞的奏疏，说了一句让人哭笑不得的话：

“照海瑞的这个说法（举朝之士，皆妇人也），我应该算是个老太婆吧！”

还真是个老实人啊。

另一个人是高拱。其实事情闹到这个份儿上，也算拜他所赐，在这最后摊牌的时刻，他终于揭示了其中的奥妙：

“海瑞所做的事情，如果说都是坏事，那是不对的；如果说都是好事，那也是不对的。应该说，他是一个不太能做事的人。”

这是一个十分中肯的评价。

面对这个污浊的世界，海瑞以为只有自己看到了黑暗，他认为，自己是唯一的清醒者。

然而，他是糊涂的。事实证明，徐阶看到了，高拱看到了，张居正也看到了，他们不但看到了问题，还有解决问题的方法。而海瑞唯一能做的，只是痛骂而已。

所以从始至终，他只是一个传奇的榜样，和一件好用的工具。

隆庆五年（1571），海瑞回到了海南老家。但这位主角的戏份还没完，十多年后，他将再次出山，把这个传奇故事演绎到底。

在海瑞的帮助下，高拱终于料理了徐阶，新仇旧怨都已解决，大展拳脚的时候到了。

其实从根本上说，高拱和徐阶并没有区别，可谓是一脉相承。他们都是实干家，都想做事，都想报效国家，但根据中国的传统美德，凡事都得论个资历，排个辈分，搞清楚谁说了算，大家才好办事。

现在敢争敢抢的都收拾了，高拱当老大了，也就该办事了。

于是历时三年、闻名于世的高拱改革就此开始，史称“隆庆新政”。

说实话，这个所谓新政，实在是有点儿名不副实，因为即使你翻遍史书，也找不出高先生搞过什么新鲜玩意儿，他除了努力干活外，既不宣誓改革，也不乱喊口号，但他执政的这几年，说是国泰民安、蒸蒸日上，也并不夸张。可见有时候不瞎折腾，就是最好的折腾。

但要说高先生一点儿创新精神都没有，那也是不对的。徐阶是明代公认的顶级政治家，他的权谋手段和政务能力除张居正外，可谓无人匹敌。但这位高兄在历史上却能与之齐名，是因为他虽在很多地方不如徐阶，却在一点上远远超越了这位前辈——用人。

具体说来，他用了三个人。

第一个，叫做潘季驯。

一般说来，要是你没有听过这个名字，并不需要惭愧，但如果你的专业是水利，那我只能劝你回去再读几年书。

几年前，我曾看到过这样一条新闻，大意是水利工作者们开动脑筋，调集水库

参考消息　**治河的两种意见**

当时和潘季驯一起负责治理河道的，还有一位老相识：朱衡。朱衡在治河方面也是个认真苦干的人物，但他与潘季驯的理念不同。潘季驯主张束水冲沙清理旧道，朱衡主张再开新河，分流减压。两人意见出现了分歧，便去找皇帝解决。可嘉靖虽然在修道上颇有心得，于治河就比较茫然了。嘉靖首先下令开新河，但是新河未成，黄河就再次泛滥。在赈灾、开河的双重压力下，朝廷资金出现短缺。于是新河未成又转头开始做起旧道的清理工作。

积水统一开闸，冲击泥沙，缓解了黄河的淤积情况，意义重大云云。

虽说搞水利我是门外汉，但如果没有记错，早在四百多年前，潘季驯先生曾经这样做过，而它的名字，叫做“束水冲沙法”。

潘季驯，嘉靖二十九年（1550）进士，浙江吴兴人，明、清两代最伟大的水利学家。

这位兄台高考成功后被分配到江西九江当推官，管理司法，官运也不错，十几年就升到了监察院右佥都御史，成了一名高级言官。

恰好当时黄河决堤泛滥，灾民无数，高拱刚刚上台，急得没办法，四处找人去收拾残局。恰好有一次和都察院的一帮言官吵架，潘季驯也在场，高拱看这人比较老实，也不乱喷口水，当即拍板：就是你了，你去吧！

张居正是个比较谨慎的人，觉得这样太儿戏，就去查了潘季驯的底，急忙跑来告诉高拱：这人原来是个推官，法律和水利八竿子打不着，他怎么懂得治水？

高拱却告诉他：只管让他去，他要不会治水，你只管来找我。

事实证明，高学士的眼光确实很毒。虽说没学过水利专业，潘季驯却实在是个水利天才，他刚一到任，堵塞缺口之后，便下令把河道收窄。

这是一个让人匪夷所思的命令。大凡治河都是扩宽河道，这样才有利于排水，收缩河道不是找死吗？

施工的人不敢干，跑来找潘季驯。

潘季驯说你只管干，出了事我负责。

于是奇迹出现了，收缩河道之后，黄河不但没有泛滥，决堤的现象也大大减少，大家都惊叹不已。

看上去很神奇，实际上很简单。在长期的观察中，潘季驯发现了这样一个问题——黄河之所以泛滥，是因为河道逐年升高，形成了岸上河，于是河堤也越来越高，稍有不慎一旦决堤，后果就会极其严重（住在黄河边上的人应该深有体会）。

而要降低河道，就必须除掉河里的泥沙，好了，关键就在这里，怎么除沙呢？

找人去挖，估计没人肯干，也没法干；找挖掘机，那还得再等个几百年。用什么才能把这些泥沙除去呢？潘季驯苦思冥想，终于醒悟，原来制胜的武器就在他的眼前——水。

收紧河道，加大水的冲力，就可以把河底的泥沙冲走，所谓“水流沙中，沙随水去”，就此大功告成。

除此之外，他还想出了一种独特的治水方法，名叫滚水坝。具体说来，是事先选择一个低洼地区，当洪水过大之时，即打开该处堤坝，放水进入，以减轻洪峰压力。

这就是流传至今、众人皆知的治水绝招——分洪。

有这么一位水利天才坐镇，泛滥多年的黄河得到了平息，在之后的数十年内没有发生过大的水患。

这是第一位，算是个干技术的。相比而言，下面的这位就麻烦得多了。

黄河泛滥，多少还有个期限，等汛期洪峰过了，该埋的埋，该重建的重建，也就消停了。但是暴动就不一样了，要闹起来你不管，指望他们突然放下屠刀，皈依我佛，那种事《西游记》里才有。

隆庆四年（1570），永不落幕的两广叛乱再次开演了。在当年，这个地方是蛮荒之地，文盲普及率较高，不读书自然不服管，不服管自然不纳税，不纳税自然是不行的。于是来来往往，双方都喜欢用拳头刀枪讲话，每到逢年过节，不闹腾一下，那就不正常了。

但这次闹腾的动静很大，两广全境都有叛乱，且叛军有一定的战斗经验，派了几个人去都被打了回来，于是高拱一拍脑门：

“没办法了，派殷正茂去吧！”

殷正茂，嘉靖二十六年（1547）进士，是当年传奇科举班的一员，和诸位名人同学相比，他没有张居正的政务能力、王世贞的文采，更没有杨继盛的胆量，但他也有着属于自己的专长——军事。

他虽是文官出身，却极具军事才能，多次领兵出战，从无败绩，被认为是一代名将。按说他应该是最理想的人选，可为什么直到没办法才找他呢？

原因很简单，他太贪。

这位兄弟虽说很有才能，却是个不折不扣的贪污犯，原先当地方官就吃农民赋税，到军队后就吃士兵的军饷。明代贪污不算什么大事，但殷先生却贪得天下皆知，贪得名闻全国，着实不易。

果然，任用殷正茂的消息一传出，就如同往厕所里丢了颗炸弹，分量十足。在大贪污犯殷正茂的面前，大臣们第一次消除了分歧和派系，异口同声地表示绝对不行。

高拱却是吃了秤砣铁了心，表示一定要用。每天朝廷里都吵得天翻地覆，最后还是高学士水平高，只用一句话，就让所有的人都闭上了嘴：

"谁再反对殷正茂去两广，我就派谁去！"

这就不好玩了，殷正茂即刻光荣上任。

但高拱的亲信、给事中陆树德站了出来，劝告高拱，人你可以派去，但军饷你要看紧，最好在户部找个人随从前去，搞好财务审核制度，要内防家贼。

然而高拱说：

"不用派人，所有军饷直接拨给殷正茂就是了。"

陆树德急了：

"殷正茂必定贪污军饷！"

"我知道。"高拱却笑了笑，"那又如何？"

"我拨一百万两军饷给殷正茂，他至少贪污一半，但以他的才能，足以平定叛乱。如果我派一个清廉的人去，或许他一两也不贪，但是办不成事，朝廷就要多加军饷，这么拖下去，几百万两也解决不了问题。

"所以殷正茂不去，谁去？"

一切确如高拱所料，殷正茂去后，仅仅几个月就平息了叛乱，班师凯旋。当然了，军饷他也没少拿，如果不贪，那就不是殷正茂了。

但高拱还是赚了，说到底，这是个成本核算问题。

在高拱的正确指导下，潘季驯和殷正茂成为了名噪一时的风云人物，但和第三个人比起来，前面这二位就只能算是小儿科了。因为这位最后出场的压轴主角解决了一个问题，一个连朱元璋都没能解决的问题。

这个人的名字叫王崇古，时任都察院右副都御史。

其实之前他曾经露过一面，在浙江时，他作为俞大猷的副将出击倭寇，获得大胜。这之后他官运亨通，一直升到了现在的位置。

在当时的朝廷中，有三个人是言官们不怎么敢惹的：杨博、谭纶以及这个王崇古。

所谓不敢惹，绝不是因为官衔问题，越大的官骂得越起劲儿。此三人之所以能幸免，是因为他们有一个共同的特殊身份——军事文官。

在明代，武将出身的人是很受歧视的，经常被人看做大老粗，而进士出身改行当武将的，就不同了。这类人既有文化，又会打仗，且由于长期在边界砍人，性情比较彪悍，不守游戏规则，你要是敢骂他，他没准就敢拿刀砍你，看谁吃亏。

而这位王崇古除了喜欢领兵打仗外，还有后台。作为嘉靖二十年（1541）的新科进士，他和高拱同学的关系很好。

于是他被委派了一个极为重要的职务——宣大总督。

伟大的军事家、政治家、哲学家王守仁曾在他的著作中说过这样一句话：

“大明虽大，最为紧要之地四处而已，若此四地失守，大明必亡。”

王守仁所讲的四个地方，是指宣府、大同、蓟州、辽东。它们是明代边界最让人头疼，也最难防守的重要据点。

所以自明代中期后，它们被分为两个独立军区（宣大、蓟辽），由朝廷直接管理。其指挥官为总督，超越各级总兵，是明朝国防部长（兵部尚书）以下最高级别的军事长官，只有最富军事经验的将领才能担当此任。

顺便说一句，当时的蓟辽总督是谭纶，而他手下的两位总兵分别是蓟州总兵戚继光，以及辽东总兵李成梁。

看到这个豪华阵容，你就应该明白，王崇古同志找了个多么光荣的工作。

踌躇满志的王崇古前去赴任了，他做梦也想不到，一个天大的金元宝即将砸到他的头上。

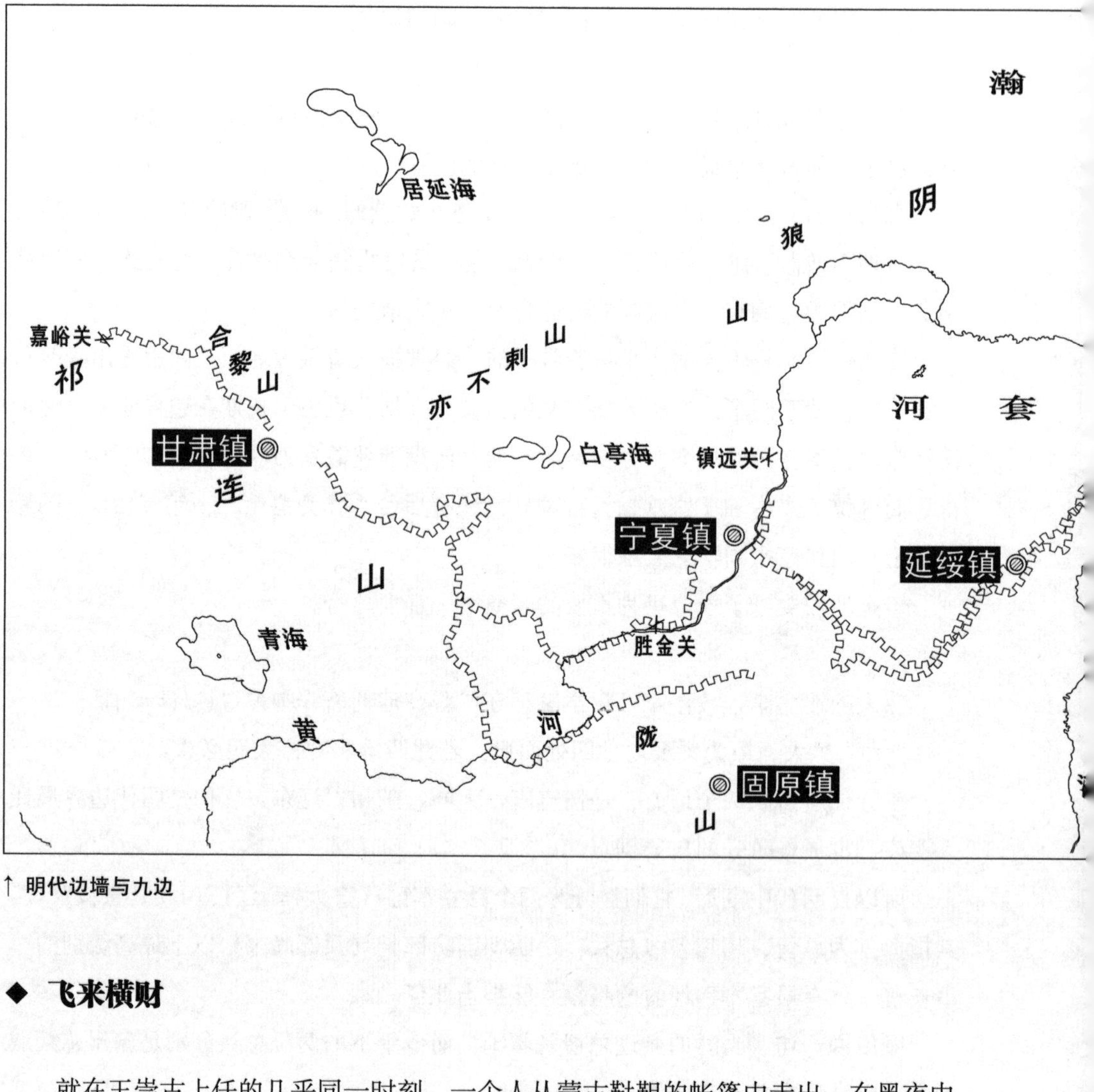

↑ 明代边墙与九边

◆ 飞来横财

就在王崇古上任的几乎同一时刻，一个人从蒙古鞑靼的帐篷中走出，在黑夜中向故乡投去了最后仇恨的一瞥，朝着另一个方向走去，那里是敌人的营垒。

于是天明之时，边关的明军突然开始紧急戒备，并派出快马，告知新上任的王崇古总督：横财来了。

这个人的名字叫做把汉那吉，是俺答的孙子。说起这位俺答兄，可谓是老朋友了，当年闯到北京城下，杀人放火，好不威风。然而现在他的孙子竟然跑到敌人那边，当了叛徒，归根结底，这是一个恋爱问题。

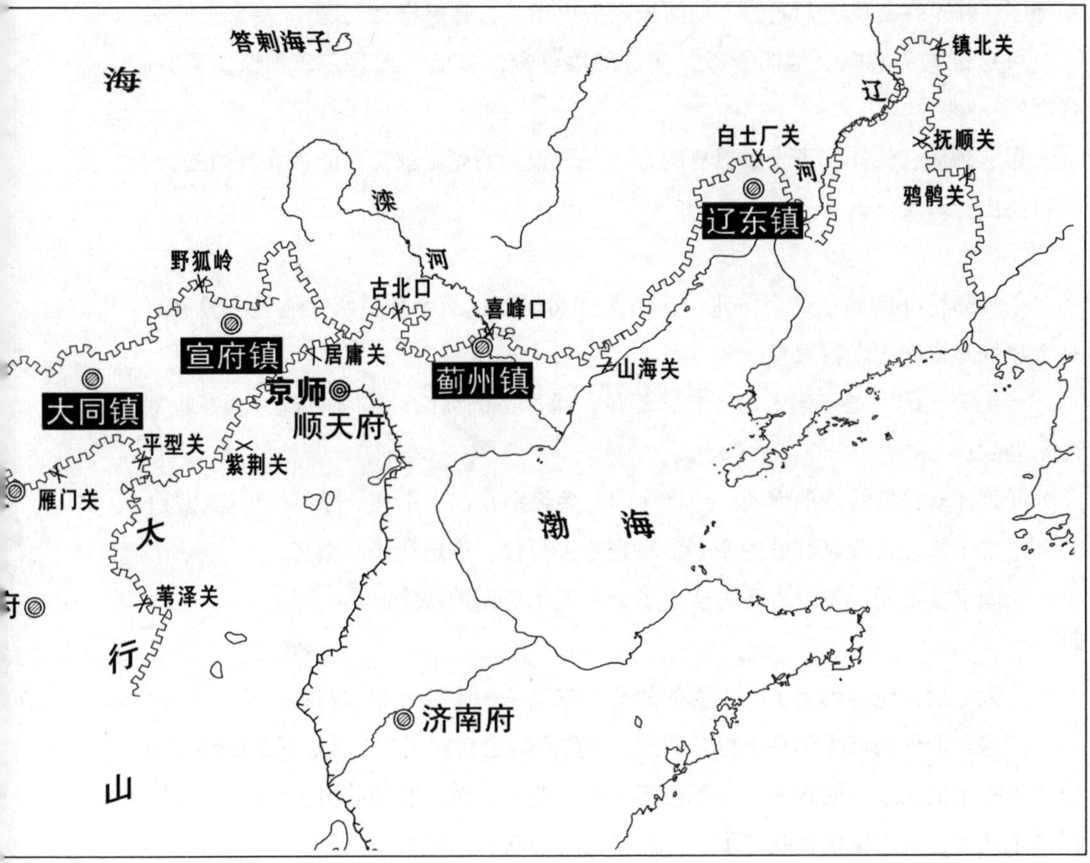

事情的起因是这样的，不久前，把汉那吉准备要娶媳妇了，而且这位未婚妻很漂亮，所以小伙子一天到晚都乐呵呵的。

可事情坏就坏在这个漂亮上。有一天，爷爷看见了这位孙媳妇，便当机立断：把汉那吉你再娶一个吧，这个我就带回家了。

顺便讲一下，据某些史料记载，这位孙媳妇也是俺答的外孙女，要这么算起来，那俺答应该算是乱伦了。不过从这位仁兄以往干过的种种“光辉事迹”来看，搞这么一出倒也不出奇。

虽说当时没有什么婚姻法，鞑靼部落也不讲究什么三纲五常，但把汉那吉依然愤怒了：好不容易找了个老婆，竟然被老头抢走了，真是岂有此理！

可这位老头偏偏是他的爷爷，还是部落首领，自己一无兵，二无权，又能怎样呢？

思前想后，他找到了一个报复的方法——投奔明朝。就算不能带兵打回去，至少也能出一口恶气。

于是事情便闹到了这个份儿上，边关守将捞到这么个重量级人物，十分高兴，马上派快马去向王崇古报喜。

可他等到的不是王崇古的夸奖，却是一番严厉的训话：自今日起，全军收缩，准备迎战！

此外还有一条特别的声明：副将（副总兵级别）以上军官一律不得外出作战！

这是一条让人莫名其妙的命令，军官不去打仗，难道让小兵指挥？

然而事实证明，王崇古同志作出了一个无比英明的决定。

三天之后，俺答就来了，带着他的全部家当——十几万蒙古骑兵。

但这一次他们似乎不是来抢东西的，在宣府附近转悠了好几天，不断挑衅闹事。但边防军牢记王崇古的教诲，打死也不出头，偶尔只派小股部队出去转转。就这么折腾了几天，蒙古军粮食吃光了，才抓了几个小兵，只能打道回府。

身为一名长期从事抢劫工作的专业人士，俺答有着充分的绑票经验，抓人、谈判、收赎金一整套流程了如指掌，而现在自己的孙子成了敌人的人质，作为该行业的资深从业人员，他没有去谈判、筹集款项，而是直接选择了最为简单的方式——绑票。

只要能够抓到对方的高级将领，拿人去交换，既方便操作，又节省成本。可惜的是，王崇古那是相当狡猾，不吃这一套。

俺答失望地走了，王崇古却犯了愁，该怎么处理这位把汉那吉呢？你把他留在这里，俺答自然会来找麻烦，而这位仁兄除了身份特殊外，也没啥特殊才能，每天你还要管饭，实在是个累赘。

大多数人建议：好歹也是个蒙古贵族，养在这里费粮食，咱们把他剁了吧，也算是立个功。

也有人说，还是放了吧，省得他爷爷来闹事。

面对激动的群众，王崇古保持了冷静。长期的官场经验告诉他，如果不知道该怎么办，就去请示领导，领导总是英明的，即使不英明，至少也能负责任。

于是他上报了高拱，请领导批示处理意见。

高拱接到了报告，即刻找来了张居正，两位老狐狸凭借多年朝廷打滚的经验，在第一时间作出了判断：既不能杀，也不能放。

那该怎么办呢？在长时间思考之后，高拱眼睛一亮：

“我要用他，去交换一个人。”

高拱所说的那个人，叫做赵全。

明代是一个不缺汉奸的朝代，而在吴三桂之前，最为可恶的汉奸非赵全兄莫属。

在逃到鞑靼之前，赵全是明军中的一员，估计是由于福利待遇之类的问题，他义无反顾地投奔了俺答，成为了一名臭名昭著的汉奸。

历史证明，汉奸往往比外敌更为可恶。高拱之所以如此看重赵全，是因为这位汉奸实在坏得离了谱，坏出了国际影响。俺答虽说喜欢抢劫杀人，但总体而言，人品还是不错的，也比较耿直，抢完了就走，不在当地留宿。

但赵全的到来改变了这一切。他熟悉明军的布防情况，经常带领蒙古军进攻边界。此外他还劝说俺答当皇帝，组织政权和明朝对着干，破坏能量非常之大。

因为他为祖国作出的“巨大贡献”，赵全极其光荣地成为了明朝头号通缉要犯，上到皇帝，下到小兵，个个都知道他的大名。而这位仁兄也极其狡猾，朝廷重金悬赏，但凡抓到他的，升官赏钱不说，还能分房子，但十几年过去，连根毛都没逮到。

现在机会终于到了。

在高拱的命令下，王崇古派出了一名使者，前往俺答军营谈判，这名使者的名字叫做鲍崇德。

在很多人看来，这是一个看上去并不复杂的任务，但实际上非常复杂。

使者踏入了俺答的营帐，等待他的却不是谈判的诚意和酒宴，而是冰冷的刀剑和这样一句话：

“你知不知道，之前来过的两个明朝使者，已经被我杀掉了。”

最为危险的时刻到来了，因为这位俺答似乎根本没有谈判的打算。

参考消息 **白莲教主赵全**

赵全这个人，如果说他不是汉奸，那叫汉奸的可真不多了。不但怂恿俺答称帝，为他建造宫殿，还领着俺答到处烧杀抢掠，据说俺答每次打仗前都要备酒去找赵全请教，以至于朝廷内外听到赵全两个字都恨得咬牙切齿。另外，赵全还有一个身份：雁北地区白莲教教主。明朝开国后，白莲教被定性为邪教，受到严厉镇压。嘉靖三十三年（1554），赵全率领教徒出山西，叛逃河套丰州地区，建房定居，这些白莲教亡命之徒应该是历史上第一批“走西口”的汉人移民。

万幸的是，那个看上去并不起眼的使者鲍崇德，实际上非常起眼。

鲍崇德，当地人，原本是翻译，之后不断进步，兼职干起了外交。这一次，他将用自己所有的能力去完成这次凶险无比的任务。

“我知道。”鲍崇德从容不迫地回答。

“那你知不知道，之前与我对阵的明军将领，也大都被我杀掉了。”——嚣张是可以升级的。

“我知道。”

“那你为什么还敢来？！”

然而，嚣张的俺答最终沉默了，因为鲍崇德的一句话：

“如果我不来，你的孙子就没命了。”

虽然俺答摆出了一副坚决不谈判的架势，但鲍崇德却十分清楚，他不过是在虚张声势，虽说他抢了孙子的老婆，和孙子的感情也不好，但无论如何，他绝不会放弃这个孙子。

因为在此之前，鲍使者曾得到了一个十分准确的情报：俺答是一个怕老婆的人。

虽然俺答有好几个老婆，且生性野蛮，也没受过什么教育，但他依然是怕老婆的，特别是那个叫伊克哈屯的女人。

这位伊克哈屯大概算是俺答资历最老的老婆，也是最厉害的一个，虽说当时的蒙古部落娶几个老婆很正常，是不是孙女、算不算乱伦也没人管，可偏偏那位跑掉的把汉那吉，就是伊克哈屯养大的。

你娶几个老婆我不管，但你赶走了我养大的孙子，我就废了你！

于是在那之后的一段时间内，俺答的宿营地经常会出现这样一幕：满面怒气的伊克哈屯追着俺答跑，并且一边追一边挥舞着手中的木棍，发出了大声的怒吼：

“老东西，快把我的孙子要回来，要不就打死你！”

虽然在过去的几十年中，俺答杀了很多人，抢了很多东西，但他毕竟也是人，这么个闹腾法，每天都不得安生，实在受不了。但要他拉下面子求人，也确实干不出来，不得已才出此绝招，希望给对方一个下马威。

可惜鲍崇德并非等闲之辈，这位仁兄也是在官场滚打过的，要论玩阴谋手段，俺答还得叫他一声爷爷。

于是大家都不忽悠了，开始摆事实讲道理。俺答开门见山：

“我的孙子现在哪里？情况如何？”

“他的近况很好，我们给他安排了住处，你不用担心。”

情况摸清楚了，下面谈条件：

“你们何时才肯放回我的孙子？”

“随时都可以。”鲍崇德笑着回答道。

“其实我们只需要一个人而已。”

然后他说出了那个人的名字。

俺答想了一下，只想了一下。

于是他也笑了。对他而言，那个人实在无足轻重。

几天之后，穿着新衣服的把汉那吉回到了蒙古，还带来了许多礼物，而俺答也终于得以从每日的追逐中解脱出来，不用担心棍棒会随时会落到自己的头上。

唯一的失败者是赵全。这位仁兄毫无廉耻地当了十几年走狗，最终却得到了这样的下场。

历史又一次证明，所有背叛自己祖国的人，终将被所有人背叛，因为奴才终究只是奴才。

赵全被抓回来了，被凌迟处死，据说他身体还不错，割了上千刀才死。把汉那吉回家去了，继续过他的日子，毕竟老婆是不难找的。

参考消息 **赵全的下场**

隆庆四年十二月初四，边关守将以最大的阵仗迎接了多年不曾归乡的赵全等人，并以最快的速度将他押解到了京城。十二月二十二日，当朝皇帝隆庆也亲自在午门接见了赵全，并亲自登上城楼，目送赵全进入法场。相传在经过了为期三天的千刀万剐后，隆庆又特地命人将赵全的头颅进行了特殊加工，使之不坏，当做展览品传阅九边将士。这年元月，举国同欢。

按说事情到了这里，已然结束了，明朝白捞了一个汉奸，王崇古的横财也该到此为止，但事实上，发财的机会才刚刚开始。

在这次外逃风波之前，明朝和鞑靼之间除了刀光剑影，没有任何共同语言，明朝看鞑靼是土匪，鞑靼看明朝是恶霸。经过这件事，双方发现，原来对方并非洪水猛兽，虽说有代沟，但还是可以沟通的。

于是接下来，他们开始谈论一个全新的问题——封贡互市。

所谓封贡互市，具体讲来是这么个过程：明朝封鞑靼，发给俺答等人新衣服（官服）、公章（官印）等官僚主义用品，承认他们的土财主地位。而鞑靼要听从明朝大哥的教诲，不得随意捣乱抢劫，这叫封。

当然了，俺答虽说读书少，也绝不是白痴，给几枚公章、发几件衣服就想忽悠他，那还是有难度的，要我听话，你就得给钱。实际操作方法为，每年俺答向明朝进贡土特产（马匹牛羊不限，有什么送什么），而明朝则回赠一些金银珠宝、生活用品等，这叫贡。

但封贡毕竟是小买卖，蒙古部落上百万人，对日用品市场需求极大，又没有手工业，要想彻底解决问题，最好的方法就是搞边境贸易。大家找一个地方，弄个集贸市场，来往商贩把摊一摆，你买我卖，这就叫互市。

其实自从元朝取消国号后，混吃等死就成了大多数蒙古人的心愿，所谓回中原当大地主，梦里时常也能见到。

可是没办法，蒙古的经济结构实在太单一，骑马放牧人人都会，可你要他造个锅碗瓢盆出来，那真是比登天还难。如果要几十年不用这些玩意儿，似乎又说不过去，找人要，人家又不给，没办法，只有抢了。

现在既然能靠做生意挣回来，那自然更好，毕竟为抢个脸盆把命丢掉，实在也是太不划算。

体育就是和平——顾拜旦说的。

贸易也是和平——这是我说的。

但有一点必须说明，只有在实力对等的前提下，贸易才能带来和平。边境有王崇古、谭纶、戚继光这帮狠人守着，谁抢就收拾谁，人家才肯老老实实做生意，否

封贡与互市

	封贡	互市
性质	官方交易	民间交易
内容	蒙古向明朝进贡马匹、兽皮等土特产，明朝加倍回赐赏物	开设市场，双方交换产品，互通有无
先例	兀良哈三卫、马哈木、阿鲁台等	开原、广宁、大同、宣府等
作用	蒙古得到大量的赏赐，明朝避免受到蒙古人的侵扰	蒙古输入粮食及其他生活用品，明朝输入马匹、牛羊等畜牧产品

则还是抢劫划算。

对于封贡互市制度，蒙古是一呼百应，极其欢迎，但他们的热脸却贴上了冷屁股——明朝的屁股。

虽然王崇古极力推动这一制度，但朝廷的许多大臣却对此极不感冒。因为在许多人看来，蒙古鞑靼那一帮子都是野蛮人，给点儿好处让他们消停点儿就行了，做生意？做梦！

当时的朝廷已经是一片混乱，反对派气势汹汹，其主要观点是：东西我大明多得是，但即使送给要饭的，也不能给蒙古人！

这一派带头的，就是骂神欧阳一敬手下唯一的幸存者英国公张溶，而海瑞的那位后台老板朱衡也是反对派的干将，真可谓是一脉相承。

而赞成的自然是高拱、张居正一帮人，但高拱毕竟是内阁大学士，算是皇帝的秘书，不便公开表态。他是个聪明人，一看朝廷里反对声一片，强行批准定被口水淹死，便见风使舵，想出了一个办法。

在我看来，正是因为想出了这个方法，高拱才得到了明代杰出政治家的光荣称号。而这个办法，也充分地体现出了中国人几千年来的卓越才能，包括：钻空子、绕道走、打擦边球以及民主精神。

他找到了反对派首领张溶，可还没等他说话，张溶就叫嚣起来:

“无论你说什么，我们都绝不同意！”

“没问题，”高拱笑着说道，“如果你们不同意，那我们来表决。”

张溶目瞪口呆，因为事实证明，高拱并没有开玩笑。

于是中国历史上最为奇特的“封贡票决”事件发生了，大家不闹腾了，开始投票。据史料记载，参与此次投票的共有四十四人，经过商议，赞成、反对双方坚持了各自的观点，陆续发言，而最后的结果却更让人哭笑不得。

经皇帝公证，验票统计如下：赞成者合计二十二人，反对者合计二十二人。

这下白闹了，事情又被踢给了皇帝。

这大概算是中国政治史上少有的一幕，皇帝说了不算，内阁说了也不算，在万恶的封建社会，竟然要靠投票解决问题，实在有负“黑暗专制”的恶名。

当然，高拱兄不是什么自由斗士，对搞民主也没啥兴趣，他之所以来这么一出，实在是另有企图。

根据我的估计，在此之前，他一定曾算过票数，知道会有这样的结果，所以才提议投票。因为一旦投票不成，事情就会推给皇帝，可是皇帝不会管事，自然就会推给内阁，而内阁，是高拱说了算。

于是一圈绕回来，还是绕到了高拱的手上，这就是传说中的乾坤挪移大法。

既然大臣解决不了，封贡互市的决定权便回到了内阁，李春芳可以忽略不计，

参考消息 **三娘子**

1582年，俺答去世后，他的夫人三娘子为了顾全大局，改嫁其子，子死又嫁其孙。这位美丽聪慧的三娘子颇具政治和军事指挥才能，治理草原长达三十多年，致力于延续俺答的各项政策，促进与大明的封贡及草原的和平，各部都对她心服口服，来往互市都带着三娘子签发的通行证。万历十五年，朝廷下令封三娘子为“忠顺夫人”，领一品衔。直到万历四十年，三娘子去世后，草原各族还为她建立了汉制的香火庙以祭拜。

封贡票决

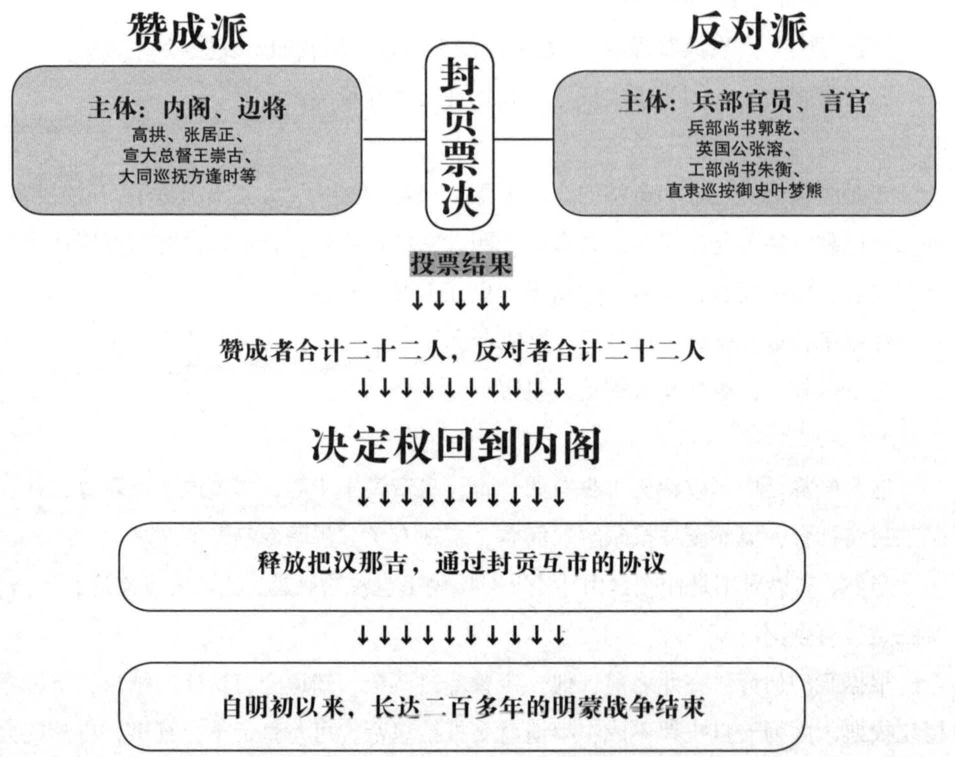

高拱和张居正本来就是幕后主谋，于是事情就这么定了。

隆庆五年（1571），边境市场正式开放，各地客商陆续赶到这里，开展贸易活动，一个伟大的奇迹就此出现。自朱元璋起，折腾了两百多年的明蒙战争终于落下帷幕，此后近百年中，双方再未爆发大规模的战争。

和平终究还是实现了，这是高拱造就的不朽功勋。

第六章

死斗

○○给了他一个教训，今后他就会老实听话——这是高拱的想法

必须尽快解决他，再也不能迟疑——这是张居正的决心

◆ 决裂

潘季驯、殷正茂和王崇古的任用，证明了高拱是一个无比卓越的优秀政治家，在他的统领下，大明王朝开始重新焕发生机活力，而他的声名也随之达到了最高峰。

然而，就在那光辉灿烂的顶点，一个阴影却已悄然出现，出现在他的背后。

张居正并不是个老实人。他或许是个好人，却绝不老实，对于高拱同志，他一直都是有看法的：

论资历，高拱比他早来三年；论职务，高拱从翰林院的科员干起，直到副部长、部长、大学士，几十年辛辛苦苦熬出来的，劳苦功高，而他却是从一个从五品副厅级干部被直接提拔为大学士，属于走后门的关系户；论能力，高拱可谓不世出之奇才，能谋善断，相对而言，他还只是个愣头青。

所以无论从哪一方面看，张居正都只能乖乖当小弟，而一直以来他也是这样做的，凡事唯高拱是从，遇到大事总是请示再请示，十分尊重领导。

可问题在于，高拱并不满足于当老大，他还要当爹，他要所有的人都听命于他，服从他的指挥，谁要

不听话，是要被打屁股的。

刚开始的时候，张居正也没啥意见，毕竟高拱是老同志，要要威风似乎也没什么，但很快他就改变了自己的看法——当他亲眼看到那个被打屁股的人时。

这位倒了霉的仁兄就是殷士儋。关于此人，那真是说来话长。

嘉靖二十六年(1547)，殷士儋和张居正同期毕业，由于成绩优秀，被选为庶吉士，之后又被调入裕王府，担任裕王的讲官。

既有翰林的背景，又是太子的班底，官运也不错，隆庆二年（1568）还当上了礼部尚书。但奇怪的是，他偏偏就是入不了阁。

在明代，这实在是个要命的问题。记得我当年小学时曾被任命为卫生委员，现在想来，那是我担任过的最高职务，虽说唯一的好处就是每天多扫一次地，却实在让人心潮澎湃、激动不已，为什么呢？

因为卫生委员是班委成员。

要知道，各科科代表虽说平时管收作业，实在是威风八面（特别是对我这种不爱交作业的人），但他们不是班委成员，老师召集开会的时候，他们是没有资格去的，也得不到老师的最高指示。

卫生委员就不同了，虽然每日灰头土脸，但每当听到老师召唤时，将手中的扫把一挥，高傲地看一眼收作业的科代表，开会去也！

那是相当的牛。

相信你已经明白了，科代表就是各部部长，班委就是内阁，老师就是……

参考消息 **传说中的殷士儋**

在著名作家蒲松龄的笔下，殷阁老被描写成一个跟狐仙打过交道的倜傥书生，不但做了狐女婚姻的主婚人，还在人家婚宴上偷了只金杯做纪念。在后世的口口相传中，殷家人都有一套演算天历的本事（古称“数术”，指利用阴阳五行来推知事物发展的势态），尤以殷士儋的父亲和殷士儋本人为个中高手，判定自己的死期，竟分毫不差。当然这并不可信，否则仅凭谣传，殷士儋也早就被嘉靖捧到西苑养着了，哪里会到了隆庆年间才开始研究他的入阁问题呢？

扫地的强过收本子的，就是这个道理。

殷士儋讨厌收作业，他想去扫地，但他始终没有得到这个机会。

根正苗红的殷部长入不了阁，说到底，还得怪他的那张嘴。

在这个世界上，同样一件事，不同的说法有截然不同的效果。比如一个胖子，体重一百公斤，如果你硬要说人家体重0.1吨，被人打残了我也不同情你。

殷士儋大致就是这么一个人。他是历城（今山东济南）人，算是个地道的山东大汉，平时说话总是直来直去，当年给裕王当讲官时经常严词厉色，搞得大家都坐立不安，所以后来裕王登基，对这位前老师也没什么好感。

其实皇帝怎么想还无所谓，关键是高拱不喜欢他。

这很正常，高拱要听话的人，而殷士儋明显不符合此条件。

所以入阁的事情拖了好几年，人员进进出出，就是没他的份儿。这不奇怪，奇怪的是，到了隆庆四年（1570）十一月，这位收作业的仁兄竟然拿到了扫把——入阁了。

这自然不是高拱偶发善心，实在是殷部长个人奋斗的结果，既然高拱不靠谱，皇帝也不能指望，那就只剩下了一条路——太监。

殷士儋一咬牙，走了太监的门路，终于得偿所愿。对此高拱也只能望洋兴叹，毕竟他也是靠太监起家的。

但老奸巨猾的高学士自然不会就此了结：不能挡你进来，那就赶你出去！为了及早解决这个不听话的下属，他找来了自己的心腹，都给事中韩楫。

参考消息 **歪打正着**

韩楫算是高拱手下一等一的搏击手，海瑞整治徐阶的事件过去了没多久，他就又掀起了另一事端：徐阶的老乡孙克弘，派了个家人孙五进京给亲友送家书。韩楫正巧得到消息，说徐阶打算重新出山，已派人到京城打探消息。于是韩楫命人把孙五抓了，可徐阶出山也不是什么见不得人的事，于是他便巧手妙织，编了一个故事，说徐阶的家人不法，受害人要告御状，徐阶公然派孙五进京阻拦。没想到这件事没彻底整垮徐阶，反倒是孙克弘因此事受牵连，而孙府的世交李春芳也随之致仕。但李春芳一走，高拱也算歪打正着，捞到了首辅的位子。

几天之后，在韩楫的指示下，言官们开始发动攻击，殷士儋同志的老底被翻了个遍，从上学到找老婆，但凡能找到的都拿来骂，搞得他十分狼狈。

高拱得意了，这样下去没多久，殷士儋只能一走了之。事实证明他是对的，但他也忽略了十分重要的一点——殷士儋的脾气。

意外就这样发生了。

事情从一次会议开始。本来内阁开会只有大学士参加，但有时也邀请言官们到场，偏偏这一次，来的正是韩楫。

殷士儋不喜欢高拱，本打算打声招呼就走人，一看韩楫来了，顿时精神焕发，快步走上前去，说了这样一句话：

“听说韩科长（韩楫是六科都给事中，明代称为科长）对我有意见，有意见不要紧，不要被小人利用就好！”

高拱就在现场。

殷学士的这句话只要不是火星人，想必都明白是什么意思，加上在场的人又多，于是高拱的脸面也挂不住了。

“成何体统！”

好！你肯蹦出来就好！

孙子当够了，殷士儋终于忍无可忍，发出了一声惊天动地的怒吼：

“高拱！陈大人（指陈以勤）是你赶走的，赵大人（指赵贞吉）是你赶走的，李大人（指李春芳）也是你赶走的，现在你看我不顺眼，又想赶我走！首辅的位置是你家的不成？！”

高拱当时就蒙了。他万万没想到，像殷士儋这种档次的高级干部，竟然会当众发飙，一时反应不过来，但更让他想不到的还在后头。

殷士儋真是个实诚人，实诚得有点儿过了头，这位仁兄骂完了人，竟然还不解恨，意犹未尽，卷起袖子奔着高拱就去了。

反正骂也骂了，索性打他一顿，就算要走，也够本了！

到底是多年的老政治家，高拱兄也不是吃素的，看见殷同志来真格的，撒腿就跑，殷士儋也穷追不舍：脸已经撕破了，今天不打你个半死不算完！

关键时刻，张居正站了出来。他拉住了殷士儋，开始和稀泥：

“万事好商量，你这又何必呢？”

然而，殷士儋明显不是稀泥，而是水泥，一点儿不给面子，对着张居正又是一通怒吼：

“张太岳（张居正号太岳），你少多管闲事，走远点！”

老子今天豁出去了，谁敢挡我就灭了谁！

所幸在场的人多，大家缓过劲儿来，一拥而上，这才把殷大学士按住，好歹没出事。

我算了一下，闹事的时候，殷士儋五十六岁，高拱六十岁，张居正最年轻，也四十七岁，三位中老年人竟然还有精力闹腾，实在让人钦佩。

殷士儋不愧是山东人，颇有点儿梁山好汉的意思，敢作敢当，回家后没等高拱发作，就主动提出辞职，回家养老去了。

在高拱看来，这个结果还不错，虽说差点儿被人打，但自己还是赢了，可以继续在内阁当老大。

但他绝对想不到的是，这场风波正是他覆亡的起点，因为在那个纷乱的场景中，张居正牢牢地记住了那句被很多人忽略的话：

现在你看我不顺眼，又想赶我走！首辅的位置是你家的不成？！

是啊，既然李大人可以被赶走，陈大人可以被赶走，那么我也会被赶走——当高大人看我不顺眼的时候。

况且，我也喜欢首辅的那个位置。

于是，从那一天开始，张居正就确定了这样一个认识——两个人之中，只能留一个。

而那个人，只能是我。

为了实现我的梦想和抱负，高拱，你必须被毁灭。

张居正打定了主意，准备对他的老朋友、老同事动手了。然而出人意料的是，先出招的人，竟然是高拱。

其实一直以来，高拱虽说对张居正抱有戒心，却还是把他当朋友的，直到有一天，高拱听到了那个传闻。

对高拱而言，赵贞吉是可恶的，殷士儋是可恶的，但只要他们滚蛋，倒也没必要赶尽杀绝，只有一个人除外——徐阶。

对徐大人，高拱可谓是关怀备至，对方家破人亡之后，他还是不依不饶，经常过问徐阶的近况，唯恐他死得太轻松。

就在这个时候，有人突然跑来告诉高拱，张居正和徐阶有秘密来往，答应拉他一把，帮他儿子免罪。当然了，张居正也没白干，他收了三万两白银。

高拱平静地点了点头，他准备用自己的方法，去解决这个问题。

不久之后的一天，他找到张居正闲聊，突然仰天长叹：

“老天爷真不公平啊！”

张居正没有说话，他知道后面的话才是正题。

“为什么你有那么多儿子，而我一个也没有？”

张居正这才松了一口气。高拱确实运气不好，六十多岁的人了，无儿无女，将来也只能断子绝孙了。

为缓和气氛，张居正发挥了他和稀泥的专长，笑着说了这么一句：

“儿子多，但也不好养活啊！”

好了，要的就是这句话。

“你有徐阶送你的三万两白银，养活几个儿子不成问题。”高拱微笑着，露出了狰狞的面目。

张居正慌了，他这才发现对方来者不善。无奈之下，他只得赌神发咒，说些如果收钱，出门让雷劈死、生儿子没屁眼之类的话，最后搞得声泪俱下，高拱才做了个样子，表示这是有人造谣，我绝对不信。然后双方握手言和，重归于好。

给了他一个教训，今后他就会老实听话——这是高拱的想法。

必须尽快解决他，再也不能迟疑——这是张居正的决心。

◆ 一个过于优秀的太监

决心下了，可该怎么动手呢？扫把不到，灰尘不会自己跑掉，张居正明白这个道理。

但现在的高拱已经今非昔比，连无比狡猾的徐老师都败在他的手下，单凭自己，实在没有胜算的把握。而且这位六十高龄的高老头身体很好，每天早起锻炼身体，精神十足，等他自然死亡也太不靠谱。

就在山穷水尽之际，一个人进入了张居正的视野，他的名字叫冯保。

和明代的同行们比起来，冯保是个非常奇特的太监——奇特得不像个太监。

一般说来，太监由于出身不好，且家庭贫困，能认识几个字、写自己的名字就算知识分子了。按照这个标准，冯保绝对可以评上教授，因为他不但精通经史，而且还是著名的音乐家，擅长演奏多种乐器；此外他还喜欢绘画，时常也搞点儿收藏。

比如有一次，他在宫里闲逛，"无意"地走进了宫内的收藏库，"无意"地信手翻阅皇帝的各种收藏品，然后"无意"中喜欢上了其中一幅画，最后便"无意"地"顺"（学名叫偷）走了这幅画。

事实证明，冯保先生的艺术鉴赏眼光是相当高的，因为那幅被他收归已有的画，叫做《清明上河图》。

像这种事情，一般都是天知地知，而我这样的小人物之所以也能凑个热闹，是因为冯太监在偷走这幅画后，还光明正大地在画上盖上了自己的收藏章——以示纪念（类似"某某到此一游"）。

捅出冯太监的这段隐私，只是为了让你知道，他虽然有文化，搞艺术，却绝非善类，做坏事敢留名，偷来的锣还使劲儿敲，这充分说明他具备了以下几种"优良"品质：胆大、心细、脸皮厚。

然而历史告诉我们，只有这样的人，才最适合搞阴谋。

而更让张居正喜出望外的是，这位冯保最恨的人，恰恰就是高拱。

我们之前曾经介绍过，明代的太监机关中，权力最大的是司礼监，因为这个部

参考消息 **冯保的替罪羊**

相传冯保"顺"走了《清明上河图》后，到了隆庆年间，成国公朱希忠嗜画成癖，听说严嵩收藏的《清明上河图》在宫里，就跟隆庆商量着给国库捐钱，请隆庆赏他此画（也就是买回去）。冯保一看大事不好，连忙找了一个替罪羊，说一个小太监偷了画又不敢卖掉，于是把画藏在御沟的石缝里，遇到下雨，画已被雨水泡烂了。私毁国宝，再加上隆庆正被户部左一本右一本的国库空虚奏章弄得有些火气，这一火上浇油，立刻就处死了那名小太监。这么一来，冯保虽然拿着名画又盖了章，也没胆子跟人炫耀了。

门负责帮皇帝批改奏章，具体说来是用红笔打钩，然后盖上公章，上到军国大事，小到鸡毛蒜皮，都得过他们这关。

从嘉靖年间开始，冯保就是司礼监中的一员，隆庆登基后，他也官运亨通，成了东厂提督太监兼御马监管事太监。

这是一个了不得的职务，要知道，东厂是特务机关，而御马监手握兵权，是十二监中仅次于司礼监的第二号实力机关。既管特务，又管部队，一个太监能混到这个份儿上，就算成功人士了。

但冯保并不满足，他要做太监中的霸主，就必须回到司礼监，得到另一个位置——掌印太监。

司礼监的工作是打钩和盖章，打钩的人数不等，叫秉笔太监，有资格盖章的却只有掌印太监——有且仅有一位。

天下大事，都要从我的公章下过，你不服都不行。

恰好此时前任掌印太监下课，太监也要论资排辈，按照职务资历，应该是冯保接任，但他却没有得到这个位置，因为高拱插手了。

高拱横插一杆，把御用监管事太监陈洪扶上了宝座。原因很简单，当年陈洪帮他上台，现在是还人情时间。

你陈洪不过是个管仓库的御用监，凭什么插队？！然而可怜的冯保只能干瞪眼，高拱实在太过强悍，是招惹不得的。

那就等吧，总有一天等到你。

似乎是冯保的痴心感动了上天，陈洪兄上台没多久，也下课了。这下应该轮到冯太监了。

然而，高拱又出手了，他推荐了孟冲来接替陈洪的位置。

冯保愤怒了，愤怒之情如滔滔江水连绵不绝，据说在家里连骂了三天，余音绕梁不绝于耳。

如此激动，倒不全是有人抢了他的职位，而是这位孟冲兄的身份实在有点太过特殊。

按照规定，要当司礼监掌印太监，必须在基层单位或重要岗位锻炼过，这样才能当好太监领导。可是孟冲先生原先的职务却是尚膳监，这就有点耸人听闻了，因为尚膳监的主要职责是管做饭。

也就是说，尚膳监的头头孟冲先生，是一名光荣的伙食管理员。

太欺负人了！上次你找来一个管仓库的，我也就忍了，这回你又找个做饭的，下次莫不是要找倒马桶的？

冯保终于明白，不搞倒高拱，他永远都没有出头之日。于是在经过短时间观察后，不需要介绍人介绍，也没有经过试探、牵手之类的复杂程序，冯保与张居正便一拍即合，结成了最为亲密的联盟。

但双方一合计，才发现高拱兄实在很难拱。他的威望已经如日中天，皇帝也对他言听计从，朝中爪牙更是数不胜数，一句话，他就是当年的徐阶，却比徐阶难对付得多，因为看起来，这位仁兄似乎打算革命到底，丝毫并没有提前退休地打算。

于是两人很快达成了共识，目前只能等——等高拱死。

但这种事情哪有个准儿，正当这对难兄难弟准备打持久战时，局势却出现了进一步地恶化。

为保存实力，张居正与冯保商定，遇到事情由冯保出面，张居正躲在暗处打黑枪，两人不公开联系，总是私下交流感情。

但意外仍然发生了。一天，张居正突然得到消息，说隆庆皇帝病情加重。这是一个极为重要的情报，但此时天色已晚，为了给冯保报信，张居正便写了一封密信，连夜派人交给冯保。

安全抵达，安全返回，张居正松了一口气。

然而第二天，当他刚刚迈入内阁办公室的时候，一声大喝镇住了他：

"昨天晚上，你为什么送密信给冯保？信上写了什么？如果有事情，为什么不与我商量？！"

这回高拱也不兜圈子了，反正内阁里只有我们两人，既然是破事，咱们就往破了说。他死死地盯着张居正，等待着对方的回答。

张居正没有准备，一时间手足无措，但老狐狸就是老狐狸，片刻之间，他就换上了一副招牌式的笑容，笑嘻嘻地看着高拱，也不说话。

所谓伸手不打笑脸人，老子死活不表态，看你怎么办？

这大概算是耍无赖的一种，于是在对峙一段时间后，高拱撤退了。他警告张居正不要乱来，便气鼓鼓地扬长而去。

事情闹大了，一听说联系暴露了，冯保就炸了锅：

还搞什么地下工作，高拱都知道了，索性摊牌吧！我们两个一齐上，鱼死网破，看看谁完蛋！

张居正明白，冯保是对的，现在情况紧急，高拱可能已经有所察觉，所谓先下手为强，如果现在动手，还能抢占先机，再晚就麻烦了。

最关键的时候到了，动手还有一丝胜算，等待似乎毫无生机。

面对着极端不利的局面，张居正却作出了一个出人意料地抉择：

“再等等。”

无与伦比的天赋，以及二十多年朝廷打滚的政治经验，最终拯救了张居正，让他作出了一个极为准确地判断：

“高拱依然是信任我的。”

继续隐藏下去，等待时机的到来。

隆庆六年（1572）五月二十六日，机会来临。

隆庆皇帝终于不行了。这位太平天子做了二十多年的替补，却只当了六年的皇帝，估计是当年压力太大，他的身体一直不好，加上一大群言官口水乱飞，他又没有他爹那种心理素质，一来二去就一病不起。

这位循规蹈矩的皇帝知道自己不能干，所以把工作交给能干的人。在他统治期间，经济得到发展，百姓安居乐业，连蒙古人都消停了，也算是相当不错了。

一句话，他是个老实人。

就在这一天，这位老实人感觉自己快要不行了，便紧急下令，召见三个人，他们分别是高拱、张居正，以及刚刚入阁不久的高仪。

这里说一下这位高仪，虽说他姓高，却绝非高拱的亲戚。这位兄台当年是高拱的同班同学，几十年勤勤恳恳，小心谨慎，是个不折不扣的老实人，老实到了令人发指的地步：

比如当年他做礼部尚书的时候，家里的房子失了火，烧得一干二净，好歹是个正部级干部，重新盖一座就是了。

可是高仪却极为另类，他自己没钱，也不向组织开口，竟然找了个朋友家借住，而且一直到死，也没买过房子，就这么凑合了十几年。

所以很明显，高拱拉这个人入阁，就是用来充数的，在他看来，高仪不过是个老实本分、反应迟钝的人。然而，此后事情地发展告诉我们，他或许老实，却绝不迟钝。

在接到入宫的命令后，高拱立刻意识到皇帝可能不行了，为了不耽误事，他撒腿就跑。据史料记载，这位仁兄连轿子都没坐，六十多岁的老头，一溜烟从东安门跑进东华门，终于在皇帝咽气之前抵达目的地，实在让人叹为观止。

顺便说一句，这条路线今天还在，有兴趣的朋友可以试着跑跑，从东安门起始，跑进故宫太和殿（记得带钱买票），体验古迹之余也可以缅怀一下先人。

当高拱到达寝宫时，才发现有五个人已经先他而来，他们分别是皇后、太子朱翊钧、太子生母李贵妃、张居正，以及那个他最为讨厌的人——冯保。

这是一个看似平常的人员组合，前三个人先到场是正常的，他们住得近；张居正比自己先到，也还情有可原，毕竟这小子年轻，跑得快；冯保是司礼监秉笔，是皇帝的秘书，过来凑凑热闹，似乎也说得过去。

所以紧要关头，高拱也没多想，奔着半死不活的皇帝去了。

然而，他万没想到，张居正之所以早到，是因为他早就从冯保那里得到了消息；而冯保之所以在场，是因为他策划已久的阴谋即将在此实现。

看见高拱来了，已经在阎王登记本上签了名的皇帝，似乎又撤了回来，他用尽全身的力气，对这位陪伴他三十余年，历经坎坷共赴患难的朋友、老师，说出了最后的话：

“太子年纪还小，天下大事，就麻烦先生你了。”

讲完，走人。

隆庆六年（1572）五月二十六日，隆庆皇帝朱载垕驾崩，年三十六岁。

皇帝死了，按照惯例，大家都得哭一场，无论真心假意，该走的程序还是得走。同理，按照惯例，哭完了就该商量遗产、权力方面的问题。

此时，最自信的人是高拱，皇帝死前都说了，太子交付给我，还有谁能取代我不成？

从法律的角度上讲，皇帝大人对高拱提出要求，这叫口头要约；而高拱答应了这个要求，这叫口头承诺。然而事实证明，无论是要约还是承诺，都比不上合同。

高拱同志是吃了不懂法的亏，因为就在他最得意的时候，原先站在一旁死不吭气的冯保行动了——他拿出了合同。

这份所谓的合同，就是遗诏。

关于这份合同的内容，就不多介绍了，大体也就是些我干过什么错事，对不起国家，对不起人民，对不起劳苦大众，现在我死了，请诸位多多照顾我儿子之类，但当高拱看到那句关键的话时，当即暴跳如雷：

“着令司礼监掌印太监与内阁大学士共同辅政！”

这回算是翻了天了。

在明代两百多年的历史中，太监即使再猖獗，哪怕是王振、刘瑾这样的超级大腕，担任辅政也是痴心妄想。这是有道理的，毕竟大家都是明白人，跟着个太监能学到啥呢？

然而，这个例竟然在自己手上给破了，高拱气得七孔冒烟。

更何况，按规定，遗诏应该是我来拟的。皇帝死得急，没来得及写，大家也都理解，现在你冯保竟然搞出一份遗诏，天上掉下来的？！

但是激动归激动，毕竟人刚死不久，孤儿寡母在眼前，闹起来也不好看，况且遗诏也没指明冯保辅政，司礼监掌印太监还是自己的人，有账慢慢算，咱们走着瞧。

只过了一天，高拱就知道自己错了。

第二天，另一条遗旨颁布：原司礼监掌印太监孟冲退休，由秉笔太监冯保接任。

原来如此！

瞧不起太监，偏偏就被太监给耍了，高拱终于发现，他已经陷入了一个圈套，局势十分不利。

但老滑头毕竟是老滑头，在短暂惊慌之后，高拱恢复了镇定，叫来了自己的心腹大臣雒遒、程文，整夜商议之后，他们订下了一个几近完美的攻击计划。

这一天是隆庆六年（1572）六月八日，高拱相信，胜券已经在握。

◆ 唯一的漏洞

隆庆六年（1572）六月十日，第一波攻击开始。

这一天，司礼监掌印太监冯保刚刚上班，便收到了一封呈交皇帝的奏疏，作者是高拱。他立即打开阅览，却被惊得目瞪口呆。

奏疏的大致内容是说：太监不过是下人，却一直参与政治，我高拱实在看不过去，特向皇帝陛下建议，收回司礼监的权力，并对敢于乱凑热闹的有关人等进行严惩。

冯保蒙了，却并非因为恐惧，而是他怎么也想不通，高拱为何会犯如此低级的错误！

对这封奏疏中的建议，冯保早有心理准备。高拱兄每日磨刀霍霍，动手是迟早的事情，但用这种方式直接上奏，却着实让人匪夷所思。

因为虽说大臣的奏疏是直接呈送给皇帝的，但那已是朱元璋时代的事情了，随着皇帝越来越懒，许多文书都是由太监转呈，皇帝往往看也不看，就丢给内阁，让内阁票拟处理意见，然后再转给司礼监批红盖章，事情就算结了。

这就奇怪了，你高拱明明知道皇帝小，不管事，文件都是我盖章，怎么还会上这样的东西？难道你指望我精神失常，打自己耳光不成？

冯保把脑袋想破，也没明白怎么回事，但这个事总得解决，于是他扣住了奏疏，没有转交内阁，而是自己代替皇帝，在上面批了六个字，然后批红盖章，还给了高拱。

这六个字是："知道了，遵祖制。"

这又是一句传说中的废话，什么祖制？怎么遵守？

然而，高拱并不生气，他明知这六个字出自冯保的笔下，却只是冷笑了一声，对同在内阁的张居正与高仪说了这样一句话：十岁太子，如何治天下？

高仪摇了摇头，张居正笑了。

冯保，你尽管闹吧，很快你就会知道我的厉害。

高拱没有就此罢手，而是再次送上奏疏，并特地说明，皇帝公务繁忙，就不劳烦您亲自批阅了，把我的奏疏送到内阁就行，内阁有人管。

谁管？不就是高拱嘛。

高先生的意思很简单，翻译过来就是：冯保同志，我知道上次你当了一回皇帝，签了我的奏疏，这次就不劳烦你了，把我的奏疏交给内阁，当然，也就是交给我，我自己来签。

一见这家伙又开始闹，冯保就头大，私留文件可能要出麻烦，反正这封奏疏只是要个名分，那就给了你吧！

一念之差，他把奏疏交给了内阁。

这是一个差点儿让他送命的决定。

高拱就是高拱，比冯保有文化得多，轮到他当皇上，大笔一挥，刷、刷、刷，在自己的奏疏上批了十九个字，其大体意思是：

"我看了你的奏疏，对时政非常有用，显示了你的忠诚，就按你说的办吧！"

高拱表扬高拱，也算有性格。

文件又送回了冯保那里。看了高拱地批复，他哭笑不得：自己跟自己玩有意思吗？但无奈之下，他还是盖了章。

不就要个名分吗，你还能翻天不成？给你就是了。

我要的就是一个名分，高拱得意地笑了，冯保，你还太嫩。

这一天是隆庆六年（1572）六月十二日，计划圆满完成，第二波攻击即将开始。

隆庆六年六月十三日，冯保最黑暗的日子来到了。

工部都给事中程文上书，弹劾司礼监掌印太监冯保罪大恶极，应予惩办。主要罪恶摘录如下:

身为太监，竟然曾向先帝（隆庆皇帝）进送邪燥之药（春药），导致先帝因此而死。此外他还假传圣旨，以实现自己掌权的野心。总之一句话，奸恶之徒，罪不可赦！

照程文兄的说法，不但冯保的官位是改圣旨得来的，连皇帝的死都要由他负责，这是把人往死里整。

同日，礼部都给事中陆树德、吏部都给事中雒遒上书，弹劾冯保窃权矫诏，应予逮捕审问。

这还是明的，要知道，程文、陆树德、雒遒都是都给事中，也就是所谓科长，手下都有一大批给事中科员，科长出马，科员自然也不会闲着，四处串联，拉关系闹事。京城里人声鼎沸，杀气冲天，不把冯保千刀万剐不算完事。

冯保崩溃了。他这才知道高拱的厉害，但他已然束手无策，而且高拱手上还有那封批准免除司礼监权力的奏疏，找皇帝说理也没戏，冯太监彻底绝望了。

在高拱看来，事情十分顺利，现在只剩下最后的一步，天下将尽在我手！

隆庆六年六月十四日，最后的准备。

高拱去拜访了两个人——张居正、高仪。虽说他一直以来都把这两个人当摆设，但毕竟是内阁同僚，要想彻底解决冯保，必须争取他们地支持。

但高仪的态度让高拱很失望，无论高拱说什么，这位老同学兼老实人都只是点头，也不讲话。于是寒暄几句之后，高拱便离开了。

张居正就截然不同了，他十分热情地招呼高拱，并尊为上宾。高拱感受到了同志般的温暖，随即将自己解决冯保的全盘计划告知了张居正，当然，最后他还是问了一句:

“高仪那边已经没有问题，你怎么样？”

张居正毫不迟疑地回答:

“自当听从差遣！”

为表示决心，他还加上了一句:

“除掉冯保，易如反掌！”

高拱满意地走了，他还要忙着去联络其他人。

张居正也很忙，他要忙着去找冯保。

至此，冯保终于知道了高拱的全部计划。然而在极度恐慌与愤怒之后，他才发现自己毫无办法，满朝都是高拱的人，骂人的言官都是对头，唯一的盟友张居正，也不过是个次辅，无济于事。

冯保急了，张居正却丝毫不乱，他镇定地告诉冯保：有一个人可以除掉高拱。

“谁？”

“皇帝。”

冯保恍然大悟，这段时间忙里忙外，圣旨都是自己写的，竟然把这位大哥给忘了。虽说他才十岁，但毕竟是皇帝，只要他下令解决高拱，那就没问题了。

但是皇帝和高拱又没矛盾，他凭什么支持我们呢？

面对着冯保的疑问，张居正陷入了沉思，很快，他就想起了一件事:

“除掉高拱，只需要一句话而已。”

张居正的脸上洋溢着灿烂的笑容:

“不过，这句话还需要改一改。”

隆庆六年（1572）六月十五日。

冯保一早就去见皇帝，向他报告一个极为重要的情况：经过自己的缜密侦查，发现了高拱图谋不轨的阴谋。

既然是阴谋，既然是图谋不轨，那自然要听听的，于是十岁的万历皇帝好奇地抬起头准备听故事，旁边站着紧张到极点的李贵妃。

当然了，冯保是有犯罪证据的，且证据确凿，具体说来是一句话：

“十岁孩童，如何做天子！”

从“十岁太子，如何治天下”到“十岁孩童，如何做天子”，只改了几个字，就从牢骚变成了谋反，中国文化之博大精深，实在让人叹为观止。

虽然张居正搞文字狱，要两面派，狡诈阴险到了极点，但他还是说错了一点——真正能够解决高拱的，不是皇帝，而是皇帝他妈。

皇帝他妈，就是李贵妃，通俗叫法是李寡妇。

用这个称呼，绝无不敬之意，只是她确实是个寡妇，而且是非多。

我在外地讲学的时候，曾几次谈到张居正，讲完后，下面递条子上来提问，总有这样一个问题：据说李太后（即李贵妃）和张居正有一腿，不知是否属实？

遇到这种情况，我总是十分认真地回答那位认真的求知者：不知道。

我确实不知道，因为即使他们俩之间有什么冬瓜豆腐，史书也不会写。至于野史，张大人和李寡妇连孩子都有了，这种事情，乱讲小心被雷劈死。

但这些传言充分说明，李贵妃是一个不一般的女人。她并不是什么名门闺秀，只是一个宫女出身，但据说人长得很漂亮，是宫里面的头号美女，而且工于心计，城府很深，是一块搞政治的材料。

所以在当时，真正拿主意的并不是连穿衣服都不利索的万历，而是这位李寡妇。

于是李寡妇愤怒了，皇帝刚刚去世，你高拱竟然来这么一下，欺负我们孤儿寡母！

为了把戏做全、做大，据说张居正也出场演了一回，还和冯保唱了双簧，说高拱准备废了万历，另立藩王，讲得有鼻子有眼。

这下子连十岁的万历都憋不住了，张大人和冯太监的谎言深深地伤害了他幼小的心灵，直到后来高拱死了，他连个葬礼仪式都不批，可见受毒害之深厚。

李贵妃就更不用说了，高拱那个干瘦老头，一看就不是好人；张居正自然不同了，不但有才能，而且长得帅，不信他还信谁？

就这么定了。

隆庆六年（1572）六月十六日，成败就在今日。

高拱十分兴奋，因为一大早，宫里就传来了消息，命令六部内阁等机关领导进宫开会。在他看来，这必定是弹劾起了作用，皇帝要表态了。

想到多日的筹划即将实现，高拱按捺不住心中的喜悦，一反常态，派人去找张居正与高仪一起走，他要所有的人都目睹他的胜利。

然而让他想不到的是，前几天还活蹦乱跳的高仪竟然病了，而且病得很重，什么病不知道，反正是不能走路。

可见老实人虽然老实，却未必不聪明。

张居正就更搞笑了，他的回答很干脆：

“我前几天中暑，就不去了。”

这个谎话明显没编好，不说中风瘫痪，至少也说你瘸了才好办，中暑又死不了人，大不了抬你去嘛。

于是高拱再三催促，还说了一句之后看来很可笑的话，以鼓励张居正：

“今天进宫理论，如果触怒皇上，我就辞职不干了，你来当首辅！”

张居正连忙摆手，大声说道：

“哪里，哪里，不要开这样的玩笑！”

首辅嘛，我是要当的，不过，无须你让。

禁不住高拱的一片热情，张居正还是上路了，不过，他说自己不太舒服，要慢点走，高大人你先去，我随后就到。

这么看来，张居正还算个厚道人——至少不愿看人倒霉。

高拱的性格与政治生涯

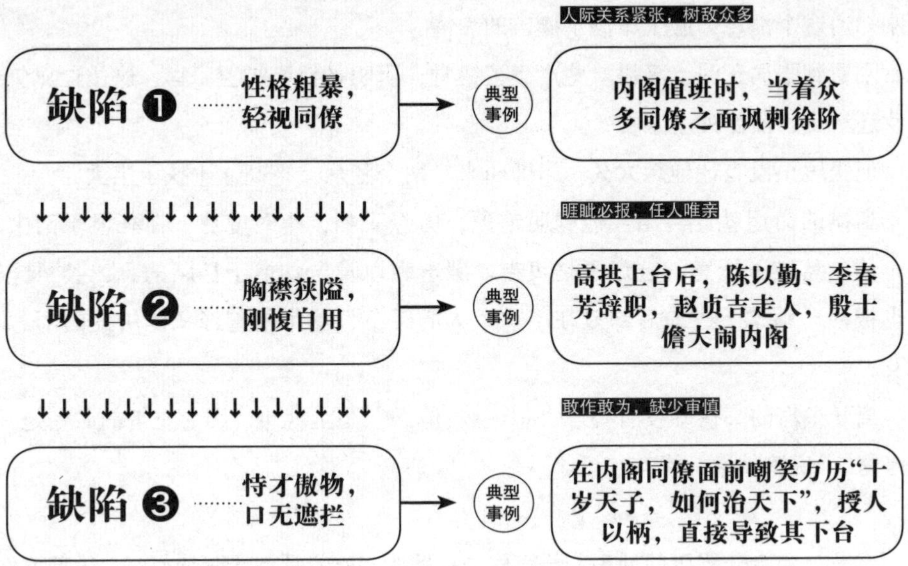

高拱兴冲冲地朝早朝地点无极殿走去，却意外地发现，一个手持圣旨的人已经站在了道路中间，于是他跪了下去，准备接受喜报，但听到的却是：

“先帝殡天（即挂）之日，曾召集内阁辅臣，说太子年幼，要你们辅政，但大学士高拱却专权跋扈，藐视皇帝，不知你到底想干什么？”

骂完了，下面说处理结果：

“高拱回籍闲住，不许停留！”

从听到“专权跋扈”四个字开始，高拱就陷入了半昏迷状态：明明是自己找人黑了冯保，怎么会被人反攻倒算？这位几十年的老江湖彻底崩溃了，从精神到肉体。

据史料记载，这位兄台当时的表现是面如死灰，汗如雨下，趴在地上半天不动窝。

但这里毕竟是宫里的御道，你总这么占着也不是个事。高先生还没有悲痛完，就感觉一双有力的手把自己扶了起来，所谓雪中送炭。

高拱用感激的眼神向身后投去了深情的一瞥，却看见了张居正。

张居正没有食言，他还是来了，时间刚刚好，圣旨念完，人还没走。看起来，他刚知道这个消息，脸上布满了痛苦的表情。

刚看到张居正时，高拱险些产生了错觉，明明是自己被罢了官，这位仁兄怎么比我还难受，活像死了亲爹？

但张居正没有让他想太久，当即叫来了两个随从，把高学士扶了出去。

高拱的命运就此终结。他聪明绝顶，历经三朝，审时度势，在狂风暴雨中屹然不倒，熬过了严嵩，赶走了赵贞吉、殷士儋以及一切敢于挡路的人，甚至连徐阶也被他一举拿下，最后却败在了这个人的手下，这个他曾经无比信任的同志与战友。

离开皇宫的高拱却没有心思去想这些，他必须马上就走。因为圣旨的命令是“不许停留”，说滚就滚，没有二话。

这是一个十分严厉的处理，一般官员被罢职，都能领到一张通行证，凭着证件，可以免费领取马匹，在路上还可以住官方招待所（驿站），毕竟为朝廷干了这么多年，没有功劳也有苦劳，给个人性化待遇不过分。

然而，高拱却分毫没有，只等到了一群手持刀剑的大兵，催促他赶紧滚蛋。于是这位曾经权倾天下的人哥只好找了几头骡子，将就着出了城，后面的人还不依不饶，一直把他赶出二十里外才回京，真是够狠。

离开了京城，刚刚喘口气，却又遇上一个等候他们多时的人。与当兵的不同，这个人手上拿着一样高拱急需的东西——驿站使用通行证。

然而，高拱却没有接受，因为这位兄弟自报了家门：张大学士派我来的。

张居正实在很体贴，他一手导演了那道圣旨地诞生，自然也知道高拱的待遇，所以他派人等在这里，就当是送给高拱的退休礼物，朝廷第一号善人非他莫属。

何谓善人？

做好事要不留名，做坏事要擦屁股，这就叫善人。

张居正和高拱的关系变化

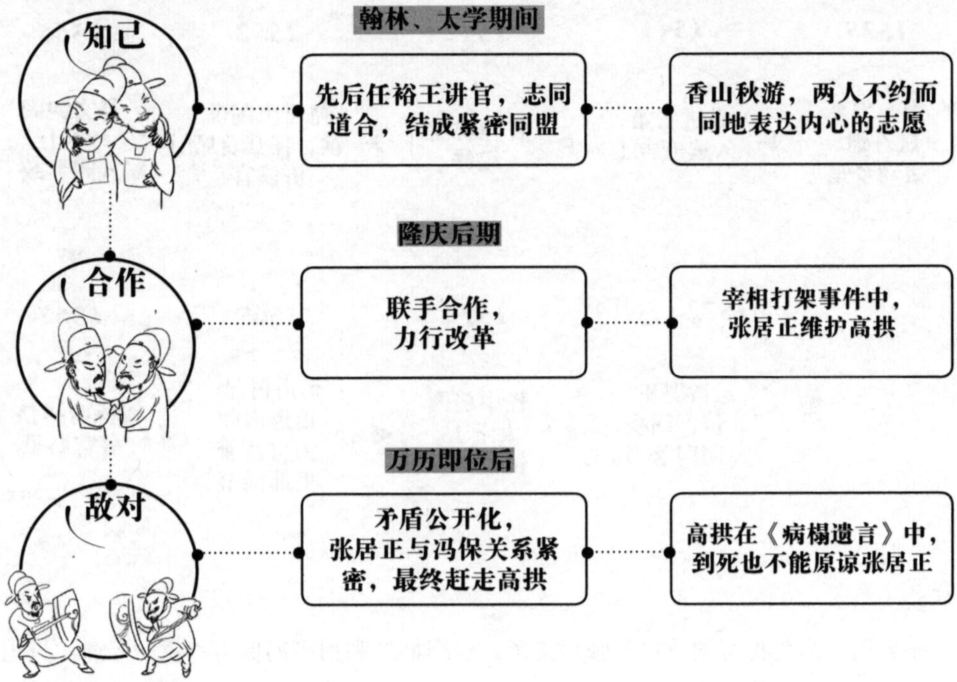

◆ 第一个独裁者

高拱愤怒了，他不是白痴，略加思考，就明白自己上当了，这个所谓的战友同志，竟是个不折不扣的叛徒败类，然而为时已晚。

赶我走的是你，送我通行证的也是你，既上香又拆庙，你装什么孙子？

所以，他用自己剩下的唯一方式表示了抗议——不收。

气鼓鼓的高拱扭头就走。在此后的岁月中，他埋头于学术研究，偶尔也骂一骂张居正，为表示对此人的蔑视，他给了这位昔日同事一个响亮的称呼——荆人（张居正是湖广荆州人）。

人走了，事情也该完了，这是高拱的想法。

然而事实证明，他实在是高估了张居正的道德水平，玩死人不偿命的把戏还在

高拱的仕途

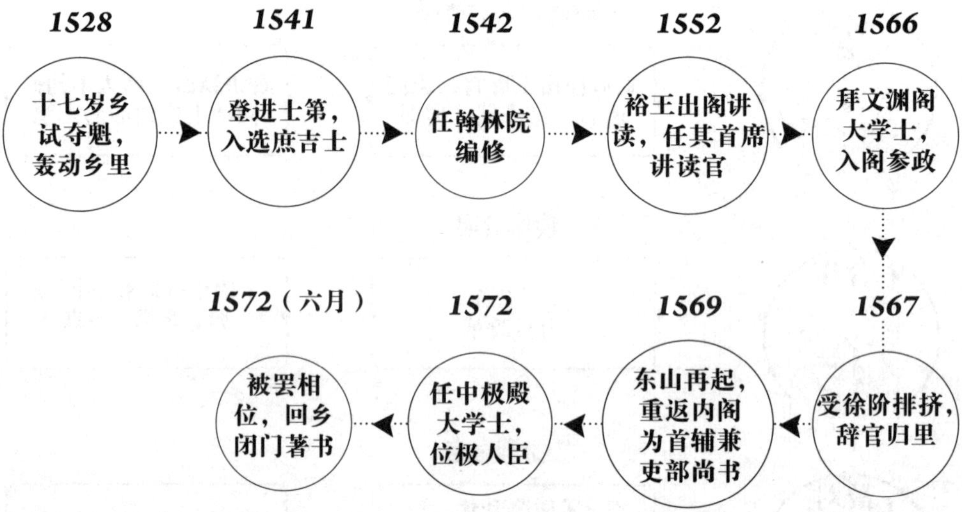

后头。

此时，最为得意的莫过于张居正了。他巧妙地利用了冯保与高拱的矛盾，只出了几个点子，就整倒了这位老到的政治家，为这个延续了三十余年的死亡游戏画上了句号。

自嘉靖二十七年（1548）起，在嘉靖的英明怠工下，大明王朝最为优秀的六位天才开始了角逐，除了一边看热闹的杨博外，大家都赤膊上阵，近身肉搏。徐阶等死了陆炳，除掉了严世蕃，把持了朝政，却被高拱一竿子打翻，家破人亡，之后高拱高调上台，风光无限。

然而，胜利最终却属于一直低调的张居正，他等到了最后，也熬到了最后，在暗处用一记黑枪结果了高拱，成了游戏的终结者。

严嵩输给了徐阶，不是正义战胜邪恶，而是他不如徐阶狡猾。徐阶输给了高拱，不是高拱更正直，而是因为他更精明。现在，我除掉了高拱。所以事实证明，我才是这个帝国最狡诈、最杰出的天才。

再见了，我曾经的朋友；再见了，我曾经的同僚！你的雄心壮志，将由我去实现。

其实我们本是同一类人，有着同样的志向与抱负，我也不想坑你，但是很可惜，那个位置实在太挤。

大臣是我的棋子，皇帝是我的傀儡，天下在我的手中，世间已无人是我的对手。

好吧，那么开始我的计划吧，现在是时候了。

一般说来，当官能混到张居正这个份儿上，也就算够本了。

高拱走了，内阁里只剩下他一个人，但凡有什么事情，都由他批示处理意见，

嘉靖至隆庆年间的权力更迭

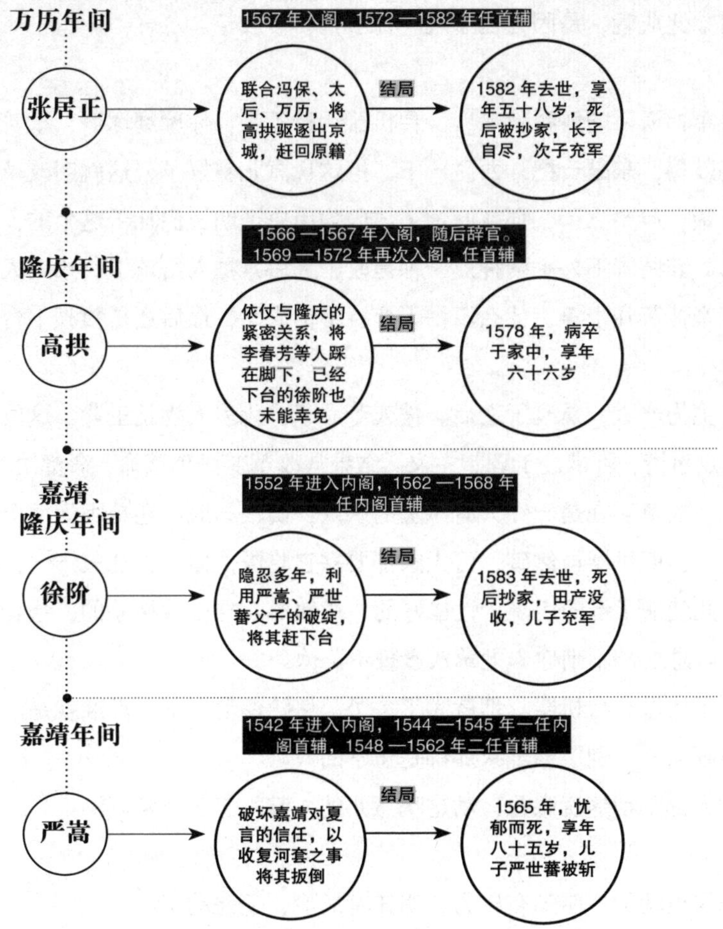

批完后，去找死党冯保批红、盖章。他想怎么办，就怎么办。

而皇帝同志基本上可以忽略不计。这位仁兄刚十岁,能看懂连环画就算不错了，加上皇帝他妈对他还挺暧昧，孤儿寡母全指望他，朝中大臣也被他治得服服帖帖，也就是说，从高拱走的那一刻起，大明王朝的皇帝就改姓张了。

综观中国历史，一个老百姓家的孩子，做文官能做到连皇帝都靠边站，可谓是登峰造极了。要换个人，作威作福，前呼后拥，舒舒坦坦地过一辈子，顺便搞点儿政绩，身前享大福，身后出小名，这就算齐了。

然而事实告诉我们，张居正不是小名人，是大名人，大得没边，但凡有讲中国话的地方，只要不是文盲村，基本都听过这人。

之所以有如此成就，是因为他干过一件事情——改革。

什么叫改革？通俗的解释就是，一台机器运行不畅，你琢磨琢磨，拿着扳手螺丝刀上去鼓捣鼓捣，东敲一把，西碰一下，把这玩意儿整好了，这就叫改革。

看起来不错，但要真干，那就麻烦了，因为历史证明，但凡干这个的，基本都没什么好下场。其结局不外乎两种：一种是改了之后，被人给革了，代表人物是王安石同志，辛辛苦苦几十年，什么不怕天变，不怕人怨，最后还是狼狈下台，草草收场。

另一种则更为严重，是改了之后，被人革命了，代表人物是王莽。这位仁兄励精图治，想干点事情，可惜过于理想主义，结果从改革变成了革命，命都给革没了。

由此可见，改革实在是一件大有风险的事情，归根结底，还是因为两个字——利益。你要明白，旧机器虽然破，可大家都要靠它吃饭，你上去乱敲一气，敲掉哪个部件，没准儿就砸了谁的饭碗，性格好的，找你要饭吃；性格差的，抱着炸药包就奔你家去了。总之是不闹你个七荤八素誓不罢休。

如果把天下比做一台机器，那就大了去了，您随便动一下，没准就是成千上万人的饭碗，要闹起来，剁了你全家那都是正常的。

所以正常人都不动这玩意儿，动这玩意儿的人都不怎么正常。

然而，张居正动了，明知有压力，明知有危险，还是动了。

因为他曾见过腐败的王爷、饿死的饥民、无耻的官员；因为他知道，从来就没有什么救世主，也不能靠神仙皇帝；因为他相信，穷人也是人，也有生存下去的权利。

因为在三十余年的钩心斗角、官场沉浮之后，他还保持着一样东西——理想。

在我小时候，一说起张居正，我就会立刻联想到拉板车的。拜多年的教育所赐，这位仁兄在我的印象里，是天字第一号苦人，清正廉明，努力干活，还特不讨好，整天被奸人整；搞了一个改革，还没成功，说得你都恨不得上去扶他一把。

一直到十几年后，我才知道自己被忽悠了。这位张兄弟既不清正，也不廉明，拉帮结派，打击异己，那都是家常便饭。要说奸人，那就是个笑话，所有的奸人都被他赶跑了，你说谁最奸。

更滑稽的是，不管我左看右看，也没觉得他那个改革失败了，要干的活都干了，要办的事都办了，怎么能算失败？

所以我下面要讲的，是一个既不悲惨、也不阴郁的故事，是一个成功的故事。

在张居正之前，最著名的改革应该就是王安石变法，当然，大家都知道，他失败了。

为什么会失败呢？

对于这个可以写二十万字论文的题目，我就不凑热闹了，简单说来一句话：

王安石之所以失败，是因为他自以为聪明；而张居正之所以成功，是因为他自以为愚蠢。

在这个世界上，所有存在的东西，必有其合理性，否则它就绝不会诞生。而王安石不太懂得这个道理，他痛恨旧制度，痛恨北宋那一大帮子吃闲饭的人。但他不知道的是，旧有的制度或许顽固，或许不合理，却也是无数前人伟大智慧的结晶。制定制度和执行制度的人，都是无与伦比的聪明人，比所有自以为聪明的人要聪明得多，僵化也好，繁琐也罢，但是，有效。

所以这位老兄雄心勃勃，什么青苗法搞得不亦乐乎、热火朝天，搞到最后却不能用，所以，白搭。

而张居正就不同了，他很实在。

要知道，王安石生在了好时候，当时的领导宋神宗是个极不安分的人，每天做梦都想打过黄河去，解放全中国，恨不得一夜之间大宋国富民强，所以王安石一说变法，就要人有人，要钱有钱。

相比而言，嘉靖就懒得出奇了，反正全国统一，他也没有征服地球的欲望，最大的兴趣就是让下面的人斗来斗去。张居正就在这样的环境中成长，从小翰林到大学士，他吃过苦头，见过世面，几十年夹缝中求生存，壮志凌云，那是绝对谈不上了。

所以在改革的一开始，他就抱定了一个原则——让自己活，也让别人活。具体说来，就是我不砸大家的饭碗，大家也不要造我的反，我去改革，大家少贪点，各吃各的饭，互不干扰。

改而不革，是为改革。

似乎上天也想成全张居正。他刚接任首辅，大权在握不久，就获知了另一个好消息——高仪死了。

高仪同志不愧是天下第一老实人，自从高拱被赶走后，便开始寝食不安，唯恐张居正手狠心黑，连他一锅端了，日复一日，心理压力越来越大，一个月后就吐血而死，去阎王那里接着做老实人了。

对高仪的死，张居正丝毫不感到悲痛，因为从根子上说，他和高拱是同一类人，却比高拱还要独裁，看见有人在眼前晃悠就觉得不爽，管你老实不老实，死了拉倒。

其实这也怪不得张居正，因为在中国历史上，共同创业的人大都逃不过“四同”的结局：同舟共济——同床异梦——同室操戈——同归于尽。

于是自嘉靖登基时起，经过五十余年地漫长斗争，张居正终于一统天下，上有皇帝他妈支持，下有无数大臣捧场，外有亲信戚继光守边界，内有死党冯保管公章，皇帝可以完全无视，他想干什么就干什么，比真皇帝还皇帝，一呼百应，真正实现了团结。

把所有不服你的人都打服，敢出声就灭了他，所有人都认你当大哥，这就叫实现团结。

"四同"结局

团结之后的张居正终于可以实现他的理想了，这就是后来被无数史书大书特书的"张居正改革"。

说起改革，总有一大堆的时间、地点、人物以及背景、意义等。当年本人深受其害，本着我不入地狱，谁入地狱的精神，就不啰唆了，简单说来，张居正干了两件事情。

第一件事，叫做一条鞭法。这个名字很不起眼，但这件事情却极其重大，用今天的话说，那是具有跨时代的意义。

因为这个跨时代的一条鞭法，改变了自唐朝以来延续了八百余年的税制，是中国赋税史上的一个具有里程碑意义的转变。

上面这段话是我在历史论文中用的，看了头晕也别见怪，毕竟这话不说也不行。把伟大意义阐述完了，下面说实在的，保证大家都能看懂：

自古以来，国家收税，老百姓交税，那是天经地义的事情，毕竟朱重八等人不是慈善家，出生入死打江山，多少得有个盼头。

怎么收税，各朝各代都不同，但基本上税的种类还是比较固定的，主要分为三块：

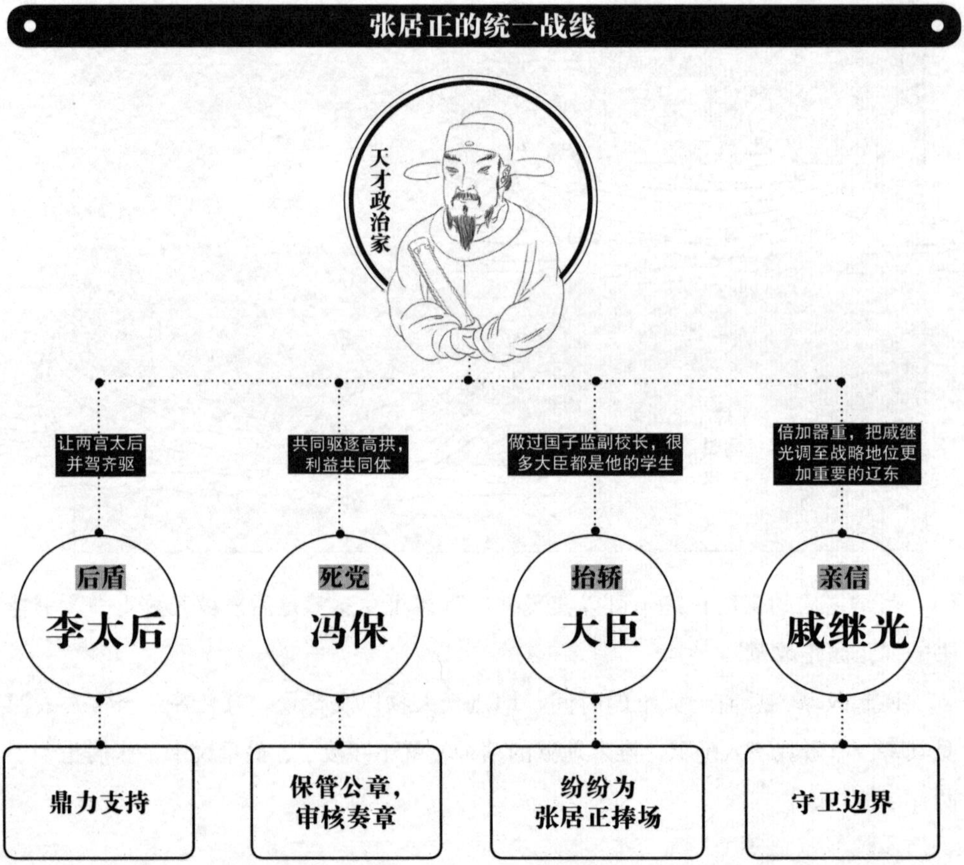

一是田税，皇帝拼死拼活抢地盘，你种了皇帝的地，自然要交钱。

二是人头税，普天之下莫非王土，天下百姓都是皇帝的子民（都是他的资源），有几个人交几份钱，这是义务。

三是徭役，说穿了就是苦力税，所谓有钱出钱，有力出力，遇到修工程、搞接待的时候，国这不但要你出钱，有时还要你出力。两手一起抓，一个都不能少。

有人可能会说，要是我那里都是山，没田怎么办呢？或者说我有田，但不种粮食，又怎么办呢？这个你不用担心，国家早就替你想好了，权利可以不享受，义务绝对跑不掉。

简单说来是有什么交什么，山里产蘑菇，你就交蘑菇；山里产木材，你就交木材，田里要种苹果，你就交苹果；要种棉花，你就交棉花。收起来放仓库，反正一时半会儿也坏不了。

个把“刁民”可能会问：那我要是捕鱼的渔民呢，你又没冰箱，鱼总不能放着发臭吧？

嘿嘿，放心，朝廷有办法，做成咸鱼不是照样交吗？跑不了你小子。

中国的老百姓上千年就背着这么三座大山，苦巴巴地熬日子。

实事求是地讲，在中国历史上，大一统王朝的统治者，除了某一些丧心病狂，或是急等用钱的人外，对百姓负担还是很重视的，田赋的比例基本都是二十比一（5%），或是十比一（10%），能收到五比一（20%），就算是重税了。

从这个数字看，老百姓的生活在理论上，还是能够过下去的。

不过很可惜，仅仅是理论上。

说起来是那么回事，一操作起来就全乱套。

因为在实际执行中，各级官吏很快发现，能钻空子捞钱的漏洞实在是太多了：比如你交苹果，他可以挑三拣四，拿起一个，说这个个头小，算半个，那个有虫眼，不能算；你交棉花，他可以说棉花的成色不好，抵一半，你也只能回家再拉去。

这还是轻的，最大的麻烦是徭役。因为田赋和人头税多少还能见到东西，当官的赖不掉，徭役可就不好说了，修河堤、给驿站当差、整修道路，这都是徭役，完成了任务，就算完成了徭役。

那么谁来判定你是否完成任务呢？——地方官。

这就是所谓的黄鼠狼看鸡了，遇到良心好的，还能照实记载，遇到不地道的，就要捞点儿好处。你要没钱，他就大笔一挥——没干！有意见？这事我说了算，说你没干就没干，你能咋地？

事实证明，在当时，除了一小撮品行较好的人外，大多数朝廷官员还是不地道的，是不值得信任的。有漏洞不钻，有钱不捞，这个要求实在有点高。总之是一句话，玩你没商量。

无数的老百姓就是这样被玩残的，朝廷没有好处，全被地方包干了。

此外，这一收税制度还有很多麻烦，由于收上来的都是东西，且林林总总，花样繁多，又不方便调用。

比如江浙收上来一大堆粮食，京城里吃不了，本地人又不缺，听说西北缺粮食，那就往那边运吧？一算，粮价还不够运输费。那就别折腾了，放在粮仓里喂老鼠吧。

更头疼的是，各地虽然上交了很多东西，除了粮食，还有各种土特产、中药药材等等，却没有多少银两，这些玩意儿放在京城里又占地方，还要仓管费，遇上打仗，你总不能让当兵的吃棉花、提几两药材当军饷吧。

而某些吃饱饭的大臣无聊之中，想了个馊主意，说既然有这么多东西，闲着也是闲着，不如拿去给京城的官员们发工资。比如你是户部正六品主事，按规定你该拿多少工资，但到发钱那天告诉你，国家现金不够，我们现在只能发一部分钱和粮

参考消息 **混乱的徭役**

隆庆六年，御史上奏：整个大明的户口管理已混乱不堪，里胥手里的黄册（即官方户口名册）根本不记载真正的人丁数量。钱粮税务，谁家给了；差役徭役，谁家没派，完全是根据豪绅的有钱程度来记录的。有钱的官绅贿赂里胥，逃税避役蔚然成风。而各地方官手中又有一套“白册”，记录各类人员的实情，明目张胆地把豪绅避开，强征平民的徭役。黄白册之分，就好比朝廷的明暗账一样，搅得黄册制度形同虚设。

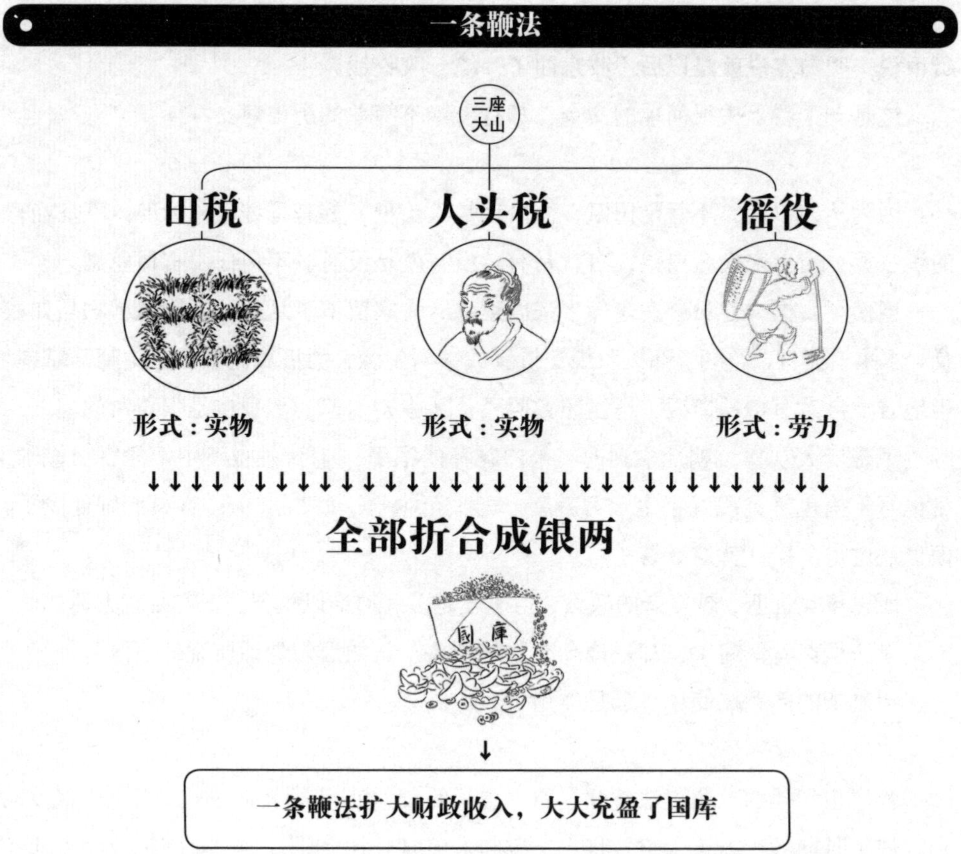

食给你，剩下的用棉花抵，不过你放心，我们到市场上估算过，如果等价交换，拿这些棉花绝不吃亏。

奶奶的，老子辛辛苦苦干到头，就拿着这几袋棉花回家？老婆孩子吃什么？

必须说明，这绝对不是搞笑。自朱元璋以来，明代官员都是这么领工资的，有时是粮食，有时是药材，个别缺了大德的皇帝还给纸币（胡乱印刷的，不值钱）。早上领工资，下去就去集贸市场兼职小商贩叫卖的，也绝不在少数。

国家吃了亏，百姓受了苦，全便宜中间那帮龟孙了。

所以张居正决定改变这一局面。他吸取地方经验，推出了一条鞭法。

一条鞭法的内容很多，但最主要的，是颁布统一规定，全国税收由实物税变为货币税，明白点说就是以后不收东西了，统一改收钱。

这是一个看上去很简单的命令，却有着绝不简单的历史意义。

因为从此以后，不管是田赋、徭役还是人头税，都有了统一的标准，不是当官的说了算，交上来真金白银，有就是有，没有就是没有，不再任由官员忽悠。

当然了，根据官员必贪定律，张居正也给大家留下了后路。因为各种物品如粮食、水果、药材、丝绸，都按照规定折算成银两上缴，而折算比率虽是由朝廷掌握，但地方上自然有特殊情况，适当照顾照顾，从中捞一笔，似乎也是很正常的。

于是皆大欢喜，朝廷拿到的，是白花花的银子；老百姓也不用听凭官员糊弄，贪也好，抢也好，说好了宰一刀就宰一刀，至少日子好过点儿；官员们好处少了，但也还过得不错，就这么着了。

所以事实证明，越复杂的政策，空子就越多，越难以执行，王安石就大体如此。一条鞭法虽然看似简单，却是最高智慧的结晶，正如那句老话所说:

把复杂的问题搞简单，那是能耐。

张居正和他的一条鞭法就此名留青史，并长期使用，而那三座大山也一直没动窝。雍正时期实行摊丁入亩，将人头税归入田赋，才算化三为二（实际上一点儿都没减，换了个说法而已）。徭役直到新中国成立后才正式废除，而历史最为悠久的田赋，也就是所谓的农业税，前几年也终于得以停征。

社会主义好，这是个实在话。

参考消息 **禁用铜钱**

要说发纸币，还是朱元璋起的这个头。洪武八年，朝廷下发纸钞，与铜制钱并行流通。到了洪武二十七年，官方又宣布即日起禁止使用铜制钱，改为全部使用纸钞。百姓不将铜制钱换成纸币的，轻者罚款，重则杀头。虽然朱元璋很有遏制贵金属流失的先见之明，但身边却没有什么懂经济的专业人才辅助他，这个方案出台后，民众开始大规模地私埋铜钱。迄今为止，从地底挖出来的洪武时期私藏铜制钱，已经突破了两万吨。

古代赋税的变迁

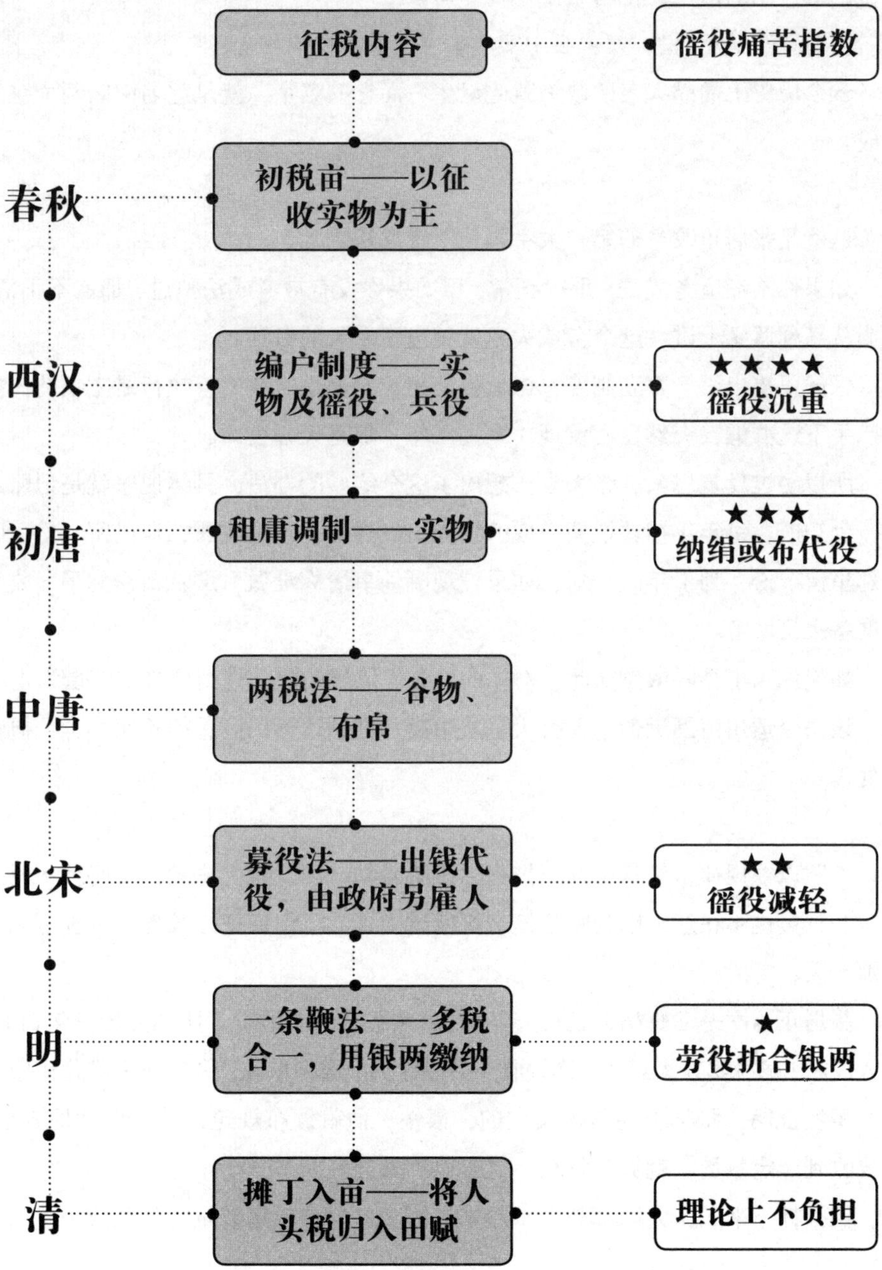
征税内容
徭役痛苦指数
春秋
初税亩——以征收实物为主
西汉
编户制度——实物及徭役、兵役
★★★★
徭役沉重
初唐
租庸调制——实物
★★★
纳绢或布代役
中唐
两税法——谷物、布帛
北宋
募役法——出钱代役，由政府另雇人
★★
徭役减轻
明
一条鞭法——多税合一，用银两缴纳
★
劳役折合银两
清
摊丁入亩——将人头税归入田赋
理论上不负担

张居正干的第二件事情，其实是由一封信引起的。

万历元年（1573），张居正上书皇帝，当然了，其实就是上书给他自己。在这封自己给自己的信中，他写下了这样一句话:

“月有考，岁有稽，使声必中实，事可责成。”

一个历史上鼎鼎大名的政策就此诞生，而它的名字，就是此名中的两个字——考成。

这就是张居正改革的第二大举措——考成法。

如果你不知道考成法，那很正常，但如果你没有被考成法整过，那就不正常了，因为从某种意义上讲，这个考成大致就相当于今天的考勤。

张居正搞出了一整套制度，但他很清楚，制度是次要的，执行是主要的，指望自己手下这群懒汉突然良心发现，辛勤工作，那是天方夜谭。

所以经过反复思索，张大学士想出了这个绝妙的办法，具体说来就是记账。比如一个知府，每年年初就把要完成的工作一一列明，抄录成册，自己留一份，张居正那里留一份，到了年底一对，如果发现哪件事情你没做，那就恭喜你了，收拾东西准备去县城吧。

如果你到了县城依然如此，对你的处分也依然如此，直到捆被子滚蛋为止。

该法令适用范围近似于无穷大，从中央六部到边远山区，如不照办，一概都照章处理。

按照以往规律，新官上任三把火，雄心勃勃一回，烧完之后该干吗就干吗，所以有些官员也不在意，以为咬牙挺一挺就过去了。可他们把牙咬碎，也没等到完事的那一天。

张居正这次是动真格的，真格到了有点儿恶心人的地步。比如万历三年（1575），有人反映，赋税实在太难收，你说收十万就十万，遇到歉收，你让我去哪儿淘银子？

事实证明，张学士还是很民主的，很快，他就颁布规定，从今以后地方赋税，只要收到一定数量，就算没收全，也可以不处分。

但指标下来了，大家都高兴不起来，因为这个“一定数量”是九成。

这明摆着是把大家涮着玩，我能收到九成，还用叫苦吗？然而，张先生用行动告诉大家，收不收得到，那是你的事；处不处分你，那是我的事。

第一个当火锅底料的，是山东的一群难兄难弟，运气实在不好，死收活收就是没收全。更为可笑的是，其中有位仁兄，赋税收到了八成八，还是被咔嚓一刀，全部集体降级。

于是从此以后，官员们一改往日作风，认真干活，兢兢业业，只求年底弄个考核合格，那就菩萨保佑了，工作效率也得以大幅度提高。

当然了，考成法能够实施，那还要靠张居正，要知道这位兄弟当年也是一路混过来的，朝廷里那些歪门邪道、贪污伎俩，他都清清楚楚。想当初他老人家捞钱的时候，下面这帮小年轻还在啃烧饼。如今最滑的老滑头当权，谁敢跟他玩花样？

以上就是考成法的主要内容，但并非全部内容，因为事实上，张居正相当狡猾，在那封信中，他还偷偷夹杂了一句极为重要的话，以实现他的个人目的。这句话很不起眼，却是他死后被人清算的真正原因。

这事留到后面讲，因为光荣事迹还没说完。

在张居正的严厉督促下，官员们勤勤恳恳，努力工作，国家财政收入不断上升，自正德以来走下坡路的明朝，又开始爬坡了。

内政蒸蒸日上的同时，明军的实力也得到了进一步的加强——因为几位猛人的存在。

戚继光自然是头把交椅，虽说他只是个总兵，职务比谭纶和王崇古要低，但大家心里都清楚，这个人的后台太硬，哪怕是兵部尚书，每次到蓟州视察，对戚总兵都是客客气气的。

而事实也确是如此，张居正对戚继光实在是好得过了头：下属不听话了，换！副手不听话了，换！上司不听话了，换！

这么一搞，就把戚继光搞成了个无人敢碰的角色，大家都对他尊敬有加。偏偏这位戚大哥还很会来事，每次京城有领导来参观，他都要亲自作陪，请吃请喝请娱乐，完事了还要送土特产，据说都是用车拉回去的。如此猛料的人物，

古北口：古北口北部的第一道军事防线，辽东平原和内蒙古通往中原地区的咽喉
慕田峪：拱卫北京的军事要冲，被称为“危岭雄关”
居庸关：与紫荆关、倒马关一起构成北京的内三关，是北京西北的门户
牧马堡
龙门所
庆阳口
滴水崖堡
延庆左卫
四海治所
岔道口
黄花镇
居庸关
常峪城所
昌平
怀柔
慕田峪
大水谷
密云
白马关
高家堡
冯家堡
黄崖口
石塘岭
古北口
曹家寨
磨刀峪
墙子岭
镇鲁营
将军石关
黄崖峪
宽佃峪
井儿峪
平谷
三河
石景山
京师
顺天府
通州
良乡

↑ 蓟州边墙

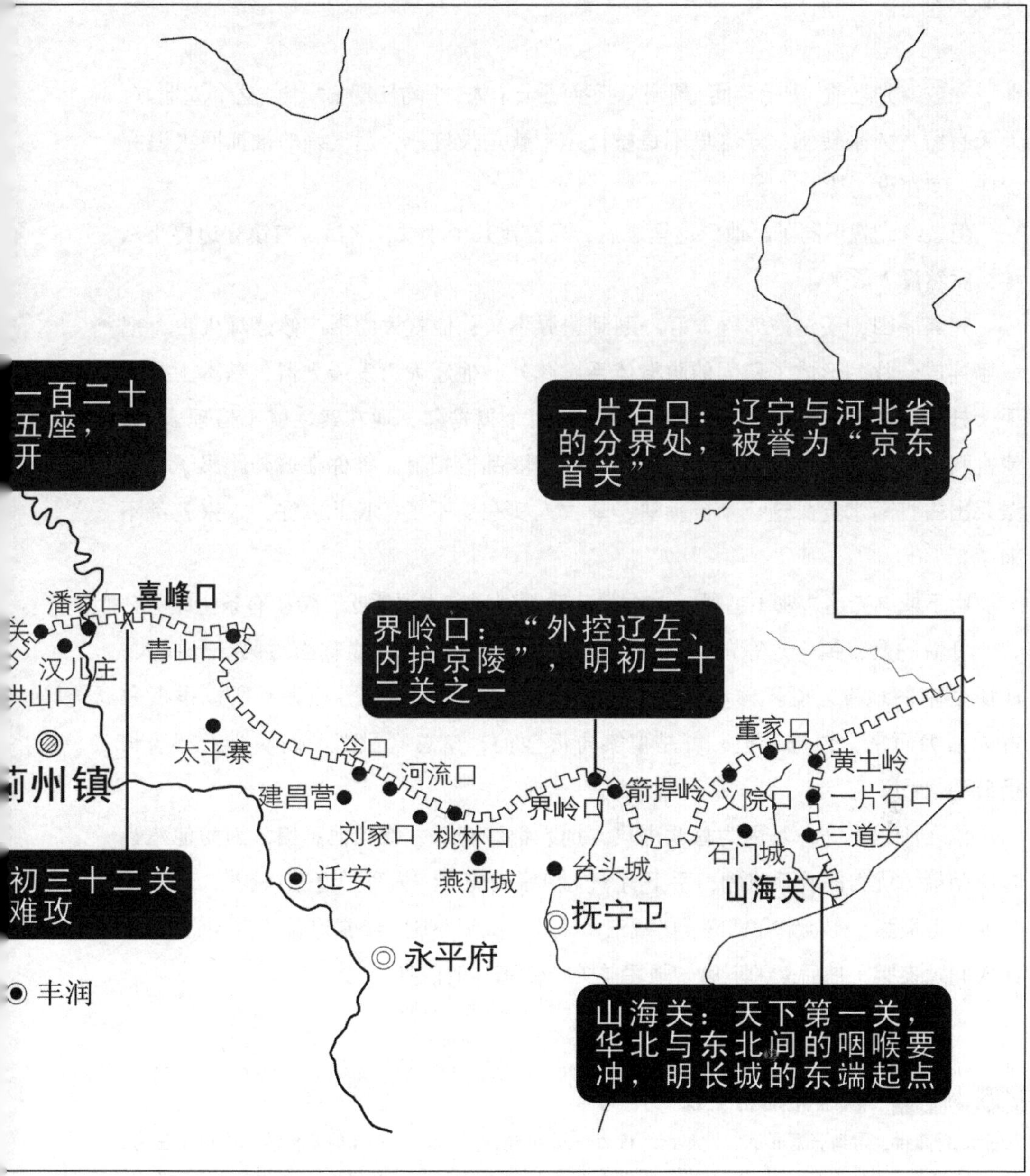

一百二十
五座，一
开
一片石口：辽宁与河北省的分界处，被誉为“京东首关”
潘家口
喜峰口
关
青山口
汉儿庄
共山口
太平寨
蓟州镇
界岭口：“外控辽左、内护京陵”，明初三十二关之一
冷口
河流口
建昌营
刘家口
桃林口
界岭口
箭捍岭
董家口
黄土岭
义院口
一片石口
石门城
三道关
燕河城
台头城
山海关
迁安
抚宁卫
永平府
初三十二关
难攻
丰润
山海关：天下第一关，华北与东北间的咽喉要冲，明长城的东端起点

谁敢惹？

在戚继光之前，十七年间，蓟州总兵换了十个人，平均任期1.7年。这个鬼地方，天天有蒙古人来转悠，守这里不是被打跑，就是被打死，运气好的被抓回去追究责任，实在没法待。

但戚继光就不同了。他到这里之后，只打过几个小仗，之后一直镇守边界十六年，竟然没人敢来。

究其原因，还是他守得太好。刚到边界不久，他就大力推广修建烽火台，把城墙连成一片，形成了稳固的防御体系。此外，他还大力发展火器，基本上是人手一杆枪。原先在浙江打日本人，好歹还用个鸳鸯阵，现在索性就不搭理人了，蒙古骑兵每次来，还没等挨着城墙，就被一阵乱枪扫射，等你在城外跑累了，再派兵出去打落水狗。这么个折腾法，蒙古人实在受不了，长此以往，人家就都不来了。

由于戚继光这边密不透风，蒙古部落就跑到辽东去混饭吃，希望有条生路。

可惜的是，镇守辽东的，恰恰是李成梁。这位李总兵堪称当时第一号横人，他所管辖的地方，既不修城墙，也不搞火器，防务看似十分松懈，所以很多蒙古人慕名而来，想抢一把。可是事实告诉他们，李总兵虽然不砌墙头，却擅长扔砖头。

他之所以不守，是因为喜欢进攻，别人都怕骑兵，唯独他不怕，因为他是当时明朝最为优秀的骑兵将领，手下有一支精锐的骑兵，人称“辽东铁骑”。这支部队战斗力极强，在他镇守期间，出战三十余次，战无不胜，经常追着蒙古人到处跑，让人闻风丧胆，是后来天下第一强军“关宁铁骑”的前身。

参考消息 **戚继光的自主权**

从徐阶到高拱，再到张居正，都给过戚继光极大的支持，朝廷也授予戚继光极大的自主权，允许他自行决定兵器、军马的购买，甚至包括研发火器的权力。谭纶还建议给予戚继光守防全权，并在接任总兵职务后的三年练兵期内，不受以文制武的制度约束。但这个建议遭到了全体文官的集体攻击，迫于压力，隆庆下达了“和衷共济”的指示，让戚继光每年接受一次文官的检查。

当然，这位兄台因为打仗太多，杀人太狠，也有点儿浑，还惹了个大祸。这些都是后来的事情，到时再讲。

蓟州和辽东有这两人守着，宣大那边也不打了，大家正忙着做生意，没有工夫打仗，于是困扰了明朝几百年的边界问题终于得以缓解。

国库充裕，边界安宁，大明王朝已经建立了两百年，混到这时候竟然还有如此局面，不能不说是个奇迹，而这一切的缔造者，正是张居正。

第八章

张居正的缺陷

只进不退的人生是没有的 正如同只升不跌的股票绝不存在一样

◆ 栽赃

在国家陷入深重危机、财政入不敷出、流民四处闹事、政治腐败不堪的情况下，张居正以他深不可测的心计、阴险无比的手段，夺取了最高领导权，并发挥其不世出之奇才，创造性地进行了伟大的政治运动——和稀泥，在尽量不得罪人的情况下把事给办了，为明朝迎来了新的生机，无愧于最杰出的政治家的称号，堪称国家之栋梁、民族之骄傲。

好话说完了，下面说坏的。

张居正这人，说他是老实人，那就是见鬼，老实人坐不到他这个位置；说他是好人，也不太靠谱，毕竟他干了很多好人都干不出的事情，确切地说，他是个猛人。

关于这一点，王世贞同志是很有感慨的。

在嘉靖、万历年间，第一才子的名头牢牢地挂在这位仁兄的脖子上，连徐渭都比不上他，因为他不但是著名的文学家，还是戏剧家、诗人、画家、文艺评论家、史学评论家，极其有名，有名到他头天晚上喝醉了，说谁谁不错，是个牛人，第二天无论这人是不是真牛，立马就能变成名人。《明史》说他“书过目，终生不忘”，有这种特异功能，实在不是吹出来的。

但问题在于这位名人虽然身负大才，写了不少东西，这辈子也就干了两件事，第一是骂严嵩，第二就是骂张居正。骂严嵩已经讲过了，那是个人恩怨，骂张居正就不同了。

在这件事情上，王世贞投入了很大精力，说张先生贪污受贿玩女人，有严重的经济问题和生活作风问题。既然受贿，那就得有人行贿，为了证明这一点，他连传统正面形象、民族大英雄戚继光也不放过，把他一把拉下了水，说戚继光送了几个女人给张居正，搞得后来许多主旋律作家十分难堪，对此统统无视。

他的骂法也很特别，不是几天的事，一骂就是若干月、若干年，骂得实在太频繁、太上瘾，骂得我耳朵都起了茧。其实在明代，朝廷官员捞点钱不算啥，工资太低，咱中国人又爱讲个排场，不捞钱咋活得下去？至于女人问题，那就真是恶搞了，据我所知，王世贞的老婆也不少。

不过话说回来，王世贞被后世称为历史学家，还比较客观公正。虽说他有点儿愤青，但大致情况还是靠谱的，之所以这么恨张居正，是因为张居正太猛，而他这一辈子最恨飞扬跋扈的人（比如严嵩）。然而他是个文人，张居正是个猛人，也只能是有心杀贼，无力回天了。

因为猛人可以整人，文人却只能骂人。

下面我们就来介绍一下猛人张居正的主要事迹，看完之后你就能发现，猛人这个称呼可谓名不虚传。

张猛人的第一大特征是打落水狗，在这一点上，他和他的老师徐阶有一拼，一

参考消息 **戚继光送礼**

据沈德符《万历野获篇》称，戚继光还给张居正送过海狗肾一类的玩意儿。服药以后，遍体发热，即便是严冬天气，也不用戴貂帽。只是苦了百官，再冷的天气，也只能跟着首辅大人光着脑袋挨冻。虽然张居正自己声称身体日渐“不能起”是因为痔疮，但明人笔记《五杂俎》中，说张居正死时“肤体燥裂，如炙鱼然”，倒是很符合吃燥热补品过多的症状。

旦动手，打残是不足的，打死是不够的，要打到对手做鬼了都不敢来找你，这才叫高手。

徐阶是这么对付严嵩的，张居正是这么对付高拱的。

自打被张居正赶回家，高拱就心如死灰，在河南老家埋头做学问。但让他想不到的是，几百里外的京城，一场足以让他人头落地的阴谋即将上演。

万历元年（1573）正月二十日晨，大雾。

十岁的万历皇帝起得很早，坐上了轿子，准备去早朝。在浓雾之中，他接近了那个遭遇的地点——乾清门。

就在穿过大门之时，侍卫们忽然发现了一个形迹可疑的人，当即上前围住，并将此人送往侍卫部门处理。

这一切发生得相当突然，在这片灰蒙蒙的迷雾中，忽然开始，又忽然结束，加上那位被捕的兄弟没有反抗，所以并没有引起太多人的注意，而皇帝还小，要他记住也难。

在这片神秘的雾中，事情似乎就这么过去了，然而事实证明，这只不过是一个致命阴谋的开始。

三天之后，相关部门向内阁上交了一份审讯报告，一份莫名其妙的报告：

擅自闯入者王大臣，常州武进县人，身带刀剑一把，何时入宫不详，如何入宫不详，入宫目的不详，其余待查。

这里说明一下，这位不速之客并不是大臣，他姓王，叫大臣（取了这么个名，那也真是个惹事的主）。

张居正一看就火了，这人难道是钢铁战士不成？你们问了三天，就问出这么个结果？

然而转瞬之间，他突然意识到，这是一个机会，一个千载难逢的良机。一丝笑容在他的嘴角绽放。

很好，就这么办。

一天后，王大臣被送到了新的审讯机关，张居正不再担心问不出口供，因为在这个地方，据说只有死人才不开口——东厂。

据某些史料记载，东厂的酷刑多达三十余种，可以每天试一种，一个月不重样。有如此创意，着实不易。

但张居正的最终目的并不是让他开口说真话，他要的，只是一句台词而已。

然而，王大臣同志似乎很不识相，东厂的朋友用刑具和他“热烈交谈”一阵后，他说出了自己的来历，很不巧，恰恰是张居正最不想听到的：

“我是逃兵。”王大臣说道，“是从戚继光那里跑出来的。”

来头确实不小。

这下头大了，这位兵大哥竟然还是戚继光的手下，带着刀进宫，还跑到皇帝身边，必定有阴谋，必定要追究到底。既然有了线索，那就查吧，顺藤摸瓜，查社会关系，查后台背景，先查当兵的，再查戚继光，最后查……

小子，你想玩我是吧！

没关系，反正人归东厂管，东厂归冯保管，既然能让他开口，就必定能让他背台词。

于是在一阵紧张的工作之后，王大臣又说出了新的供词：

“我是来行刺皇帝的，指使我的人是高阁老（高拱）的家人。”

不错，这才是最理想的供词，冯保笑了，张居正也笑了。

看着眼前低头求饶的王大臣，两人相信，高拱这次是完蛋了。

然而事实证明，这两位老奸巨猾的仁兄还是看错了，不但看错了形势，还看错了眼前的这个逃兵。

当审讯结果传出之后，反响空前激烈，以往为鸡毛蒜皮小事都能吵上一天的大臣们，竟然形成了空前一致的看法——栽赃。

这都是明摆着的，把人搞倒之后，再把人搞臭，最后要人命，此套把戏大家很清楚，拿去糊弄鬼都没戏。

于是在供词公布后不久，许多人明里暗里找到张居正，希望他不要再闹，及早收手。张大人毕竟是老狐狸，一直装聋作哑，啥也不说，直到另一个人找上门来。

别人来可以装傻，这个人就不行了，因为他不但是老资格，还曾是张居正的偶像——杨博。

杨老先生虽然年纪大了，战斗力却一点儿不减，关键时刻挺身而出，准备为高拱说情。

但对于他的这一举动，我着实有点好奇，因为这位仁兄几十年来都是属于看客一族，徐阶也好，严嵩也罢，任谁倒霉他都没伸过手，而根据史料记载，他和高拱并无关系，这次竟然良心发现，准备插一杠子，莫不是脑筋突然开了窍？

于是怀着对他的崇敬，我找了许多资料，排了一下他的家谱，才终于找到了问题的答案。

杨博和高拱确实没有关系，但他有个儿子，名叫杨俊卿，而很巧的是，杨俊卿找了个老婆，岳父大人偏偏就是王崇古。

王崇古和高拱就不必说了，同学兼死党，王总督的这份工作还是高拱介绍的，不说两句话实在不够意思。

没有无缘无故的爱，也没有无缘无故的恨，原来如此。

杨大人开门见山，奔着张居正就去了：

“你何苦做这件事情？”

这句话就有点儿伤自尊了，张居正立刻反驳：

“事情闹到这个地步，你认为是我安排的吗？”

“我不是这个意思，”杨博终究还是说了句实诚话，“但只有你，才能解决这件事。”

张居正沉默了。他明白，杨博是对的，高拱的生死只在自己的手中。

于是在送走了杨博之后，他决定用一个特殊的方法作出抉择——求签。

在良久跪拜之后，张居正在庙里拿到了属于他的那一支签，当他看到上面内容的那一刻，便当即下定了决心。

据说在那支签上，只刻着八个字——所求不善，何必祷神！

但事情已经出了，收手也不可能了，于是他决定不参与其中，让冯保自己去审，并特意指定锦衣卫都督朱希孝一同会审。

事实证明，这个安排充分证明了张居正卓越的政治天才，却苦了他的朋友冯保，因为很快，这位冯太监就将成为中国司法史上的著名笑柄。

万历元年（1573）正月二十九日，对王大臣的审讯正式开始，一场笑话也即将揭幕。

案件的主审官，是东厂管事太监冯保和锦衣卫都督朱希孝，这二位应该算是大明王朝的两大邪恶特务头子，可不巧的是，那位朱都督偏偏就是个好人。

这位朱兄来头很大，他的祖上，就是跟随永乐大帝朱棣打天下，几十个人就敢追几千人的超级名将朱能。到他这辈，虽说打仗是不大行了，但这个人品行不错，也还算个好人，觉得冯保干得不地道，打算拉高拱一把。

所以在审问以前，他仔细看了讯问笔录，惊奇地发现，王大臣的第一次口供与第二次口供有很多细节不对，明显经过涂改。但更让他惊奇的是，这样两份漏洞百出的笔录，卷尾处得出的结论竟然是证据确凿。

于是他当即找来了当场负责审问的两个千户，拿着笔录笑着对他们说：这样的笔录，你们竟然也敢写上证据确凿？

那两名千户却丝毫不慌，只说了一句话，就让朱大人笑不出来了：

“原文本是没有的，那几个字，是张阁老（张居正）加上去的。”

朱希孝当即大惊失色，因为根据惯例，东厂的案卷笔录非经皇帝许可，不得向外人泄露，如若自行篡改，就是必死之罪！

张居正虽然牛，但牛到这么无法无天，也实在有点儿耸人听闻。

所以在正式审问之前，朱希孝十分紧张，冯保和他一起主审，张居正是后台，如此看来，高拱这条命十有八九要下课了。

然而当审讯开始后，朱希孝才发现自己错了，错得十分搞笑。

明代的人审案，具体形式和今天差不多，原告被告往堂上一站（当年要跪），有钱请律师的，律师也要到场（当年叫讼师），然后你来我往，展开辩论，基本上全国都一样。

只有两个地方不一样，一个是锦衣卫，另一个是东厂。因为他们是特务机关，为显示实力，开审前，无论犯人是谁，全都有个特殊招待——打板子。

这顿板子，行话叫做杀威棍，历史十分悠久，管你贵族乞丐，有罪没罪，先打一顿再说，这叫规矩。

事情坏就坏在这个规矩上。

案台上朱大臣还没想出对策，下面的王大臣却不干了。这人脑筋虽有点迟钝，但一看见衙役卷袖子抄家伙，也还明白自己就要挨打了，说时迟那时快，他对着堂上突然大喊一声：

“说好了给我官做，怎么又要打我！”

这句话很有趣，朱希孝马上反应过来，知道好戏就要开场，也不说话，转头就看冯保。

冯太监明显是被喊蒙了，但毕竟是多年的老油条，很快作出了回应，对着王大臣大吼道：

“是谁指使你来行刺的？！”

话讲到这里，识趣的应该开始说台词了，偏偏这位王大臣非但不识趣，还突然变成了王大胆，用同样的语调对着冯保喝道：

“不就是你指使我的吗，你怎么不知道？干吗还要问我？”

朱希孝十分辛苦，因为他用了很大的力气，才憋住自己，没有笑出声，而他现在唯一感兴趣的，是冯保大人怎么收这个场。

自打从政以来，冯保还没有遇到过这么尴尬的事情，事已至此，演戏也得演到底了，于是他再次大吼：

“你昨天说是高阁老指使你来的，为什么今天不说？！”

王大臣却突然恢复了平静，用一句更狠的话让冯保又跳了起来：

“这都是你让我说的，我哪里认识什么高阁老？”

丢脸了，彻底丢脸了，这句话一出来，连堂上的衙役都憋不住了。审案竟然审到这个份儿上，冯保连寻死的心都有了。

关键时刻，还是朱大臣够意思，眼看再审下去，冯太监就得去跳河，他也大喝一声：

“浑蛋，竟敢胡说八道，诬陷审官，给我拖下去！”

这位兄弟还真是个好人，回头又笑着对冯保说了一句：

“冯公公，你不用理他，我相信你。”

我相信，当冯公公听到这句话时，应该不会感到欣慰。

闹到这个份儿上，高拱是整不垮了，自己倒有被搞掉的可能，为免继续出丑，冯保下令处死了王大臣。此事就此不了了之。

但这依然是一个扑朔迷离的事件，王大臣一直在东厂的控制之下，为什么会突然翻供呢？他到底又是什么人呢？

我来告诉你谜底：

冯保并不知道，在他和朱希孝审讯之前，有一人已经抢先一步，派人潜入了监狱，和王大臣取得了联系，这个人就是杨博。

高拱走后，智商水平唯一可与张居正相比的人，估计也就是这位仁兄了。取得张居正的中立后，杨博意识到，冯保已是唯一的障碍，然而此人和高拱有深仇大恨，绝不可能手下留情，既要保全高拱，又不能指望冯保，这实在是一个不可完成的任务。

然而，杨博名不虚传，他看透了冯保的心理，暗中派人指使王大臣翻供，让冯太监在大庭广众之下，吃了个哑巴亏，最后只能乖乖就范。以他的狡诈程度，被评为天下三才之一，可谓实至名归。

而根据某些史料反映，这位王大臣确实是戚继光手下的士兵，因为犯错逃离了军队，东跑西逛，结果把命给丢了。

但疑问仍然存在，要知道皇宫不是公共厕所，想来就来，想走就走，哪怕今天，您想进去，也得买门票。这位仁兄大字不识，也没有通行证，估计也没钱，这么个家伙，他到底是怎么进去的？

不好意思，关于这个问题，我也没有答案，就当他是飞进去的好了。

◆ 报仇雪恨

高拱算是涉险过关了，无论如何，他还算是张居正的朋友，对朋友尚且如此，仇人就更不用说了。因为张猛人的第二大特征就是有仇必报，在这一点上，他简直就是徐阶 2.0 版。

第一个刀下鬼，是辽王。

说起这位兄弟，实在让人哭笑不得，几十年一点儿正事没干过，从四岁到四十岁，除了玩，什么追求都没有。

小时候，他喜欢玩，玩死了张居正的爷爷；现在一把年纪了，还是玩，反正家里有钱，爱怎么玩就怎么玩！

然而，玩完的时候还是到了。

一直以来，张居正都没有忘记三十年前，祖父被人整死的那一幕，君子报仇，三十年也不晚。

那时还只是隆庆二年（1568），张居正在内阁里只排第三，不过要对付辽王，那是绰绰有余。

很快，湖广巡按御史突然一拥而上，共同弹劾辽王。王爷同志玩了这么多年，罪状自然是不难找的， 堆黑材料就这么报到了皇帝那里。

皇帝大人虽对藩王一向也不待见，但怎么说也是自己的兄弟，听说这人不地道，便派了司法部副部长（刑部侍郎）洪朝选去调查此事。

其实说到底，皇帝也不会把辽王怎么样，毕竟大家都姓朱，张居正对此也没有太大的指望，教训他一下，出口恶气，也就到头了。

然而，他们都高估了一点——辽王的智商。

人还没到，也没怎么着，辽王就急了，在房里转了几百个圈，感觉世界末日就要到了，于是灵机一动，在自己家里挂了一面旗帜，上书四个大字“讼冤之纛”，壮志飘扬，十分拉风。

这四个字的大致意思，是指自己受了冤枉，非常郁闷，可实际效果却大不相同。因为辽王同志估计是书读得太少，他并不清楚，这种行为可以用一个成语描述——

揭竿而起，而它只适用于某种目的或场合。

于是他很快迎来了新的客人——五百名全副武装的士兵，而原先拟定的警告处分，也一下子变成了开除——废除王位。

玩了一辈子的辽王终于找到了自己的归宿，他的余生将在皇室专用监狱中度过，也算是玩得其所了。

张居正解决的第二个对象，不是他的仇人，而是徐阶的死敌。

在高拱上台之后，张居正本着向前辈虚心学习的精神，总结了高拱的成功经验。在整理工作中，他惊奇地察觉了那个神秘的人物——邵大侠。

张居正万万没想到，这个姓邵的二流子竟然有如此大的能量，且不说徐老师被他整得要死要活，如果任他乱搞一通，没准有一天又能搞出个王拱、陈拱，也是个说不准的事情。

所以，他想出了一个最简单的方法——杀掉他。

邵大侠既然是大侠，自然行踪不定，但张居正是大人，大人要找大侠，也不太难。隆庆六年（1572），在解决高拱之后一个月，张居正找人干掉了邵大侠，这位传奇混混将在阎王那里继续他的事业。

第三个被张居正除掉的人，是他的学生。

隆庆五年（1571），作为科举的考官，张居正录取了一个叫刘台的人，在拜完码头之后，两人确立了牢固的师生关系——有效期四年。

参考消息 **斩草除根**

邵大侠有个三岁的儿子，叫邵仪。张居正在干掉邵大侠的同时，也没忘嘱托巡抚张佳胤把邵仪关在家里，看押起来。邵方的女婿沈应奎是个武进士，听到风声后想到邵仪一死，邵家就要绝后，于是准备一救。当晚，他拎着酒菜跑去跟一个关系很铁的推官喝酒，把推官灌醉后，跳出城墙，半夜到达邵家，把邵仪带走并藏匿了起来。第二天一大早，沈应奎又去看望与他喝酒的推官。这时衙役们发现小孩不见了，大家一商量，准是邵方女婿干的！正好那位推官也在座，听了连替沈应奎大叫冤枉："我们明明喝了一晚上的酒，早上还见了面，他哪儿有时间去偷小孩？"此事随即悬而未决，邵仪也因此幸运地活了下来。

刘台的成绩不太好，运气倒还不错，毕业分配去了辽东，成为了一名御史。之前讲过，在明代，御史是一份极有前途的工作，只要积极干活，几年之后混个正厅级干部，也不会太困难。

刘台就是一个积极的御史，可惜，太积极了。

万历三年（1575），辽东第一号猛人、总兵李成梁一顿穷追猛打，大败蒙古骑兵，史称"辽东大捷"。消息传来，巡抚张学颜十分高兴，连忙派人向朝廷报喜，顺便还能讨几个赏钱。

结果到了京城，报信的人才发现，人家早就知道了，白讨了没趣。

张学颜气得直发抖，因为根据规定，但凡捷报，必须由他报告，连李成梁都没有资格抢，哪个孙子活得不耐烦了，竟敢抢生意！

很快人就找到了，正是刘台。

作为辽东巡按御史，刘台只是个七品官，但是权力很大，所以这次他自作主张，抢了个头彩。

但他想不到，自己将为这个头彩付出极其惨重的代价。

最先发作的人，并不是张学颜，而是张居正。他得知此事后，严厉斥责了学生的行为，并多次当众批评他的行为，把刘台搞得灰头土脸。

这是一个极不寻常的举动，按说报了就报了，不过是个先后问题，也没捞到赏钱，至于这样吗？

如果你这样认为，那你就错了。张居正同志向来不干小事，他之所以整治刘台，不是因为他是刘台，而是因为他是御史。

参考消息 **挡路者必清**

张学颜和刘台之间，张居正毫不犹豫地选择支持张学颜，这也是有原因的。综观张居正的为人，很有重军官轻言官的习惯。张学颜镇守一方，就算跟李成梁站在一起也是有分量的人物。张居正对待张学颜就如同对待戚继光一样，为了维持边关的安宁，凡是妨碍养兵练军的人，一概清扫。张学颜也因此被贴上了"太岳党"的标签，张居正去世后，没过多久，便被迫致仕返乡。

高拱之所以能够上台，全靠太监；但他之所以能够执政，全靠言官。要知道，想压住手下那帮不安分的大臣，不养几个狗腿子是不行的，而这帮人能量也大，冯保都差点儿被他们骂死。所以一直以来，张居正对言官团体十分警惕，唯恐有人跟他捣乱。

刘台就犯了这个忌讳，如果所有的御史言官都这么积极，什么事都要管，那我张居正还混不混了？

然而，张居正没有想到，他的这位学生是个二愣子，被训了两顿后，居然发了飙，写了一封奏折弹劾张居正。

如果说抢功算小事的话，那么这次弹劾就真是大事了，是一件前无古人、后无来者的大事！

张居正震惊了，全天下的人都可以骂我，只有你刘台不行！

自从明朝开国以来，骂人就成了家常便饭，单挑、群骂、混骂，花样繁多。骂的内容也很丰富，生活作风问题、经济问题、政治问题，只要能想得出的，基本全骂过了，想要骂出新意，是非常困难的。

然而，刘台做到了，因为他破了一个先例，一个两百多年来都没人破的先例——骂自己的老师。

在明朝，大臣和皇帝之间从来说不上有什么感情，你帮我打工，我给你干活，算是雇佣关系。但老师和学生就不同了，江湖险恶，混饭吃不容易，我录取了你，你就要识相，要拜码头，将来才能混得下去。

所以一直以来，无数“正义人士”骂遍了上级权贵，也从不朝老师开刀。因为就算你骂皇帝，说到底，不过是个消遣问题；要骂老师，那可就是饭碗问题了。

参考消息 **刘台的奏疏**

刘台的奏疏，言辞非常激烈，说张居正举荐私人、罢免言官、为子谋私、贪污受贿，“辅政未几，即富甲全楚”。而且在老家大兴土木，费数十万银盖房子，伺候的人员成百上千，车马轿子肩舆、出行的规制“与王者同”。真是针针见血、字字诛心，专门踩着张居正的痛脚开骂。虽然刘台眼下败给了座师，但后来万历清算张居正时，列出的几大罪状里面未必没有这次弹劾的影子。

张居正这回算是彻底没面子了，其实骂的内容并不重要，连你的学生都骂你，你还有脸混下去？

于是张居正提出了辞职，当然，是假辞职。

张居正一说要走，皇帝那里就炸了锅，孤儿寡母全靠张先生了，你走了，老朱家可怎么办？

之后的事情就是走程序了，刘台的奏折被驳回，免去官职，还要打一百棍、充军。

这时张居正站了出来，他说不要打了，免了他的官，让他做老百姓就好。

大家听了张先生的话，都很感动，说张先生真是一个好人。

张先生确实是一个好人，因为现仇现报实在太没风度，秋后算账才是有素质的表现。

刘台安心回家了，事情都完了，做老百姓未必不好。然而五年后的一天，一群人突然来到他家，把他带走，因为前任辽东巡抚、现任财政部部长（户部尚书）张学颜经过五年的侦查，终于发现了他当年的贪污证据，为实现正义，特将其逮捕归案，并依法充军。

张居正的做事风格大体如此，很艺术，确实很艺术。

而张先生干掉的最后一个有分量的对手，是他当年的盟友。

万历七年（1579），张居正下令，关闭天下书院，共计六十四处。

这是一个策划已久的计划地开端。

从当政的那天起，张居正就认定了一个理念——上天下地，唯我独尊。具体说来，是但凡敢挡路的、不服气的、提意见的，都要统统地干掉。

折腾几年之后，皇帝听话了，大臣也老实了，就在张居正以为大功告成之际，一个新的敌人却出现在他的眼前——书院。

书院是中国传统的教育形式，明代许多书院历史十分悠久，流传五六百年的不在少数。今天说起外国的牛津、剑桥，一算历史多少多少年，简直牛得不行；再一看国内某大某大，撑死了也就一百多年，都不好意思跟人家打招呼。

实际上，古代书院就是现代意义上的大学，不过是大学这词更时髦而已。要知道，欧洲最老的巴黎大学，也就是1261年才成立，而且基本上都是教些神学之类的鬼玩意儿。这也难怪，当时欧洲都是一帮职业文盲，骑着马，提着长矛到处冲，能读懂拉丁语的人扳着指头都能数出来，鬼才有心思上什么大学。中国的书院倒是有始有终，一直之乎者也了上千年，到清朝末年，基本都停的停，改的改，这一改，就把历史也改没了，年头从头算起。

但在书院上千年的历史中，明代书院是极为特别的，因为它除了教书外，还喜欢搞政治。

所谓搞政治，也就是一些下岗或上岗的官员，没事干的时候去书院讲课，谈人生谈理想，时不时还骂骂人，发发脾气，大致如此而已，看上去好像也没啥，但到嘉靖年间，一个大麻烦来了。

王守仁同志终于可以瞑目了，因为此时他的思想已然成为了一种潮流，在当时的书院里，如果讲课的时候不讲心学，那是要被轰下台的。按说讲心学就讲心学，似乎也没什么，可问题在于，心学的内容有点儿不妥，用通俗的话说，是比较反动。

在当时，心学的主流学派是泰州学派，偏偏这一派喜欢搞思想解放、性解放之类的玩意儿，还经常批评朝政。张居正因为搞独裁，常被骂得狗血淋头，搞得朝廷也很头疼。

这要换在徐阶时代，估计也没啥，可张居正先生就不同了，他是一个眼里不揉沙子的角色，无论是天涯还是海角，只要得罪了他，那是绝对跑不掉的。一个人惹我，就灭一个人；一千个人惹我，就灭一千人！

参考消息　**禁毁书院**

明代的书院跟别的朝代比起来确实不同，不但讲学论政，还不时聚众闹事，曾有一年因为科举的录取比例过低而聚集数百人大闹考场。嘉靖、隆庆时期直到万历初期，王守仁的心学大盛，王门弟子遍布天下，讲学之风盛行海内，书院也达到极盛。张首辅此次大刀阔斧地取缔了全国私人书院共计六十四处，这些书院原本都有乡绅捐赠的田粮，书院关闭后，田地还之于民，校舍则全部变成了官吏们的府衙。

有仇必报张居正

	仇恨缘由	隐忍时间	结果
辽王	家仇，爷爷就是你家害死	三十年	废除王位
邵大侠	能量巨大，是个后患	三年	被杀
刘台	学生弹劾老师，反了	五年	先免官后充军
书院	发牢骚的人一律封杀	七年	禁毁书院，头号领袖何心隐死亡

于是在一夜之间，几乎全国所有有影响的书院都被查封，学生都被赶回了家，老师都下了岗。

事情到这里，似乎该结束了，然而，张居正同志实在不是个省油的灯，他不但要抓群体，还要抓典型。

所谓抓典型，就是从群众之中，挑选一个带头的，把他当众干掉，以达到警示后人的目的。

而这次的典型，就是何心隐。

这位明代第一神秘人物实在太爱管闲事，在批评张居正的群众队伍里，他经常走在第一线。平日也是来无影去无踪，东一榔头西一棒，打了就走，绝不过夜，而且上到大学士，下到街头混混，都是他的朋友，可谓神通广大。事实证明，他看人的眼光也很准，十四年前，当他离开京城之时，就曾断言过，兴灭王学之人，只在张居正。

现在他的预言终于得到了实现，以最为不幸的方式。

在万历七年（1579）的一天，优哉游哉了半辈子的何心隐走到了人生的尽头，当他在外地讲学之时，湖广巡抚王之垣突然派兵前去缉拿，将他一举抓获，带回了衙门。还没等大家缓过神来，官方消息已传出：根据朝廷惯例，犯人刚到，衙门的兄弟们都要意思意思，给他两棍。没想到何心隐体质太弱，竟然一打就死。遗憾之至，已妥善安排其后事，并予以安葬。

参考消息 **何心隐**

何心隐其实是个“笔名”，他原名梁汝元，是泰州学派的领军人物之一。何心隐与张居正早年曾有过冲突，张居正还未得势时，何心隐就对朋友说过，他要是有朝一日执掌大权，我必定会死在他的手里。万历七年的这次扫荡书院，不少人猜测目标就是何心隐（他主持着一家私立求仁书院）。何心隐在祁门学生胡时和的家中被捕，辗转江西、湖南而被押解到武昌的监狱中，不久便以“妖逆”、“大盗犯”的罪名死在了酷刑之下。群众的眼睛是雪亮的，消息一出，不管认不认识何心隐的，无不为之叫冤，就连张贴着榜文的路边，也每天充斥着叹息声和怒斥声。

事情一出，天下哗然，王学门人一拥而上，痛骂王之垣。但人已经死了，王巡抚又十分配合，表示愿意背这个黑锅，也不发火，大家骂足了几个月，就此收场。

当然了，这事到底是谁干的，大家心里都有数。

这位泰州学派的领军人物虽然通晓黑白，张居正大人却是黑白通吃，虽然何心隐是他老师（徐阶）的同门，虽然何心隐曾经与他并肩作战，共同解决了严嵩。

因为在张居正看来，朋友还是敌人，只有一个判断标准：顺我者昌，逆我者亡！

曾经的敌人除掉了，曾经的学生除掉了，曾经的盟友也除掉了，为了实现我的梦想，我坚信，这是值得的。

◆ 待遇问题

当然了，作为大明帝国的实际统治者，做了这么多工作，也受了这么多的苦，再过苦日子似乎也有点儿说不过去，而在这一点上，张居正同志是个明白人。

于是张先生的许多幸福生活方式，也随之流传千古，而其中最有名的，大概就是他的那顶轿子。

在一般人的概念中，轿子无非是四个人抬着一个人，摇摇晃晃地往前走，轿子里的人跟坐牢似的，转个身也难。

应该说这些都没错，但如果你看到了张居正先生的轿子，你就会感叹这个世界的神奇。

参考消息　教主之死

万历七年，江湖上发生了一件大事，“天地三阳会”的教主王铎死了。这个王铎原本是个和尚，立志要学太祖朱元璋，当个和尚皇帝。他在军中组织三阳会（青阳、红阳和白阳，分别代表过去、现在和未来），宣扬“大劫”将至，在地方到处敛财，盖了三阳大殿，造了三尊混元主佛，任命三十六名“天将”，找了六千多个虔诚信徒，借着度牒的名义就准备造反。结果事情败露，他被怕死的天将之一杀死，六千多信徒一哄而散。

张先生的交通工具是轿子。一般人坐一般轿子，张大人不是一般人，轿子自然也不一般。别人的轿子四个人抬，张大人的轿子嘛……

下面我们先详细介绍一下此轿的运行原理以及乘坐体验。

该轿子由真定地方知府赶制，轿内空间广阔，据估算，面积大致不低于五十平方米。共分为会客室和卧室两部分，会客室用来会见各地来客，卧室则用于日常休息。为防止张大人出行途中内急找不到厕所，该轿特设有卫生间，体现了人性化的设计理念。

此外，由于考虑到旅途辛苦，轿子的两旁还设有观景走廊，以保证张大人在工作之余可以凭栏远眺，如果有了兴趣，还能做两首诗。

而且张大人公务繁忙，很多杂务自己不方便处理，所以在轿中还有两个仆人，负责张大人的饮食起居。

此外，全轿乘坐舒适，操作便利，并实现了全语音控制，让停就停，让走就走，决不含糊，也不会出现水箱缺水、油箱缺油、更换轮胎、机械故障之类的烦人事情。

你说这么大的轿子，得多少人抬？

我看至少也要十几个人吧。

十几个人？那是垫脚的！三十二个人起，还不打折，少一个人你都抬不起来。张大人的原则是，不计成本，只要风头！

相信我，你没有看错，我也没有写错，关于这部分，我确定一定以及肯定。

顺便补充一句，这顶轿子除了在京城里面转转之外，还经常跑长途。张居正曾经坐着这东西回过荆州老家，其距离大致是今天京广线从北京出发，到武汉的路程，全部共计一千多公里。想想当年那时候，坐着这么个大玩意儿招摇过市，实在是拉风到了极点。

这段史料不但改变了我对古代交通工具的看法，还让我的民族自豪感油然而生，什么奔驰、宝马、劳斯莱斯，什么加长型、豪华型，什么沙发、吧台，省省吧，也好意思拿出来说，丢人！

日子过得舒坦，工作也无比顺利，张居正的好日子似乎看不到尽头。然而事实告诉我们，只进不退的人生是没有的，正如同只升不跌的股票绝不存在一样。

第九章

敌人

○○

我相信 在这个世界上 还有公理和正义

我相信 在这个世界上 所有的人 无论贵贱 都有生存的权利

◆ 夺情

万历五年（1577），张居正一生中最为严峻的考验到来了，因为一件看似毫不相干的事。

就在这一年，张居正得到了一个不幸的消息——他爹死了。

张文明一辈子没啥出息，却有了这么个有出息的孩子，虽说他没给儿子帮啥忙，反倒添了很多乱（此人在地方飞扬跋扈，名声很差），但无论如何，生子如此，他也可以含笑九泉了。

但他死也想不到，自己的死，将会让儿子张居正生不如死。

张居正的爹死了！消息传来，满城轰动，因为表现忠心的机会到了。无数官员纷纷上门，哭的哭，拜的拜，然后一把鼻涕一把泪地摸出门，最后再说两句“节哀顺变”，完事，收工。

这并不奇怪，自古以来，当官的如果死了爹妈，自然是万人空巷，宾客盈门，上门的比自己全家死绝还难受。但你要相信，如果你自己挂了，是没有几个人会上门的。

对此，张居正也十分清楚，虽说父亲死了他很难过，但此时此刻，他的脑海里思考的，却是另一个问题。

这个问题的名字，叫做丁忧。

在当时的中国，张居正已经是近似于无敌了，他不怕皇帝，不怕大臣，不怕读书人议论，彪悍无比。

但他仍然只是近似于，因为他还有一个不能跨越的障碍——祖制。

所谓祖制，就是祖宗的制度、规矩。虽然你很牛，比皇帝还牛，但总牛不过死皇帝吧，上百年前定下的规则，你再牛也没辙。

丁忧就是祖制，具体说来，是朝廷官员的父母亲如若死去，无论此人任何官何职，从得知丧事的那一天起，必须回到祖籍守制二十七个月，这叫丁忧。到期之后可以回朝为官，这叫起复。

这个制度看上去有点儿不近人情，官做得好好的，一下子就给扒得干干净净，负责的那摊事情也没人管，不但误事，还误人心情。

但这个制度一直以来却都是雷打不动，无论有多麻烦，历任皇帝都对其推崇备至，极其支持。如果你认为这是他们的脑子一根筋，食古不化，那就错了。人家的算盘，那是精到了极点。

因为根据社会学常识，只有出孝子的地方，才会出忠臣。你想想，如果一个人连对他爹都不忠，怎么能指望他忠于老板（皇帝）呢？

但贪官们自然是不干的，死了爹，我本来就很悲痛了，正想化悲痛为贪欲，搞点儿钱来安慰我无助的心灵，你竟然还要罢我的官，剥夺我的经济利益，太不人道！

于是很多人开始钻空子。你不是规定由得知死讯的那天开始计算吗，那我就隐瞒死讯，就当人还活着，一直混到差不多为止，就算最后被人揭穿，也是可以解释的嘛，人死了，我没有上报，那是因为老爹一直活在我的心中。

当然，一次两次是可以理解的，时间长了，朝廷也不干了。自明英宗起，就开始正式立项，打击伪报瞒报的行为，规定但凡老爹死了不上报的，全部免官为民。

如此一来，贪官们也没办法了，只好日夜祈祷，自己的老爹能多撑几年，至少等自己混到够本再含笑而逝，到时也能多搞点儿纸钱给您送去。

但也有一个群体例外，那就是军队。领兵打仗，这就绝对没辙了，总不能上阵刚刚交锋，消息来了，您喊一声停：大家别打了，等我回去给我爹守二十七个月，咱们再来，还是老地方见，不打不散。

张居正不是军人，自然无法享受这个优待，而他的改革刚刚才渐入佳境，要是自己走了，这一大摊子事情就没人管了，心血付之东流且不说，没准回来的时候就得给人打下手了。

于是他只剩下了唯一的选择——夺情。

所谓夺情，是指事情实在太急，绝对走不开的人，经由皇帝的指示，在万般悲痛中恢复职务，开展工作。由于考虑到在痛苦之中把人强行(一般不会反抗)拉回来，似乎很不人道，所以将其命名为“夺情”。

然而，张居正并不愿意走这条路，当然，并不是因为它“很不人道”。

其实在他之前，已有一些人有过类似的经验，比如著名的“三杨”中的杨荣，还有那位帮于谦报了仇的李贤，都曾经被这么“很不人道”过，除了个把人骂了两句外，倒也没啥问题。但到了嘉靖年间，夺情却真的成了一件很不人道的事情，不人道到想不人道都不行，如果有人提出夺情，就会被看做禽兽不如。

之所以会有如此大地变化，都要拜一位孝子所赐，这人的名字叫做杨廷和。

应该说，这位杨兄弟的能量实在是大，闹腾了三朝还不够，死了还要折腾别人。当初他在正德年间的时候，父亲死了，皇帝说杨先生你别走，留下来帮我办事，他说不行，我非常悲痛，一定要回去。

结果几番来回，他还是回去了。从正德九年（1514）到正德十二年（1517），这位仁兄结结实实地旷了三年工，才回来上班。这要搁在现在，早就让他卷铺盖回家了。

由于他名声太大，加上又是正面典型，从此以后，朝廷高级官员死了爹妈，打死也不敢说夺情。就这么一路下来，终于坑了张居正。

张居正没有选择，只能夺情，因为冯保不想让他走，皇帝不想让他走，皇帝他妈也不想让他走，当然了，最重要的是，他也不想走。

辛辛苦苦奋斗三十多年，才混到这个份儿上，鬼才想走。

虽说夺情比较麻烦，但只要略施小计，还是没问题的。

老把戏很快上场了。万历五年（1577）十月，痛苦不堪的张居正要求回家守制，两天后皇帝回复——不行。

一天后，张居正再次上书，表示一定要回去，而皇帝也再次回复——一定不行。

与此同时，许多大臣们也纷纷上书，表示张居正绝不能走，言辞激烈，好像张居正一走，地球就要完蛋，可谓用心良苦。

行了，把戏演到这里，也差不多该打住了，再搞下去就是浪费纸张。

准备收场了，事情已经结束，一切风平浪静，擦干眼泪（如果有），再次出发！

已经没有敌手了，我亲眼看着严嵩沦落、徐阶下台，我亲手解决了高拱、刘台、何心隐，天下已无人能动摇我的地位。

对于这一点，他始终很自信。然而事实证明，他错了，错得相当厉害，真正的挑战将从这里开始。

万历五年十月，翰林院编修吴中行、翰林院检讨赵用贤上书——弹劾张居正夺情。

编修是正七品，检讨是从七品，也就是说，这是两个基层干部，也就能干干抄写工作，平时连上朝的资格都没有。而张居正以前的敌人，不是朝廷高官，就是黑道老大、学界首领，并且还特别不经打，一碰就垮。这么两个小角色，按说张大人动根手指，就能把他们碾死。

然而，就是这么两个小角色，差点儿把张大人给灭了。

因为这二位仁兄虽然官小，却有个特殊的身份：他们都是张居正的门生。

而且我查了一下，才惊奇地发现，原来吴兄弟和赵兄弟都是隆庆五年（1571）的进士，和之前开第一炮的刘台是同班同学。

这就只能怪张大人自己了，左挑右挑，就挑了这么几个白眼狼，也算是自己跟自己过不去。

这下好了，当年只有一个二愣子（刘台），已经搞得狼狈不堪，这回竟然出了两个，那就收拾不了了。因为一个二愣子加另一个二愣子，并不等于二，而是二愣子的平方。

可还没等张居正反应过来，又出事了。就在二愣子们出击的第二天，刑部员外郎艾穆、主事沈思孝也上书弹劾张居正，希望他早早滚蛋回家，去尽孝道。

当张居正看到这两封充满杀气的奏疏时，才终于意识到，真正的危机正向自己步步逼近。

经过长达三十余年的战斗，他用尽各种手段，除掉了几乎所有的敌人，坐上了最高的宝座，然而在此君临天下之时，他才发现一个新的、更为强大的敌人已经出现。

那些原先乖乖听话的大臣似乎一夜间突然改变了立场，成为了他的对手，不是一个，是一群。而他们攻击的理由也多种多样，经济问题、作风问题、夺情问题；方式更是数不胜数，上书弹劾、私下议论，甚至还有人上街张贴反动标语，直接攻击张居正。

对于眼前的这一切，张居正感到很吃惊，却并不意外，因为他很清楚，带来这些敌人的，正是他自己，具体说来，是他五年前的那封奏疏。

五年前，张居正将写有考成法的奏疏送给皇帝，当他在交出自己改革理想的同时，还附带了一个阴谋。

因为在那封奏疏中，有着这样几句话：

“抚案官有延误者，该部举之；各部院有容隐者，科臣举之；六科有容隐欺蔽者，臣等举之。”

这句话的意思是：地方官办事不利索的，中央各部来管；中央各部办事不利索的，由六科监察机关来管；六科监察机关不利索的，由我来管！

事情坏就坏在这句话上。

根据明代的体制，中央各部管理地方，正常；给事中以及御史监察各部，也正常；内阁大学士管理言官，这就不正常了。

两百年前，朱元璋在创立国家机构的时候，考虑丞相权力太大，撤销了丞相，将权力交给六部。但这位仁兄连睡觉都要睁只眼，后来一琢磨，觉得六部权力也大，为怕人搞鬼，又在六部设立了六科，这就是后来的六科给事中。

六科的领导，叫做都给事中，俗称科长，下属人员也不多，除了兵部给事中有十二个人之外，其余的五个部都在十人之内。而且这帮人品级也低，科长才七品，下面的人就不用说了。

但他们的权力却大到让人匪夷所思的地步，比如说部长下令要干什么事，科长不同意，二话不说，把命令退回给部长，让他修改；如果改得不满意，就再退，直到满意为止。

别说部长，连皇帝的某些旨意，给事中也是可以指手画脚一番的。所以虽然这帮人品级低，地位却不低，每次部长去见他们，还要给他们行个礼，吃饭的时候别人坐下座，他们可以跑去和部长平起平坐，且指名道姓，十分嚣张。

给事中大抵如此，都察院的御史就更不得了。这伙人一天到晚找茬，从谋反叛乱到占道经营、随地大小便，只要是个事，就能管。

六部级别高，权力小：言官级别小，权力大，谁也压不倒谁。在这种天才的创意下，大明王朝搞了二百多年，一向太平无事。而到了张居正，情况被改变了。

在张居正看来，六部也好，给事中也好，御史也好，都该归我管，我说什么，你们就干什么，不要瞎吵。

因为他很明白，互相限制、互相制约固然是一种民主的方式，但是民主是需要成本的。

一件事情交代下去，你讲一句，他讲一句，争得天翻地覆，说得振振有词，其实一点儿业务都不懂，结果十天半个月，什么都没办。而对于这些人，张居正一贯是深恶痛绝。

所以他认为其他人都应该靠边站，找一个最聪明的人（他自己）指挥，大家跟着办事就行，没有必要浪费口水。于是在他统治期间，连平时监督他人的六科和御史，都要考核工作成绩。

然而遗憾的是，大臣们却不这么想。在他们看来，张居正是一个破坏规则的人，是一个前所未见的独裁者。自朱元璋和朱棣死后，他们已经过了一百多年的民主生活，习惯了没事骂骂皇帝、喷喷口水。然而现在的这个人比以往的任何皇帝都更为可怕，如果长此以往，后果实在不堪设想。

所以无论他要干什么、怎么干，是好事还是坏事，为了我们手中的权力，必须彻底解决他！

一个精心策划的阴谋就此浮出水面。

耐人寻味的是，在攻击张居正的四人中，竟有两人是他的学生；而更让人难以理解的是，这四个人竟没有一个是言官！

该说话的言官都不说话，却冒出来几个翰林院的抄写员和六部的小官，原因很简单——躲避嫌疑。而且第一天学生开骂，第二天刑部的人就跟着来，说他们是心有灵犀，真是杀了我也不信。

所以还是那句老话，夺情问题也好，作风问题也罢，那都是假的，只有权力问题，才是真的。

张居正不能理解这些人的思维，无论如何，我不过是想做点儿事情而已，为什么就跟我过不去呢？

但在短暂的郁闷之后，张居正恢复了平静。他意识到，一股庞大的反对势力正暗中涌动，如不及时镇压，多年的改革成果将毁于一旦。而要对付他们，摆事实、讲道理都是毫无用处的，因为这帮人本就不是什么实干家，他们的唯一专长就是摆出一副道貌岸然的面孔，满口仁义道德，唾沫横飞攻击别人，以达到自己的目的。

对这帮既要当婊子，又要立牌坊的人，就一个字——打！

听说此事后，皇帝随即下达命令，对敢于上书的四人执行廷杖，也就是打屁股。

张大人的本意，大抵也就是教训一下这帮人，但后果却大大出乎他的意料。

打屁股的命令下来后，原先不吭声的人也坐不住了，纷纷跳了出来，搞签名请愿、集体上书，反正法不责众，不骂白不骂，不请白不请。

但在一群凑热闹的人中，倒也还有两个比较认真的人，这两个人分别叫做王锡爵和申时行。

这二位仁兄就是后来的朝廷首辅，这里就不多说了，但在当时，王锡爵是翰林院掌院学士，申时行是人事部副部长，只能算是小字辈。

辈分虽小，办事却是大手笔。人家都是签个名、骂两句完事，他们却激情澎湃，竟然亲自跑到了张居正的府上，要当面求情。

张大人哪里是说见就见的，碰巧得了重病，两位大人等了很久也不见人，只能从哪里来回哪里去。

申时行回去了，王锡爵却多了个心眼，趁人不备，竟然溜了进去，见到了张居正。

眼看人都闯进来了，张居正无可奈何，只好带病工作。

王锡爵不说废话，开门见山：希望张大人海涵，不要打那四个人。

张居正唉声叹气：

“那是皇上生气要打的，你求我也没用啊！”

这话倒也不假，皇帝确实很生气，命令也确实是他下的。

这种话骗骗两三岁的小孩，相信还管用，但王锡爵先生……已经四十四岁了。

“皇上即使生气，那也是因为您！”这就是王锡爵地觉悟。

话说到这个份儿上，张居正无话可说了，现场顿时陷入了沉寂。

见此场景，王锡爵感到可能有戏，正想趁机再放一把火，然而，接下来发生的事情却是他做梦也想不到的。

沉默不语的张居正突然站了起来，抽出了旁边的一把刀。王锡爵顿时魂飞魄散，估计对方是恼羞成怒，准备拿自己开刀。正当他准备遗言之际，更不可思议的事情发生了：

高傲无比、比皇帝还牛的张大人“扑通”一声——给他跪下了。

还没等王学士喘过气来，张学士就把刀架在了自己的脖子上，一边架一边喊：

“皇帝要留我，你们要赶我走，到底想要我怎么样啊？”

面对无数居心叵测的人，面对如此困难的局面，张居正一直在苦苦支撑着。他或许善于权谋，或许挖过坑、害过人，但在这个污浊的地方，要想生存下去，要想实现救国济民的梦想，这是唯一地选择。

现在他的忍耐终于到达了顶点。

张居正跪在王锡爵的面前，发出了声嘶力竭地呐喊：

“你杀了我吧！你杀了我吧！”

王锡爵蒙了，他没有想到，那个平日高不可攀的张大学士，竟然还有如此无奈的一面，情急之下手足无措，只好匆匆行了个礼，退了出去。

张居正发泄了，王锡爵震惊了，但闹来闹去，大家好像把要被打屁股的那四位仁兄给忘了，于是该打的还得打，一个都不能少。

万历五年十月二十三日，廷杖正式执行，吴中行、赵用贤廷杖六十，艾穆、沈思孝廷杖八十。这么看来，师生关系还是很重要的，要知道，到关键时刻能顶二十大板！

事情前后经过大致如此，打屁股的过程似乎也无足轻重，但很多人都忽略了一个十分有趣的地方——打屁股的结果。

在这次廷杖中，张居正的两位学生在抗击打能力上，表现出了截然不同的特质。吴中行被打之后，差点儿当场气绝，经过奋力抢救，才得以生还，休养了大半年，还拄了一辈子拐杖。

但赵用贤就不同了，据说他被打之后虽然伤痕遍布，元气大伤，却明显能扛得多，回家后躺了一个多月，就能起床跑步了。

这是一个奇迹，同样被打的两个人，差别怎么会这么大呢？要说明这个问题，

参考消息 **没有永远的朋友**

吴中行被打完之后，校尉用布把他拖出长安门，用门板抬起，责令其家属当天把他抬出京城。中书舍人秦柱带医生赶来，灌以汤药，吴中行才苏醒过来，然后抱病登车南下返乡，身上溃烂的皮肉掉了几十块。翰林院的许国为了表达钦佩之情，送给吴中行一只玉杯，杯上镌诗一首：“斑斑者何？卞生泪。英英者何？兰生气。追之琢之，永成器。”岂料张居正死后，吴中行和赵用贤重新为官，与许国成为政敌，许国讥讽他们“不过意气用事，偶然弄成了一两件事，现在尾巴就翘起来了”，两人气不过，不是皇帝拦着就辞职回家了。

我们必须以科学的态度、严谨的精神，去详细分析一下这个明代特有的发明——打屁股。

◆ 关于打屁股问题的技术分析报告

廷杖，也就是打屁股，是明代的著名特产。大庭广众之下，扒光裤子，露出白花花的屁股，几棍下去，皮开肉绽，这就是许多人对打屁股的印象。

然而，我可以负责任地告诉各位，打屁股，并不如此简单，事实上，那是个技术工种。

根据人体工程学原理，明代的廷杖是一种极为严酷的刑罚，因为那跟你在家挨打不一样。你爹打你，无非是用扫把、小棍子，惨无人道点的，最多也就是皮带。

但廷杖就不同了，它虽然也用棍子，却是大棍子。想想碗口粗的大棍以每秒N米的加速度向你的屁股着陆，实在让人胆寒。所以连圣人也说过，遇到小棍子你就挨，遇到大棍子你就要跑（小杖则受，大杖则走）。

而执行廷杖的人，基本上都是锦衣卫。这伙人平时经常锻炼身体，开展体育活动，随手一抡，不说开碑碎石，开个屁股还是不难的。

所以经过综合分析，我们得出如下结论：如无意外，二十廷杖绝对足以将人打死。

但一直以来，意外始终在发生着，一百杖打不死的有，一杖就完蛋的也不缺，说到底，还要归功于我国人民的伟大智慧。

综观世界，单就智商而言，能和中国人比肩的群体，相信还没生出来。而我国高智商人群最为突出的表现，就在于从没路的地方走出路来。

打不打屁股，那是上级的事，但怎么打，那就是我的事了。为了灵活掌握廷杖的精髓，确保一打就死，或者百打不死，锦衣卫们进行了艰苦的训练，具体方法如下：（有兴趣者，可学习一二，但由此带来之后果，本人概不负责。）

找到一块砖头（种类不限），在上面垫一张宣纸（一点就破那种），用棍子猛击

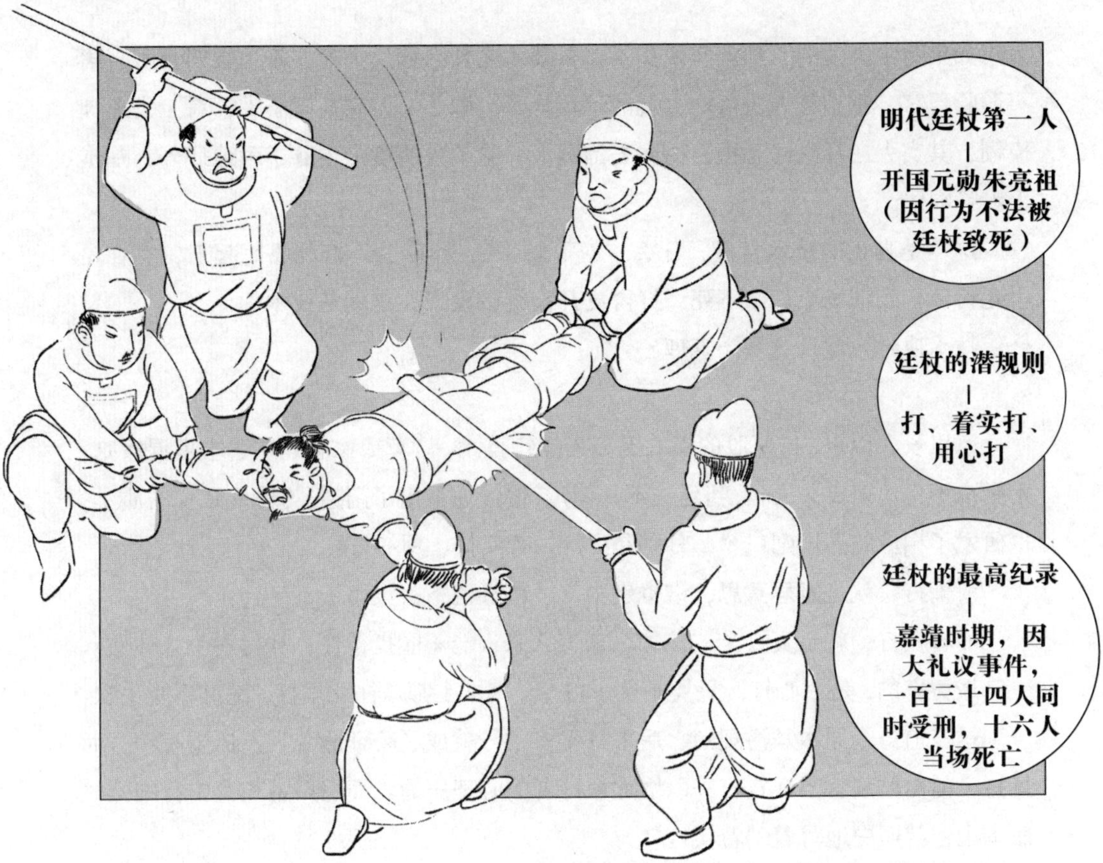

宣纸，如宣纸破裂，则重新开始。如此这般不断练习，以宣纸不破，而砖头尽碎为最高层次。

如果能打到这个级别，基本就可以出师了。给你送过钱的，就打宣纸，打得皮开肉绽，实际上都是软组织损伤，回家涂了药，起来就能游泳。

要是既无关照，又有私仇的，那就打砖头，一棍下去，表皮完整，内部大出血，就此丧了命那是绝不奇怪。

顺便说一句，在当时，另一个技术工种也有类似的练习，那就是砍头的刽子手。这也是门绝活，操作方法与打屁股恰好相反。找一块平整的肉，然后在上面放上一张宣纸，用刀剁宣纸，把下面的肉剁碎，上面的宣纸不能破损，就算是炉火纯青了。

练这一手，那也是深谋远虑：如果给钱的，一刀下去就结果，不会有痛苦；不给钱的，随手一刀，爱死不死，多久才死，反正是你的事。

如果有给大钱的，那就有说头了，只要不是什么谋反大罪，不用验明首级，再买通验尸官，犯不着人头落地，就能玩花样了：顺手一刀砍在脖子上，看上去血肉模糊，其实大血管丝毫无损，抬回去治两天，除了可能留个歪脖子后遗症外，基本上没啥缺陷。

这才是真正的技术含量，什么“庖丁解牛”，和砍头、打屁股比起来，实在是小儿科。拉到刑场上都杀不死，打得皮开肉绽都没事，这就是技术。

技术决定效益，这是个真理。

所以长久以来，打屁股的锦衣卫日夜操练技术，毕竟人家就靠这手本事混饭吃，不勤奋不行。但日久天长，朝廷也不是傻瓜，慢慢地看出了门道，为保证廷杖的质量，也研发了相应的潜规则口令，分别是：打、着实打、用心打。

所谓打，就是意思意思，谁也别当真，糊弄两下就没事了。

而着实打，就是真打了，该怎么来怎么来，能不能挺得住，那得看个人体质。

最厉害的，是用心打。只要是这个口令，基本上都是往死里打，绝对不能手软。

这三道口令原本是潜规则，后来打得多了，就成了公开命令，不但要写明，而且打之前由监刑官当众宣布，以增加被打者的心理压力。而赵用贤和吴中行的廷杖命令上，就明白地写着“着实打”。

既然是着实打，那就没什么说的了。虽然有人给锦衣卫送了钱，也说了情，但毕竟命令很明确，如果过轻，没准儿下次被打的就是自己，和钱比起来，还是自己的屁股更重要。

但问题依然没有解决，既然同样是着实打，同样是读书人，体质相同，为什么吴中行丢了半条命，赵用贤却如此从容？

原因很简单，赵用贤是个胖子，而吴中行很瘦，用拳击术语讲，这二位不是一个公斤级的，抗击打能力不同。赵用贤有脂肪保护，内伤较小；而吴中行没有这个防护层，自然只能用骨头来扛。

这一结果也生动地告诉了我们，虽说胖子在找老婆、体育活动方面不太好使，但某些时候，有一身好肥肉，还是派得上用场的。

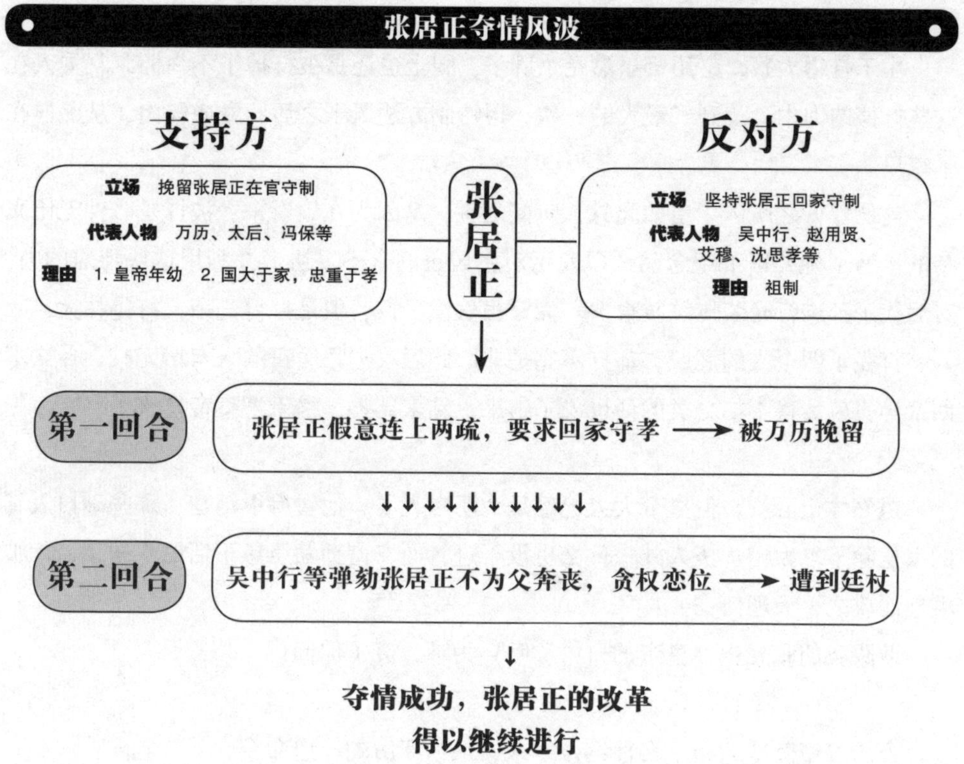

挨打之后还没完,吴中行和赵用贤因为官职已免,被人连夜用门板抬回老家（没资格坐轿子)。这场学生骂老师的闹剧就此画上句号。

当然，不管他们出于何种动机，是否有人主使，但这两位仁兄由始至终没有说过一句软话，坚持到底。单凭这一点，就足以让人敬佩。

但在整个事件中，最让人胆寒的，却不是张居正，也不是这两位硬汉，而是一个女人。

在赵用贤与吴中行被打的时候，许多同情他们的官员在一旁议论纷纷，打完之后，王锡爵更是不顾一切地冲了上去，抱住吴中行痛哭不已。但没有几个人注意到，与他同时冲上去的，还有一个女人——赵用贤的老婆。

但这位大嫂的举动却出人意料。她将自己的丈夫带回家治疗伤势后，便开始收集一样东西——赵用贤的肉。

由于打得太狠，赵用贤虽然是个胖子，腿上也还是被打掉了不少肉。赵夫人在这些打掉的肉中，找到了最大的一块，用特制方法风干之后，做成腊肉，从此挂在了家里。

这位悍妇之所以干出如此耸人听闻之举，是因为在她看来，被打是一件无比光荣的事情，她要留下纪念品，以表示对张居正的永不妥协，并利用这块特殊的肉，对后代子孙进行光荣传统教育——你爹虽然挨了打，但是打得光荣，打得伟大!

打完了四个人的屁股，却打不完是非。此后攻击张居正的人有增无减，什么不回家奔丧就禽兽不如之类的话也说了出来。骂来骂去，终于把皇帝骂火了。

虽然才十五岁，但皇帝大人已经是个明白人了。他看得很清楚，那些破口大骂的家伙除了拿大帽子压人外，什么也没干过，而一直勤勤恳恳干活的张居正，却被群起而攻之，天理何在?!

敢跟我的张先生（皇帝的日常称呼）为难，废了你们!

万历皇帝随即颁布了自他继位以来，最为严厉的一道命令:

胆敢再攻击张居正夺情者，格杀勿论!

事实证明，在一拥而上的那群人中，好汉是少数，孬种是大多数，本来骂人就是为了个人利益，既然再骂要赔本（杀头），那就消停了吧。

张居正又一次获得了胜利，反对者纷纷偃旗息鼓，这个世界清静了。

但他的心里很清楚，这不过是表象而已。为了改革，为了挽救岌岌可危的国家，他做了很多事，得罪了很多人，一旦他略有不慎，就可能被人打倒在地，永不翻身，而那时他的下场将比之前所有的人更悲惨。

徐阶厌倦了可以退休，高拱下台了可以回家，但他没有选择。如果他失败了，既不能退休，也不能回家，唯一的结局是身败名裂，甚至死无葬身之地。

因为徐阶的敌人只是高拱，高拱的敌人只是他，而他的敌人，是所有的人，所有因改革而利益受损的人。

是啊，张居正先生，你为什么要这么闹腾呢？你已经爬上了最高的宝座，你已经压倒了所有的人，你可以占据土地、集聚财富、培养党羽、扶植手下，只要你不找大家的麻烦，没有人会反抗你，也没有人能反抗你。

但你偏偏要搞一条鞭法，我们不能再随意鱼肉百姓；你偏偏要丈量土地，我们不能随意逃避赋税；你偏偏要搞什么考成法，我们不能再随意偷懒。

大家都是官员，都是既得利益者，百姓的死活与我们无关，你为什么要帮助他们、折腾我们呢？

因为你们不明白，我和你们不同。

我知道，贫苦的百姓也是人，也有父母妻儿，也想活下去。

我知道，我有极为坚强的意志，我的斗志不会衰竭，我的心志不会动摇，即使与全天下人为敌，我也绝不妥协。

我知道，在几十年之后，你们已经丢弃了当年的激情壮志。除了官位和名利，你们已别无所求，但我不同。

因为在历经无数腥风血雨、宦海沉浮之后，我依然保存着我的理想。

我相信，在这个世界上，还有公理和正义。

我相信，在这个世界上，所有的人，无论贵贱，都有生存的权利。

参考消息 **备受荣宠**

张居正的父亲死后，他的母亲赵氏还健在，张居正把她接到北京养老。当时从他们江陵老家到北京，要过黄河，赵老太太没出过远门，有些惧怕，就对侍女说了一句："什么时候过河呀？"等到了北京，老人家又问了一遍，人家告诉他，早就过啦。原来沿路官员以浮船为桥，上铺黄土，移栽柳树。张家的护送队伍从桥旁走过，老太太毫无知觉，还以为是在逛岸边，赏景色哩。到达北京后不久，她就被宣召进宫与两位皇太后相见，并加恩免行国礼而行家人之礼，还被赏赐了很多珍贵的礼物。

这就是我的理想，几十年来，一天也不曾放弃。

这就是张居正，一个真正的张居正。

在对他的描述中，我毫不避讳那些看上去似乎不太光彩的记载：他善于权谋，他对待政敌冷酷无情，他有经济问题，有生活作风问题，这一切的一切，可能都是真的。

而我之所以如实记述这一切，只是想告诉你一个简单而重要的事实：张居正，是一个人，一个真实的人。

在这个世界上，最猛的人，应该是超人同志。据说他来自外星球，绕地球一圈只要几秒；捏石头就像玩泥巴，还会飞，出门从不打车，也不坐地铁，总在电话亭里换衣服，老穿同一件制服，还特别喜欢把内裤穿在外面；平时最大的业余爱好是拯救地球，每年至少都要救那么几次，地球人都知道。

然而没有人认为他很伟大，因为他是超人。

超人除了怕几块破石头外，没有任何弱点和缺点，是无所不能的，他压根儿就不是人。

张居正不是超人，他出生于一个普通的家庭，从小熟读四书五经，挑灯苦读，是为了混碗饭吃，进入官场；参与权力斗争，拉帮结伙，是为了保住官位；无论从哪个角度看，他都是一个不折不扣的俗人。

然而，正是这个真实的人，这个俗人，在权势、地位、财富尽皆到手的情况下，却将枪口对准了他当年的同伴，对准了曾带给他巨大利益的阶层。他破坏了规则，损害了他们的利益，只是为了一个虚无缥缈的概念——国家，以及那些和他毫不相干的平民百姓。

所以我没有详写张居正一生中那些为人津津乐道的情节，比如整顿官场，比如惩办贪官，比如他每天都工作到很晚，再比如他也曾严词拒收过贿赂、制止过亲属的腐化行为，在我看来，这些情节并不重要。

只有当你知道，他是一个正常人，有正常的欲望，有自己的小算盘，有过犹豫和挣扎，有过贪婪和污点，你才能明白，那个不顾一切、顶住压力坚持改革的张居正，到底有多么的伟大。

所有的英雄，都是平凡的人。

千回百转，千锤百炼，矢志不改，如此而已。

第十章

千古，唯此一人

○ 他用他的人生告诉我们 良知和理想是不会消失的 不因富贵而逝去 不因权势而凋亡

○ 不是好人 不是坏人 他是一个有理想 有良心的人

◆ 爱与恨的边缘

万历五年（1577）的夺情事件结束了，张居正获得了彻底的胜利。事实证明，以眼前这些小喽啰的实力，是动不了张大哥分毫的。自打严嵩、徐阶、高拱这批高水平选手退役后，江湖人才是一代不如一代了。

张居正对此有着十分清醒地认识，所以他越发有恃无恐，推行自己的政令，谁不听话就灭了谁。自从赶走高拱后，内阁中只剩他一人，为体现民主风格，他又陆续提拔几人入阁，先是吕调阳，然后是张四维、马自强、申时行。当然了，这几位仁兄虽然籍贯不同、爱好不同、高矮胖瘦长相各异，但对于张居正而言，他们是同一类人——跑腿的，有着共同的优点——听话。

但后来的事实发展证明，对于这四个人，他还是看走了眼，至少看错了一个。

除了工作上独断专行外，张居正还常常对人说这样一句话：我非相。

这句话看上去十分谦虚，表明我张居正不是宰相。但很不幸的是，这句谦虚的话还有下半句：乃摄也。

综合起来，这就是一句惊天地泣鬼神的话：

我不是宰相，而是摄政。

所谓摄政，就是代替皇帝行使职权的人。对张居正而言，宰相已经是小儿科了，只有摄政才够风光。一个平民竟然如此风光，如果当年废除宰相的朱元璋泉下有知，恐怕会气得活过来。

但张居正明显是不怕诈尸的，他受之无愧，并在家里挂上了这样一副对联：

日月共明，万国仰大明天子；

丘山为岳，四方仰太岳相公。

这副对联用黄金打造，十分气派，但要换在以前，这是个要人命的东西。因为所谓太岳，就是张居正的字，而众所周知，对联的下半句要高于上半句，如此一来，张居正就比皇帝更牛了。

而牛人张居正非但没有拒收，还堂而皇之地裱起来，就差贴在门口当春联用了。

但一个人天下无敌太久，老天爷也会不满的，毕竟他老人家喜欢热闹。于是在冥冥之中，他给张居正找来了两个敌人，一个是他的上级，一个是他的下属。

张居正的上级，就是皇帝。综合说来，这是一个由爱生恨的故事。

万历皇帝朱翊钧，嘉靖四十二年（1563）出生，是隆庆皇帝的第三个儿子。这位仁兄运气很好，六岁就立了太子，四年后又死了爹，直接当了皇帝，比起他那位连个太子名分都没有、提心吊胆当了三十多年王爷的爹来，强得不是一星半点儿。

参考消息 **马屁对联**

这幅马屁对联，是一个名叫邱岳的小官员专程奉上的。对联送到太岳大人家里没多久，邱岳就荣升了。后来张居正有三个儿子在科举中金榜题名，其中三儿子张懋修还捧回了一个状元。于是又有人送了一副对联：“上相太师，一德辅三朝，功高日月；状元榜眼，二男登两第，学冠天人”。张居正很满意，于是备酒席请客。酒喝到一半，有好事的言官递上一首讽刺小诗，张居正一看气得不行：“老牛舐犊，爱子谁无？野鸟为鸾，欺君特甚！”

万历皇帝
朱翊钧
1563 年生人
十岁登基，少年天子
性格
前期聪明伶俐、善解人意，后期偏激厌世、沉湎酒色
对万历童年影响最大的两个人
严母：李太后，读书用心不专会罚长跪
严师：张居正，背错课文会罚打手板

而如果仔细分析他的童年档案，你就会发现，这位被誉为“明代第一懒人”的皇帝，实际上曾是一个无比机智勤奋的人。

万历是个很聪明的孩子，认字很早，而且很懂事。虽然不用他帮家里做饭，打洗脚水，但他也知道父亲死得早，母亲一个人不容易，要想维持住这个家，就得靠张先生。

这是他的母亲告诉他的，在近十年的时间里，他对此深信不疑。

他和张先生的第一次亲密接触，是在父亲刚死的时候。他还清楚地记得，那是一个十分危急的时刻，万恶的高老头（高拱同志）欺负他年纪小，他妈又是个寡妇，准备把他的皇位夺走，让他下岗走人。关键时刻，张先生出现了，这位盖世英雄拯救了他们母子，并赶走了邪恶的高老头，在伟大的张先生地帮助下，好人战胜了坏人，世界再次恢复了和平。

这大概就是万历对张居正的第一印象，而此后母亲的种种言行也加深了他对张先生的好感。

由于父亲死得早，他的小学教育基本上是由张居正完成的。这位首辅大人可谓多才多艺，除了处理政务外，对他的学习也丝毫不放松，闲来无事还编了一本书，叫做《帝鉴图说》。

毫不夸张地说，如果今天搞一个优秀少儿图书评选，这本书绝对可以名列前茅。在书中，张居正特意挑选了一百一十七个历史事件，其中好事八十一件，坏事三十六件，每件事情都配有插图，类似于小人书，讲明白为什么好，为什么坏，相信只要不是白痴，就一定能看得懂。

为了贯彻以人为本的教育理念，张居正确实下了很大工夫。他不但编了书，还每天跑来给小皇帝讲故事，指着书上的插图，告诉万历，哪个是好人，哪个是坏人。

万历的童年就是这样度过的，对这个既帮自己干活，又给自己讲故事的张先生，他有着十分深厚的感情。甚至于每次张居正上朝时站在他的面前，他都觉得过意不去：张先生站着，我怎么好意思坐着？

问题在于皇帝没法站着上朝，于是他给了张居正一个特殊待遇，每到夏天热时，张居正的身边就站着两人，专门给他扇扇子；冬天冷时，张居正的脚底下总有一块

万历皇帝课程表

<table>
<tr><th colspan="5">课程安排</th></tr>
<tr><td colspan="3">日讲</td><td>经筵（提高班）
（全年共 15 次）</td><td>家教
（专人辅导）</td></tr>
<tr><td rowspan="2">第一节课</td><td rowspan="2">《大学》《尚书》</td><td>晨读，各十遍</td><td rowspan="5">主讲科目：四书、五经
春讲：二月十二日—五月初二日止
秋讲：八月十二日—十月初二日止</td><td rowspan="5">教师：张居正（特聘特级教师）
教材：《帝鉴图说》（皇家专用教材）</td></tr>
<tr><td>讲官串讲</td></tr>
<tr><td>课间休息</td><td colspan="2">御览章奏</td></tr>
<tr><td>第二节课</td><td>正字</td><td>练习书法</td></tr>
<tr><td>第三节课</td><td>《资治通鉴》</td><td>学习治国之道</td></tr>
</table>

时间安排：逢三、六、九上朝（余暇，温习经书、摹帖习字），其余时间日讲

铺好的毡布（当然，别人是没有的）。当旁边的诸位同僚擦汗、打哆嗦时，张先生这里却是气定神闲，搞得大家总仰天长叹，人和人就是不一样啊。

在万历看来，张居正是一个类似父亲的人。

而那位在一旁煽风点火、引导万历的李贵妃（现在是太后了），对张居正却有着完全不同的动机。

李太后是一个不寻常的女人，她籍贯山西，出身低微，家里原来虽做过小生意，也无非是混碗饭吃，幸好长得漂亮，被皇帝选中，还生了个儿子。估计她从小经常逛集贸市场，讨价还价，社会经验丰富，所以在宫中很会来事，人缘也好，这才开始发达起来。但后来的事情发展证明，她的本性始终未曾变过——生意人。

从看到张居正的第一眼起，李太后就意识到，这是一个极有利用价值的人，不但能谋善断，而且政务能力极强，加上她的丈夫隆庆皇帝为人老实、胆小怕事不说，还是个老病号，哪天脚一蹬就咽了气，那都是说不准的事情。

虽说李太后精明强干，也有一定的政治野心，但她很清楚，中国很广阔，事情很复杂，像收税、打仗、城管、救灾之类的事，自己是搞不定的，只能依靠大臣去

办。换句话说，她知道自己有几斤几两，从这一点看，她比后来的那位慈大妈（慈禧）不知要强多少倍。

◆ 关于后宫参政问题的调研

这是个十分有趣的问题，综观整个明代，什么事情都有，太监专权，大臣独裁，可偏偏老婆（后宫）参政的问题并不多见，什么女主当国、垂帘听政，压根儿就没有市场。看上去很让人费解，但只要略为分析，就会发现，其实原因十分简单。

先介绍一下相关知识。要知道，在中国历史上，女性参政折腾事的并不少见，但折腾出好结果的却并不多见，像慈禧这类的二杆子倒有不少。讲到这里，也请诸位女性同胞切莫动武，容俺说完。

女性在从政方面之所以比男性困难，说到底是个生理结构问题。政治问题是世界上最复杂的问题，需要极大的理性，但女性情感丰富，很多事情上往往会跟着感觉走。比如慈禧大妈，开始知道光绪改革，还比较支持，但一听说改革要革自己，就把人给废了。这还在其次，关键在于她明明知道大清国快完蛋了，不改革不行，只为了吐口恶气，把维新派的那一套也给废了，实在太不理智。

当年秦孝公的儿子恨透了商鞅，等老爹一死就找来几匹马把他给分了（五马分尸，学名车裂），但分尸归分尸，商鞅的那一套他还是照着用，一点儿不耽误，相比而言，慈大妈的档次实在差得太远。

到后来，慈大妈因为洋人不准她废掉光绪，且一直指手画脚，一怒之下，就去利用义和团，把那一帮大师兄、二师兄都请到京城，估计是戏看多了，什么刀枪不入的鬼话都相信，还公然向全世界列强宣战（早干吗去了），也不派兵出国，唯一的军事行动就是攻打各国使馆。就那么高几层楼，对方撑死也就上百人，清兵围，义和团围，十天半个月打不进去，等到人家一派兵又慌了，赶紧撤除包围，还往使馆里送西瓜，被人赶到西边，一路上吃尽了苦受尽了累，回来却又十分大度，表示愿意以举国之力，结列强之欢心。

说起这位慈大妈，真是一声叹息，不知从何讲起。国家被她搞得一团糨糊，乱象丛生。归根结底，还是因为慈大妈感情太丰富，不按常理出牌，虽说工于心计，也只能玩玩权谋，整死几个亲王，过过舒坦日子，让她治国安邦，那是没有指望的。

当然了，成功的例子也是有的，比如伟大的武则天女士，一步一个脚印，从宫女到皇后，再到皇帝，但凡敢挡路的，全部干掉，连儿子也不例外，看似和慈禧没什么区别，但她在历史上的名声比慈禧实在好得太多。

因为当慈禧看戏的时候，武则天在看公文；慈禧在吃几百道菜的时候，武则天连晚饭都顾不上。自执政以来，她始终兢兢业业，不敢有丝毫松懈。她很清楚，作为一个政治家，除了得到，还必须付出。

所以慈禧只是个阴谋家，武则天是政治家。阴谋家只能整人，政治家除了整人外，还要整国家。

而李太后就不同了，她既不是阴谋家，更不是政治家，从某种意义上说，她是个维持家庭的家庭主妇。

历朝历代，之所以老婆干政频繁出现，说到底还是因为皇帝权力大，用历史术语讲，这叫后权源自皇权，一旦皇帝死了，儿子又小，老婆想不掌权都不行。可在明代，皇帝本人就没什么权，隆庆皇帝干了五六年，有一多半时间在挨骂，想买点儿珠宝首饰，户部还不给钱，过得非常之窝囊。面对这种局面，想把日子过下去，也就只能依靠张居正了。

而且张居正这个人除了工作出色外，长得也帅，当然这个帅的定义和今天不同。在明代，有一把大胡子是帅哥的第一特征（络腮胡子不算，那是土匪特征），最符合标准的，是关公的那一种，随风飘扬，不但美观，蘸点儿墨水就能写字，也很实用。张居正五官端正不说，还有一把这样的胡子，又有能力又有相貌，李太后要不喜欢他，那就真没天理了。

所以虽然这对母子的阅历和动机不同，但有一点他们是一致的，那就是张先生是一个很重要的人，必须依靠他——至少目前是这样。

对这对孤儿寡母的心思，张居正十分明白。对李太后，他礼敬有加，给足面子，

毕竟这人也算自己的上级；但对万历，态度就完全不同了，张先生似乎完全不把皇帝当干部，想怎么说就怎么说，想怎么训就怎么训，比爹还爹。

最骇人听闻的一件事情，是在万历读书的时候发生的。那时万历正在读《论语》，张居正站在一边听，读到其中一句“色勃如也”的时候，小朋友一时大意，认了个白字，把“勃”读成了“背”音。

这实在不是个大事，可万历刚刚读完，就听得身旁一声大吼：

“这字应该读‘勃’！”

如果你今天在学校里读错字，被人这么吼一句，也会不高兴，估计个把性格型的还会回一句：老子就爱读“背”，你怎么着？

但当时的万历，至高无上的皇帝大人却没有回嘴，不但没有回嘴，还吓得发抖，赶紧修正，相信这句话他一辈子也不会再读错了。

在封建社会，无论从哪个角度看，张居正的行为都是大逆不道，拉出去剐一千遍都不过分。连孩子他亲爹都没这么训过，张先生竟敢如此放肆，真是欺负朱重八不在了。

但张居正之所以有如此举动，绝不是为了耍威风，只是因为在他的内心深处，隐藏着一个梦想。

三十年前，当他刚刚进入朝廷时，坐在皇位上的是嘉靖，这位极难伺候的仁兄让张先生吃尽了苦头，前后躲闪，左右逢迎，历经千辛万苦才把他熬死。

接班的隆庆却是个完全相反的人，什么事情都没主意，也不管，大事小事都得自己干。

虽说这样也不错，但张居正知道，自己总有一天是要死的，摊上这么个皇帝，出了事谁来给他擦屁股？

所以他希望培养一个合格的接班人，他希望经他之手，成就一位千古明君。

万历，你就是我的目标，我将用毕生之心血去培养你。我已不再年轻，也终将死去，但我坚信，你的名字将和汉武帝、唐太宗并列，千古传诵，青史流芳。

如此，则九泉之下，亦当含笑。

事情似乎比想象的还要顺利，在很长一段时间内，所有人都在张居正铺设的轨道上有条不紊地行进着，朝政很稳定，皇帝很听话，皇帝他妈很配合。

然而，正是因为太正常，正常到了不正常的地步，就出问题了。

我当年上高中的时候，有一个同学，简直嗜玩如命，每天最大的梦想就是不用上学，到处去玩，于是经常旷课，终于惹怒了老师，让他回家去了。开始这位兄弟还很高兴，可是在家住了两个月，死乞白赖地又回来了。我问，何以不玩？答：玩完，无趣。

万历皇帝的情况大致如此，刚即位时，他才不到十岁，什么事情有张居正管着，啥也不用干，高兴都来不及，可时间一长，就没意思了，拿起一份奏疏，想写点儿批示，一看，张居正都给批好了，一二三四，照着办就行。这还不算，连画钩盖章的权力他都没有，要知道，那是冯保的工作。

毕竟十六七岁了，没有事干，那就找人玩。但很明显，张居正没有陪他扔沙包的兴趣，于是万历只好找身边的太监玩。

太监玩什么他就玩什么。太监斗蛐蛐，他就斗蛐蛐；太监喝酒，他就喝酒；太监喝醉后喜欢睡觉，他喝醉后喜欢闹事（酒风不好）。

于是万历八年（1580），酒风不好的万历兄终于出事了。有一天，他又喝醉了，在宫里闲逛，遇上了一个太监，突然意气风发，对那位仁兄说：你唱个歌给我听吧。

一般说来，在这种场合，遇上这种级别的领导，就算不会唱歌，也得哼哼两句过关。可这位太监不知是真不会唱歌，还是过于害怕，站在原地半天没有出声。

皇帝大都没什么耐心，特别是喝醉的皇帝。看着眼前的这个木桩子，万历十分恼火，当即下令把这位缺乏音乐素养的兄弟打了一顿，打完了还割了他一束头发，那意思是本来要砍你的头，而今只割你的头发，算是法外开恩。

换在其他朝代，这事也就过了，天子一言九鼎，天下最大，不会唱歌就人头落地也不新鲜。但万历不同，他虽是皇帝，上面还是有人管的。

在万历刚刚发酒疯的时候，冯保就得到了消息，他即刻报告了李太后，于是当皇帝大人酒醒之后，便得到了消息——李太后要见他。

等他到地方的时候，才知道事情大了。李太后压根儿不跟他说话，一见面就让他跪，然后开始历数他的罪恶。万历也不辩解，眼泪一直哗哗地流，不断表示一定改过自新，绝不再犯。

好了，到目前为止，事情还不算太坏，人也骂了，错也认了，就这么收场吧。

然而，李太后不肯干休，她拿出了一本书，翻到了其中一篇，交给了万历。

这似乎是个微不足道的举动，但事实上，张居正先生的悲惨结局正是源自于此。

当万历翻开那本书时，顿时如五雷轰顶，因为那本书叫《汉书》，而打开的那一篇，是《霍光传》。

霍光，是汉代人物，有个哥哥叫霍去病，很有名。但在历史上，他比这位名人还有名，干过许多大事，就不多说了，其中最大的一件事情，就是废过皇帝。

废了谁，怎么废的，前因后果那都是汉代问题，这里不多讲。但此时、此地、此景，读霍光先生的传记，万历很明白其中的含义：如果不听话，就废了你！

而更深一层的含义是：虽然你是皇帝，但在你的身边，也有一个可以废掉你的霍光。

万历十分清楚，这位明代的霍光到底是谁。

生死关头，万历兄表现了极强的求生欲望，他当即磕头道歉，希望得到原谅，并表示永不再犯。

毕竟是自己的儿子，看到惩罚已见成效，李太后收回了威胁，但提出了一个条件：皇帝大人既然犯错，必须写出检讨。

所谓皇帝的检讨，有个专用术语，叫“罪己诏”，我记得后来的崇祯也曾写过，但这玩意儿通常都是政治手段，对“净化心灵”毫无作用。

想当年我上初中时，为保证不请家长，经常要写检讨。其实写这东西无所谓，反正是避重就轻，习惯成自然，但问题在于，总有那么几个不厚道的仁兄逼你在全班公开朗诵，自己骂自己，实在不太好受。

而皇帝的“罪己诏”最让人难受的也就在此，不但要写自己的罪过，还要把它制成公文，在天下人面前公开散发，实在太过丢人。

万历兄毕竟还是脸皮薄，磕完头，流完泪，突然又反悔了，像大姑娘上轿一样，扭扭捏捏就是不肯动笔。关键时刻，一位好心人出现了。

“我来写！”

自告奋勇者，张居正。

要说还是张先生的效率高，挥毫泼墨，片刻即成，写完后直接找冯保盖章，丝毫不用皇上动手。

万历坐在一旁，呆呆地看着这一切。喝醉了酒，打了个人，怎么就落到这个地步？差点儿被人赶下岗？

在他十八岁的大脑里，一切都在飞快运转着，作为一个帝国的统治者，为什么会沦落到如此境地？是谁导致了这一切？是谁压制了自己？

他抬起了头，看到了眼前这个正在文案前忙碌的人，没错，这个人就是答案，是他主导了所有的一切。这个人不是张先生,不是张老师,也不是张大臣,他是霍光，是一个可以威胁到自己的人。

在张居正和李太后看来，这是一次良好的教育机会，万历将从中吸取经验，今后会好好待人，在成为明君的道路上奋勇前进。

然而就在这一团和气之下，在痛哭与求饶声中，一颗仇恨的种子已经埋下，八年的感情就此画上句号。不是因为训斥，不是因为难堪，更不是因为罪己诏，真正的原因只有一个——权力。

我已经十八岁了，我已经是皇帝了，凭什么指手画脚，凭什么威胁我？你何许人也？贵姓？贵庚？

这就是万历八年发生的醉酒打人事件，事情很简单，后果很严重，皇帝大人的朋友和老师消失了，取而代之的，是敌人。

但整体看来，局势还不是太悲观，毕竟还有李太后，有她在中间调和，张居正与万历的关系也差不到哪儿去。

可问题在于，这位中年妇女并非缓冲剂，反倒像是加速剂，在日常生活中，她充分证明了自己的小生意人本色——把占便宜进行到底。

自从有了张居正，李太后十分安心，这个男人不但能帮她看家，还能帮她教孩子，既当管家，又当家庭教师，还只拿一份工钱，实在太过划算。

对于小生意人而言，有便宜不占，那就真是王八蛋了。于是慢慢地，她在其他领域也用上了张居正，比如……吓唬孩子。

小时候，我不听话的时候，我爹总是对我说，再闹，人贩子就把你带走了。于是我立刻停止动作，毛骨悚然地坐在原地，警惕地看着周围。虽然我并不很清楚，人贩子到底是啥玩意儿，只知道他们喜欢拐小孩，拐回去之后会拿去清炖，或是红烧。

万历也有淘气的时候，每到这时，顶替人贩子位置的，就是张居正。李太后会以七十岁老太太的口吻、神秘诡异的语气，对闹腾的小孩说道：

“你再闹！让张先生知道了，看你怎么办？”（使张先生闻，奈何？）

这句话对万历很管用，很明显，张先生的威慑力不亚于人贩子。

自古以来，用来吓唬小孩的人（或东西）很多，从最早泛指的老妖怪、魔鬼（西方专用），到后来的具体人物，比如三国时期合肥大战后，战场之上彪悍无比的张辽同志，就曾暂时担任过这一角色（再哭，张文远来了）。再后来，抗日战争时期，日本鬼子也客串过一段时间。到我那时候，全国拐卖成风，人贩子又成了主角。

总而言之，时代在变，吓人的内容也在变，但有一点是不变的，但凡当这类主角的，绝不是什么让人喜欢的角色。

所以从小时候起，在万历的心中，张居正这个名字代表的不是敬爱，而是畏惧，而这在很大程度上，应该归功于他的那位生意人母亲。

对不断恶化的局势，张居正倒也不是毫无察觉，在醉酒事件之后不久，这位老奸巨猾的仁兄曾提出过辞职，说自己干了这么多年，头发也白了，脑袋也不好用了，希望能够早日回家种红薯。报告早晨打上去后，一顿饭工夫回复就下来了——不行。

万历确实不同意，一方面是不适应，毕竟您都干了这么多年，突然交给我，怎么应付得了；另一方面是试探，毕竟您都干了这么多年，突然交给我，怎么解释得了。

两天后，张居正再次上书，坚决要求走人，并且表示，我不是辞职，只是请假，如果您需要我，给我个信，我再来也成。

张居正并不是虚情假意，夏言、严嵩、高拱的例子都摆在眼前，血淋淋的，还没干，唯一能够生还的人，是他的老师徐阶，而徐阶唯一的秘诀，叫做见好就收。

现在是收的时候了。

这话一出来，万历终于放心了，不是挖坑，是真要走人。按照他的想法，自然是打算批准了，如果事情就这么发展下去，大团圆结局是可以期待的。然而关键时刻，闹事的又出场了。

生意人和政治家是有区别的，最大的区别在于，政治家是养羊，生意人是养猪。养羊的，每天放养，等到羊毛长长了，就剪一刀接着养，无论如何，绝不搞鱼死网破、羊死毛绝的事情；而生意人养猪，只求养得肥肥的，过年时一刀下去，就彻底了事，没有做长期生意地打算。

李太后是生意人，她没有好聚好散、细水长流地觉悟，也无须替张居正打算，既然好用，那就用废为止，于是她开了尊口：

“张先生不能走，现在你还年轻，等张先生辅佐你到三十岁，再说（待辅尔到三十岁，那时再作商量）！”

这可就缺了大德了。

想走的走不了，今年都五十六了，再干十年，不做鬼也成仙了。

想干的干不上，今年才十八岁，再玩十年，还能玩出朵花来？

但太后的意旨是无法违背的，所以无论虚情假意，该干的还得干，该玩的还得玩，张居正最后一个机会就此失去。

既然不能走，那就干吧，该来的总要来，躲也躲不掉，怀着这种觉悟，张居正开始了他最后的工作。

从万历八年（1580）到万历十年（1582），张居正进入了一种近乎癫狂的状态。他夜以继日地工作，贯彻一条鞭法，严查借机欺压百姓的人员，惩办办事不力的官员，对有劣迹者一律革职查办；强化边境防守，俺答死了，就去拉拢他的老婆三娘子（当年把汉那吉没娶过去的那位），只求对方不闹，里里外外，只要是他能干的，他都干了。

大明帝国再次焕发了生机与活力，边境除了李成梁时不时出去砍人外，已经消停了很多；国库收入极为丰厚，存银达到几百万两，财政支出消除了赤字；地方粮仓储备充足，至少饿不死人。一切看上去都是那么的完美。

与蒸蒸日上的帝国相反的，是张居正蒸蒸日下的身体。在繁杂的工作中，他经常晕倒，有时还会吐血，然而事已至此，又能如何？

这就是张居正的最后两年，每一天，他都相信国家的前途，相信平民百姓的生计，相信太平盛世的奇迹，相信那伟大的抱负终会实现。

以他的生命为代价，他坚信这所有的一切。

在他的人生的每一刻，都洒满了理想与信念的光辉。

◆ 失去、得到

万历十年（1582）六月二十日，帝国内阁首辅、上柱国、正一品太师兼太傅、中极殿大学士张居正卒，年五十八，谥文忠。

张居正死了，皇帝十分悲痛。这是真的，毕竟一个人陪伴了自己那么久，干了许多事，没有感情是不可能的，所以他很是哭了几场，甚至有几天悲痛得上不了朝。

悲痛之余，他还下令抚慰张居正的家人，并举办了隆重的悼念活动，一时之间，全国处处都是哀悼之声。

但以他和张居正的关系，和从前那许许多多不堪回首的往事，太有感情也是不可能的，所谓十分之悲痛，其实也就悲痛十分钟而已。

所以在短暂地悼念之后，长期清算的时候就到了。六月份张居正死，十二月份就动手了，当然，对手还不是张居正。

事实上，在当时的朝廷里，最为人嫉恨的人，是冯保。张先生好歹是翰林出身，一步一步熬上来的。冯太监这样一步登天的人，要不是后台硬，早就被唾沫星子给淹死了。

现在张居正死了，但冯保似乎还是很镇定的，因为小时候冯保经常陪小皇帝玩，万历也对他很亲热，不叫他名字，只叫他大伴，关系相当之铁，所以他认为，纵使

参考消息　大伴的威严

万历其实还是很怕这个“大伴”的，因为万历即位时年纪还小，冯保也和张居正一样，一直把万历当成小孩子看待，一见皇帝就有教育的习惯。更兼随侍皇帝的便利条件，常把万历的学习和日常起居情况汇报给太后。万历一直对这个“大伴”有畏惧心理，一听冯保到了，立刻大叫“快，大伴来了”，然后端端正正地规矩坐好。要是让大伴抓到了他贪玩的一幕，告诉了李太后，万历甚至会被罚跪几个时辰之久。

风雨满天，天还塌不下来。

然而，天就塌下来了。十二月，有人告他十二大罪，几天之后，当年的那位小皇帝就在告状信上大笔一挥，下了结论：冯保欺君蠹国，罪恶深重。

冯保措手不及，当时就晕了过去。

冯保同志敬请节哀，蠹国虽是胡说，欺君却是事实。其实一直以来，他都是排在万历最讨厌人榜的第二名，仅次于张居正，因为这位仁兄一直以来都在干一件万历最为讨厌的事情——打小报告。

自打掌权后，冯保就以二管家自居了，但凡万历有啥风吹草动，他都会在第一时间告诉李太后，什么斗蛐蛐、打弹弓，包括喝醉酒闯祸的那一次，都是他去报告的。

在我小时候，这种人一般被叫做“特务”，是最受鄙视的。到了万历那里，就成了奸贼，年纪小没能量，也无可奈何，长大以后那就是两说了，不废此人，更待何时？

冯保闯了这么大的祸，竟还如此盲目乐观，其实原因也很简单：一个人当官当久了，就会变傻，并产生一系列幻觉，自我感觉过于良好，最后稀里糊涂完蛋去也。

不过看在小时候陪自己玩过的份儿上，万历还是留了一手，安排他去南京养老，也没要他的命。

这是冯保，张居正就没那么好对付了。他在朝中经营多年，许多大臣都是他的人，现在刚死不到一年，立刻翻案恐怕众怒难犯。更麻烦的是，现任内阁首辅张四维也是张居正一手提起来的，自然不肯帮忙，要想整治张先生，谈何容易。

然而很快，万历就发现自己错了，种种蛛丝马迹表明，除自己外，张先生还有一个敌人，一个他曾无比信任的人——张四维。

这是一个极为古老的复仇故事，在真相揭开前，张四维已隐忍了太久。

张四维，字子维，山西蒲州人，嘉靖三十二年进士。看起来，这不过是份普通的官僚记录，但实际上，他的背景要比想象中复杂得多。

张四维的父亲，叫做张允龄，是一名普通的山西商人，不算什么人物，但他母亲王氏却不同凡响——王崇古的姐姐。

也就是说，张四维是王崇古的外甥。之前已经说过，朝廷实力派人物杨博也是山西人，而且他的儿子娶了王崇古的女儿，也就是说，杨博的儿媳妇是张四维的表妹，看上去比较复杂是吧，后面还有。

后来张四维生了两个儿子，一个叫张甲徽，一个叫张定徽，他们两个几乎同时结婚，老婆却是亲姐妹——杨博的两个孙女。

什么叫特殊利益集团，相信你已经明白了。

王崇古是宣大总督，杨博是兵部尚书（后改吏部尚书），位高权重，却并非张居正的人，还经常对他颇有微词。舅舅和亲家都这样，张四维的立场自然也差不多。

当然，张四维的这些路数张居正都很清楚，所以早在万历三年（1575），他就推荐张四维进入内阁，成为了大学士，也算是先下手为强，卖个人情。

然而这一次，他终于犯了一个错误，一个他的老师曾经犯过的错误。

十年前，徐阶推荐高拱入阁，认为能卖高拱一个人情，十年后，张居正也这样想。

但事实上，张四维远没有他想的那么简单，在这个人的心中，还隐藏着一个更深的秘密。

五年之前的那一天，殷士儋大闹内阁，要和高拱单挑，张居正劝架，却也挨了骂，正是在这场闹剧中，张居正坚定了除掉高拱的决心，但与此同时，他似乎也忽略了一个重要的问题——为什么殷士儋会在那一天突然发作？

原因很简单，因为就在那一天之前，殷士儋得到了一个确切的消息：高拱准备赶走他，换一个人入阁。实在是忍无可忍，殷学士鱼死网破，这才算雄起了一回。

而那个由高拱安排、入阁顶替殷士儋的人，正是张四维。

对于这份五年之后迟到的邀请，要他感恩戴德，实在比较困难。

好了，这起迷案就要水落石出了，我们现已掌握了如下四点：

一、王崇古与高拱关系紧密，他的职务是由高拱推荐的；

二、张居正准备解决高拱之时，杨博曾亲自上门，为高拱求情；

三、张四维是王崇古的外甥，也是杨博的亲家；

四、高拱曾推荐张四维入阁，以取代不听话的殷士儋。

盘根错节的利益关系

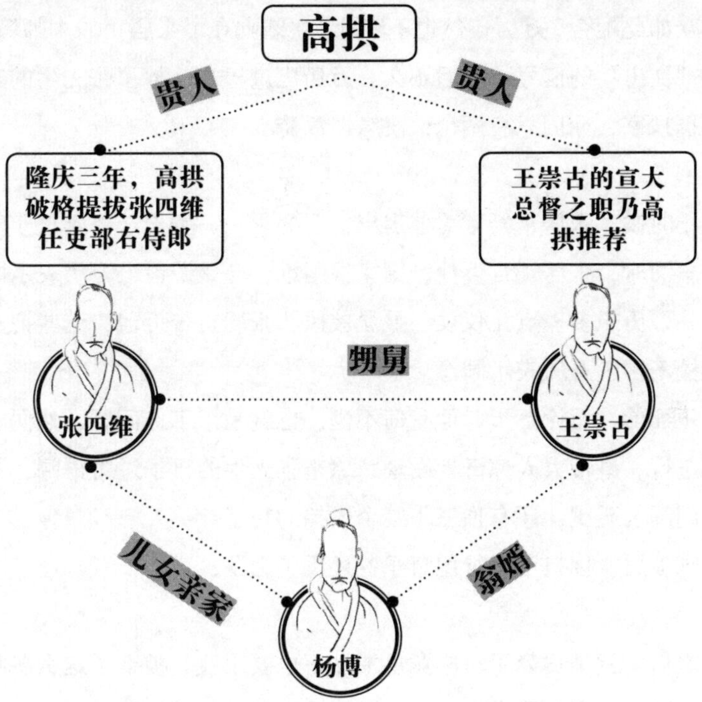

于是我们可以得出这样一个结论：

张四维是高拱的亲信，一个由始至终、极为听话的亲信。

所以我们有理由相信，当张居正联合冯保赶走高拱的时候，一道阴冷的目光正投射在他的背后。

当然，自信的张居正是绝对不会在意的，在得意的巅峰，无人能撼动他的地位。于是当内阁缺少跑腿的人时，他毫不犹豫地选择了张四维，那个看上去极其温顺听话的张四维。

之后的一切，就是顺理成章了，张居正活着，他无能为力，现在人死了，该是行动的时候了。

万历十一年（1583），陕西道御史杨四知突然发难，上书弹劾张居正十四大罪，就如同预先彩排过一样，原先忠心耿耿、言听计从的诸位大臣一拥而上，把张居正从五六岁到五十六岁的事情都翻了出来，天天骂、日日吵，唯恐落后于人。

眼见群众如此配合，万历自然也不客气，立刻剥夺了张居正的太师等一切职务，并撤销了他“文忠”的谥号。之后不久，万历更进一步，抄了张先生的家。

之所以搞抄家，原因只有两个：愤怒、贪婪。

在万历小时候，张居正经常对他提出一个要求——勤俭。每年过年的时候，万历想多摆几桌酒席，张居正告诉他，国家很困难，应该节俭，万历表示同意。皇帝进出场合多，万历想多搞点儿仪仗，显显威风，张居正告诉他，这些把戏只会浪费国家资源，搞不得，万历表示同意。

在张居正死前，无论万历对他有何不满，也就是个工作问题，然而随着检举揭发的进一步进行，皇帝大人惊奇地发现，原来张先生的日子过得很阔，不但好吃好喝，而且出门阔气无比，还有顶三十二个人抬的轿子。

让我省吃俭用，你自己过舒坦日子？还反了你了！

在愤怒之后，就是贪婪了，毕竟皇帝陛下也要用钱，被卡了这么多年，不发泄实在对不起自己，抄家既能出气，又能顺便捞一把，何乐而不抄？

万历十一年（1583）四月，抄家正式开始。

其实说起来抄家也没啥，抄家的人家多了去了，倒霉了就抄家，抄完拉倒，今天你抄我，明天我抄你，世道无常，习惯了就好。

但是张家的这次抄家，却并非一个简单的经济问题，而是一场不折不扣的惨剧，是惨无人道的人间地狱。

四月底，司法部副部长丘橓由北京出发，前往张居正老家荆州抄家。本来也没什么，人到了就抄好了，可是破鼓总有万人捶，对广大官员们而言，看见人家落井，不丢一块石头下去，实在是件太难的事情。

原先毕恭毕敬的地方官听说张居正倒了台，为了在抄家中争取一个好的表现，竟然提前封住了张家的门，不准人转移财物。

这么一搞，不但财物没能转移，连人也没转移，因为张家的几十口人还躲在家里，又没有粮食。但这似乎不关地方官的事，于是等丘部长抵达，打开门的时候，他看见的，是十几个已经饿死的人和几十个即将饿死的人。

没关系，饿不死的，抄家也可以抄死你。

经过几天的抄家统计，从张居正家中共抄出黄金上万两、白银十多万两。如此看来，张居正在搞政治的同时，也没少搞经济，但总的来说，还不算太过分，和他的前辈严嵩、徐阶比起来，也算是老实人了。

没办法，大仇未报，人家本来就是冲着人来的，很快就传出消息，说张居正家还隐藏了二百万两白银，不抄出来誓不罢休。于是新一轮运动开始，先是审，审不出来就打，打得受不了了，就自杀。

自杀的人，是张居正的长子张敬修，但在死前，他终于发觉了那个潜伏幕后的仇人，并在自己的遗书中发出了血泪地控诉：

“有便，告知山西蒲州相公张凤盘，今张家事已完结，愿他辅佐圣明天子于亿万年也！”

所谓张凤盘，就是张四维；所谓辅佐圣明天子于亿万年也，相信读过书的都能明白，这是一句骂人的话，还顺道拉上了万历。

这就是张敬修临死前的最后一声呐喊。

但张敬修不会想到，他这一死，不但解脱了自己，也彻底解脱了张居正，以及所有的一切。

张敬修一死，事情就闹大了，抄家竟然抄出了人命，而且还是张居正的儿子，实在太不像话。恰好张四维两个月前死了爹，回家守制去了，他这一走，原先的内阁第二号人物申时行，就成为了朝廷首辅。

这位仁兄还比较正派，听说此事后勃然大怒，连夜上书要求严查此事。万历也感觉事情有点儿过了，随即下令不再追究此事，并发放土地，供养张居正的母亲和家人。

事情终于解决了，万历的仇报了，他终于摆脱了张居正地控制，开始行使自己的权力。张四维的心愿也已了结，他在家乡守孝两年，即将期满回朝之际，却突然暴病身亡。厚道的人说他死得其所,不厚道的人说这是干了缺德事,被张居正索了命。

无论如何，仇恨与痛苦，快乐与悲伤，都已结束。

在之前的文章中，我曾经写过无数个人物，有好人，也有坏人，而张居正，无疑是最为特殊的一个。

他是一个天才，生于纷繁复杂之乱世，身负绝学，以一介草民闯荡二十余年，终成大器。

他敢于改革，敢于创新，不惧风险，不怕威胁，是一个伟大的改革家，他也有缺点，他独断专行，待人不善，生活奢侈，表里不一，是个道德并不高尚的人。

一句话，他不是好人，也不是坏人，而是一个复杂的人。

但在明代浩如烟海的人物中，最打动我的，却正是这个复杂的人。

十年前，当我即将踏入大学校园时，在一个极为特殊的场合，有一个人对我说过这样一番话:

你还很年轻，将来你会遇到很多人，经历很多事，得到很多，也会失去很多，但无论如何，有两样东西，你绝不能丢弃，一个叫良心，另一个叫理想。

我记得，当时我碍于形势，连连点头，虽然我并不知道这句话的真实含义。

一晃十年过去了，如他所言，我得到了很多，也失去了很多，所幸，这两样东西我还带着，虽然不多，总算还有。

当然，我并不因此感到自豪，因为这并非是我的意志有多坚强，或是人格有多高尚，唯一的原因在于，我遇到的人还不够坏，经历的事情还不够多，吃的苦头还不够大。

我也曾经见到，许多道貌岸然的所谓道学家，整日把仁义道德放在嘴边，所作所为却尽为男盗女娼之流。

我并不愤怒，恰恰相反，我理解他们，在生存的压力和生命的尊严之间，他们选择了前者，仅此而已，虽不合法，却很合理。

我不知道，是否所有的人在历经沧桑苦难之后，都会变成和他们一样的人。

张居正的一生

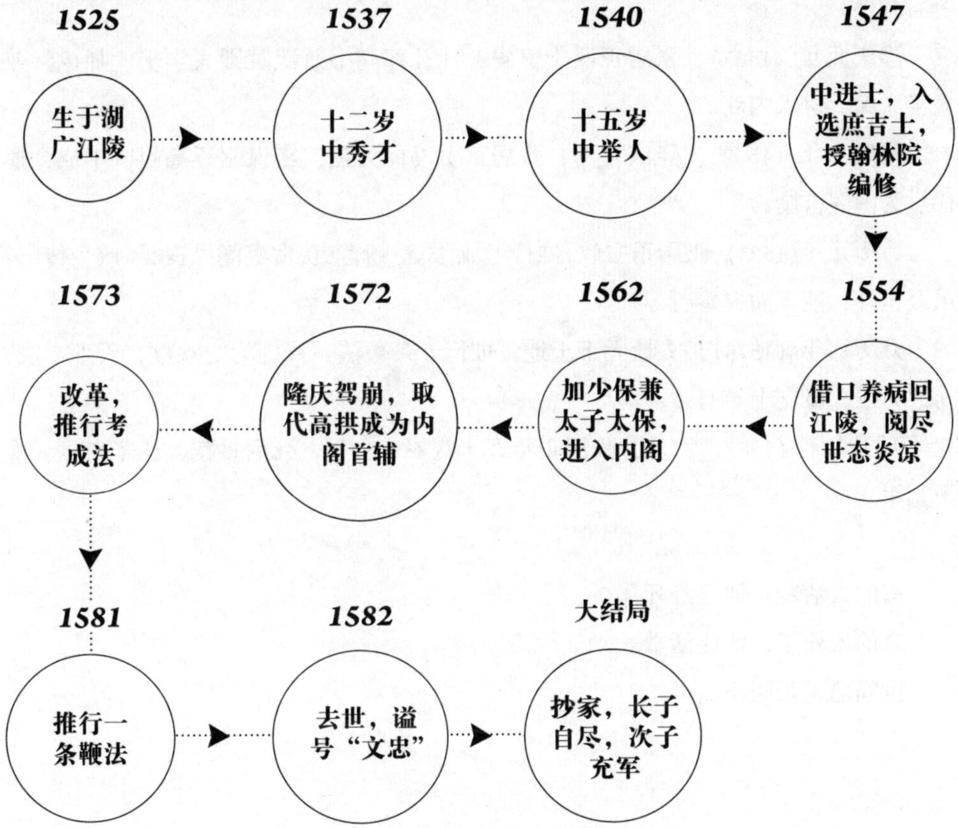

直到我真正读懂了张居正，读懂了他的经历、他的情感，以及他的选择。我才找到了一个答案，一个让人宽慰的答案。

他用他的人生告诉我们，良知和理想是不会消失的，不因富贵而逝去，不因权势而凋亡。

不是好人，不是坏人，他是一个有理想、有良心的人。

张居正，字叔大，嘉靖四年（1525）生，湖广江陵人。

少颖敏绝伦，嘉靖十八年（1539）中秀才，嘉靖十九年（1540）年中举人，人皆称道。

嘉靖二十六年（1547），成进士，改庶吉士，授翰林编修，徐阶辈皆器重之。

嘉靖四十一年（1562），徐阶代嵩为首辅，倾心委于张居正，信任有加，草拟遗诏，引与共谋。

隆庆元年（1567），张居正四十三岁，任礼部尚书兼武英殿大学士，加少保兼太子太保，进入内阁。

隆庆六年（1572），隆庆驾崩，张居正引冯保为盟，密谋驱逐高拱，事成，遂代拱为内阁首辅。

万历元年(1573)，张居正主政，推行考成法，整顿官吏，贪吏闻风丧胆。政令传出，虽万里外，朝下而夕奉行。

万历六年（1578），丈量天下土地，推行一条鞭法，百姓为之欢颜，天下丰饶，仓粟充盈，可支十年有余。

万历十年（1582）六月，张居正年五十八岁，去世，死后抄家。长子自尽，次子充军。

有的人活着，他已经死了。

有的人死了，他还活着。

世间已无张居正。

第十一章 谜团

○为什么那个热血青年会突然变成懒汉　为什么偏偏是这个时候　为什么偏偏是这种举动

◆ 一个神秘的年份

张居正死了，但生活似乎并没有什么变化，特别是对万历而言。

刚满二十岁的他踌躇满志，虽然他不喜欢张居正，却继承了这位老师的志向，自从正式执政以来，一直勤奋工作，日夜不息。他似乎要用行动证明，凭着自己的努力，也能够治理好这个国家，至少比那个人强。

所以从万历十一年（1583）起，他显现出了惊人的体力和精力，每天处理政务时间长达十余个小时，经常到半夜还要召见大臣，而且今天的事情今天办，绝对不会消极怠工。

这并非夸张，事实上，他还干过一件更为夸张的事情。

万历十三年（1585），北京地区大旱，当年没有天气预报，也搞不了人工降雨，唯一的办法是求雨。

虽然这招不一定灵，但干总比不干好。一般说来，求雨的人级别越高、越虔诚，求到雨的概率就越大。因为当时的人认为，龙王也有等级，也讲人际关系，降不降雨，降多少，什么时候降，马屁响不响，那是

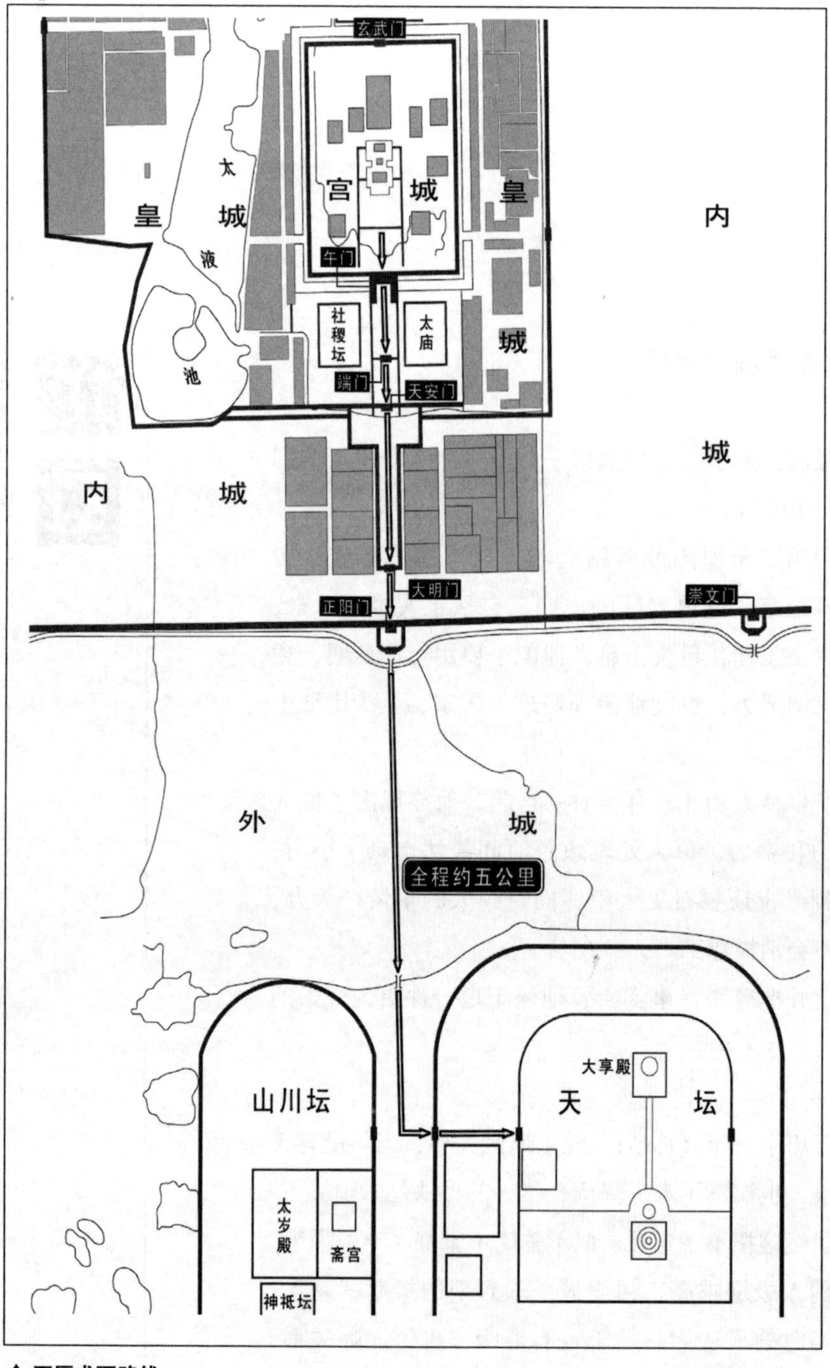
玄武门
宫
城
皇
城
太
液
池
皇
城
内
城
午门
社
稷
坛
太
庙
端门
天安门
内
城
大明门
正阳门
崇文门
外
城
全程约五公里
山川坛
太
岁
殿
斋宫
神祇坛
大享殿
天
坛

↑ 万历求雨路线

比较关键的。

而这一次，万历打算自己去。

他求雨的地点，在南郊天坛。

皇帝求雨也不新鲜，但这次求雨却十分不同，因为万历……是走着去的。

我来解释一下这件事情的特别之处。当年皇帝住的地方，就是今天的故宫，而天坛——就是今天的天坛。

去过北京的人应该知道，这两个地方相隔比较远，具体说来，至少有五公里。上个月我坐车去，还走了二十分钟，而万历是坐11路车去的——两条腿。

不但走着去，还走着回来，在场的人无不感佩于他的毅力，同时也无奈于他的执著——皇帝走，大家也得跟着走。

除了徒步拉练锻炼身体外，万历对百姓生活也很关注。比如当时山东、山西、湖广等地遭遇灾荒，地方官报告上来说：按照考成法，无论如何我们也是收不齐了，麻烦您通融通融，把今年的任务降一降。

一天之后，他们等到了皇帝地回复，一个出人意料地回复：

"既然如此，那就不用收了，全都免了吧！"

这就是万历同志的觉悟。在张居正死后，他一直保持着激昂的斗志与热诚，直到那个神秘年份地来临。

人生很漫长，但关键处只有几步。相信这句话很多人都听过，但是许多人并不知道，其实历史也是如此。

公元756年，当唐朝文明处于巅峰之时，一个叫安禄山的矮胖子突然起兵闹事，揭开了安史之乱的序幕，繁荣的唐朝从此陷入衰弱。

公元756年，这个年份就此成为了一个转折点，被载入史册。

八百年后，宿命的转折再次到来，没有原因，没有预兆，停留在这个神秘的年份——万历十五年（1587）。

简单说来，在这一年，发生了三件事情，两件不大的大事，一件不小的小事。

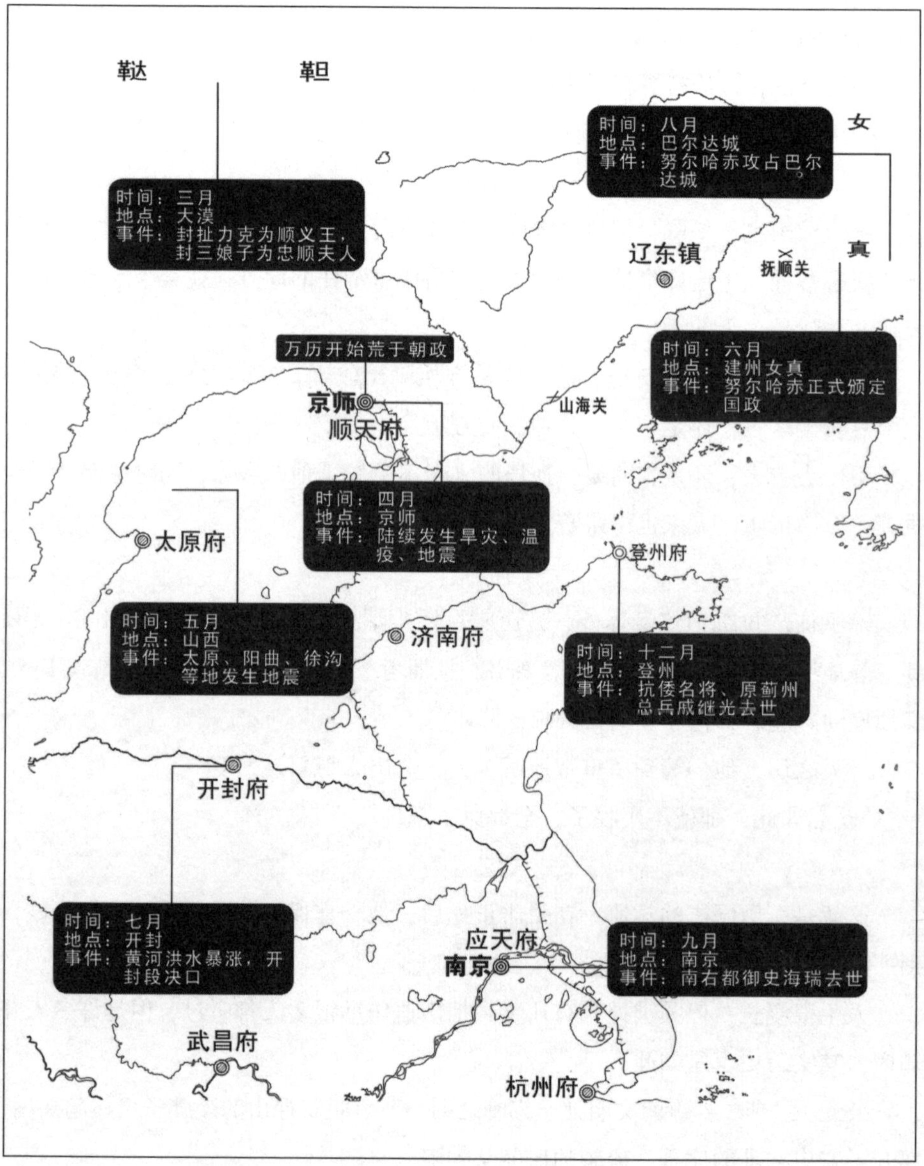

↑ 万历十五年

★书内地图中日期皆为阴历

第一件大事：戚继光去世了。

在十余年的时间里，戚继光是个无人敢惹的角色，虽然偶尔也有几个不怕死的言官弹劾他吃空额搞钱，在军中培养个人势力等，却始终没有结果。究其原因，除了后台太硬外，还是由于水平太高，边界没他不行。

但事实证明，水平不如后台好使，张居正死后，戚继光就被调离了蓟州，去了广东，虽然职位没变，但戚继光明白，自己的时代已经结束了。

于是他称病不出，不久后，便离职回了登州老家。

三十六年前，他从这里出发前往北京，开始了波澜壮阔的一生，先打蒙古人，再打日本人，练兵东南，横扫倭奴，驱逐胡虏，无人可挡。战功之显赫，四十年中无人可望其项背；盖世之威名，四百年后声震寰宇，万民皆知。

尽此一生，能干到这个份儿上，实在是够本了。

万历十五年(1587)二月，这位传奇英雄在家乡病逝，年六十岁。去世前留言如下：

三十年间，先后南北、水陆，大小百余战，未尝一败！

我知道，他之一生，已无任何遗憾。

第二件大事：海瑞死了。

海先生终于还是死了。在被高拱罢官之后，他回到了老家，没人管他。三年之后，高拱下台了，张居正执政，依然没有人找他。

这实在不是高拱和张居正不识货，恰恰相反，他们都很清楚海先生的实力，无奈的是，海先生的能量就如同熊熊烈火，和他待久了，不被烧死，至少也是个残废。

现在张居正死了，用某位史学家的话说，朝廷里的明白人都死光了，于是海瑞先生得到了再次出山的机会。

万历十三年（1585)，经万历皇帝亲自批示，海瑞被任命为南京都察院佥都御史，赶赴南京上任。这一年，海瑞七十二岁。

海先生是天字第一号职业官僚，接到命令即刻上路，连东西都不怎么收拾（当然，他也没多少东西)，就去了南京。

而当他来到南京郊外的时候，才发现，原来进城是一件极其困难的事情——太挤。

海先生要来了！南京城轰动了，官员们激动了，商人激动了，农民也激动了，于是大家集体放了假，不做生意，不种地，凌晨就带着被子，跑到城外占地方，想抢一个靠前的位置，一睹海先生的风采。

由于人太多，导致海先生一直未能进城，被牢牢地堵在外面，直到南京兵部派出军队开路，这才把海大人迎了进来。

等到海瑞进了城，找到都察院住下来，才被告知，他不应该住在这里，倒不是人家欺负他（谁敢），只是因为他老人家又升官了。

万历兄实在是大方，感觉给个佥都御史（四品）还不够意思，人还在路上，就下了第二道任命令，把海先生再提一级，让他当了南京人事部副部长（吏部侍郎）。

据说这个消息公布后，南京都察院的御史们一片欢呼雀跃，兴高采烈，而吏部的官员们垂头丧气，比死了爹还难受。但事实证明，他们还是悲观了点儿，实际上，此时的海瑞先生压根儿没空去收拾他们。

因为他连家门都出不去。

自从进入南京，海瑞的家就被众多闻名而来的粉丝围得水泄不通，那架势，比天皇巨星还要天皇巨星。

更让人吃惊的是，在没有汽车、火车的当时，有很多人是从远处走来的。最猛的当属一位福建的老兄，据说他走了上千里路，穿坏了十多双鞋，一个多月才到南京。

海瑞听说此事，十分感动，以为他要申冤，亲自接见了他。

可是这个人进来后，只是看着海瑞，行了个礼，然后扬长而去。

有人问：你干吗来？又干吗走？

答：我只想看看海青天，看完了，不走还等什么？

这就是清廉与正直的力量。

除了吸引大批拥护者外，海瑞还获得了一个荣誉，一个前有古人、后无来者的荣誉。

中国的老百姓历来都怕妖魔鬼怪，所以有贴门神的习惯，几乎家家都贴，款式也不一而足。但门神的主要人物是固定的，也就是关羽、秦叔宝那一拨人，上千年来也就这么几个，毕竟要成为形象代言人要求太高，不但要能打，长得还得有特点（想把鬼吓跑，没特点不行）。

而现在，海瑞先生终于加入了这个光辉的队伍，成为门神部队的最后一名成员

(此后再无编制)。在当时的南京，作为正义与公道的象征，海瑞先生的画像被贴得满街都是，除了门上，客厅、卧室里也有人挂，据说每天看一眼，可以百病不侵，而且具有良好的辟邪作用。

虽然经常忙于公共宣传事业，但海瑞先生没有怠慢工作，他没精力去整治吏部的那帮人，却也没闲着，百忙之中仍向皇帝上了一封奏疏。

根据以往经验，海瑞先生的文书，一般都是惊天地泣鬼神的，这篇也不例外。在文章中，海瑞先生建议，考虑到目前贪污情况严重，应该恢复太祖（朱元璋）时期的刑法，对贪污八十贯以上者一律处决，并将其剥皮，放在县衙门口，警示后人。

于是大家真的愤怒了，惹不起你，总躲得起你吧。可海先生却是躲都不让人躲，不搞出个玉石俱焚誓不罢休。

客观地讲，海瑞的这封文书的确是过分了，且不说剥皮问题，都过了两百多年了，经济发展这么快，确定死刑标准时总得考虑个通货膨胀问题吧。当年买一栋房，今天也就能买点儿粮，为几斤粮食就要剥人皮，兄弟你也太狠了点儿吧。

但在海瑞看来，他的做法是对的。当然，这只是他的个人想法。

万历兄虽然年轻，但神志也很清醒。他好言抚慰了海先生一把，就把奏疏丢进了废纸堆。

而海先生在南京日盼夜盼，没有等到剥皮匠地出现，却等来了升官的命令。由于工作努力，他被任命为南京都察院右都御史。那位四十多岁还不入流的教育局长，经过二十多年不可思议的经历，终于成为了正二品（相当于正部级）的高级官员。

这回都察院的仁兄们完蛋了。

南京是明朝的第二首都，从六部到都察院，所有北京有的中央机构它都有，但毕竟皇帝大人住北京，所以除了南京户部（管理南方户籍）和南京兵部（统领南京军队）外，大多数机构都是摆设。

一般说来，只有在朝廷混不下去的，才会被发配到南京，美其名曰：养老。

都察院就是一个闲人部门，大家都没事干，骂人的自然也没事干，然而仅一夜之间，一切都已改变——海先生上任了。

顺天府
京师
53岁
入狱
54岁
五品大理寺丞
太原府
53岁
六品主事
济南府
黄
开封府
河
72岁
二品吏部侍郎
西安府
56岁
四品右佥都御史(南京巡抚)
南京
应天府
成都府
大
武昌府
江
杭州府
淳安
南昌府
45岁
七品知县
49岁
七品知县
南平
延平府
兴国
福州府
云南府
桂林府
41岁
教谕(不入流)
广州府
36岁
中举
58岁
被贬
1514年出生
琼州府
琼山

↑ 海瑞升迁历程

由于上班没事可干，自然就没人去上班了，于是都察院的御史们总是自得其乐，逛街的逛街，看戏的看戏——工作没前途，还不准偷偷懒？

海瑞先生的答案是不。他拿出了三十年前治理学生的方法来对付御史——记考勤。但凡敢于迟到早退的，必须到单位，哪怕没事干，也得坐在这里。

虽然大家明显表示出不适应，但海先生的威胁是很明确的——养老不是最惨的结局，下岗才是。

而随着整顿工作的进一步深入，御史们才发现，原来一切才刚刚开始，海先生很快玩出了新花样。

一次，有位御史过生日，在家请了戏班子唱戏，这在当年，应该是最寻常不过的事情，老百姓家也经常干。但海先生却勃然大怒，把这位御史抓了起来，打了一顿板子，理由是：根据明太祖时期律令（注意这个日期），官员请人唱戏违法，所以是打你没商量。

因为这件事干得实在有点儿过，御史们的精神压力开始陡然增大，每日在海先生的恐怖阴影下，战战兢兢，终于有一天，畏惧变成了愤怒。

在明代，御史专管骂人，从皇帝到扫地的，想骂谁就骂谁，除了一个例外——御史长官，要知道，那是顶头上司，不到万不得已，没人愿意给自己惹事。

现在，万不得已的时候到了。

万历十四年(1586)，御史房寰率先发难，攻击海瑞“大奸极诈，欺世盗名”，奏疏一上来，朝廷就炸了锅。海瑞这种传奇人物，恨的人多，喜欢的也不少，大家开始吵作一团。而海瑞兄还是那么有性格，啥也不说，上了个辞职报告——不想干了。

吵到最后，报到了皇帝那里，但万历兄的态度却十分奇怪，他既不处理骂人的房寰，也不批准海瑞辞职，该干吗还干吗，搞得两位当事人都非常纳闷。

万历是一个很聪明的人，至少在海瑞的问题上，他比张居正要聪明得多。从一开始，他就没打算真用海瑞，因为他很明白，这是个偶像型的人物，可以贴在门上，挂在墙上，烧香拜佛地供起来。

但绝不能用。

说到底，海先生只是个撑门面的，然而他自己并不知道。

就这样，他稀里糊涂地在这个位置上干了下去，直到万历十五年（1587）的那个冬天，死亡降临到他的头上。

他没有儿子，仅有的妻子女儿也已先他而去，在他生命的最后一刻，只有一个老仆人陪伴着他，在寒风呼啸之中，海瑞对仆人说出了人生的最后遗言。

按照常理，像海瑞先生这样的奇人，遗言必定非同凡响，往往都带有深刻含义，比如什么人生短暂、努力工作之类，或是喊两句口号，让大家热血沸腾一番。

然而，海先生的遗言既不深刻，也不沸腾，只是让人瞠目结舌：

“明天，你送六钱银子到兵部。”

说完就去了。

这是一句看上去十分无厘头的话，也是威名赫赫、语不惊人死不休的海瑞先生的唯一遗嘱。

这句话的来由是这样的：由于当年没有暖气，每逢冬天，兵部就会给各部的高级官员送柴火钱，数量也不多。

而在海瑞死之前的那天，兵部送来了柴火钱，而经其本人测量，多给了六钱银子。

这一次，我是彻底无语了。

在海瑞死后，他的好友佥都御史王用汲来为他收尸，遍寻海瑞的住处后，他只找到了几件打着补丁的破衣服，和几口装着破衣服的破箱子。

参考消息 **海瑞的致仕生活**

海瑞当年致仕返乡的时候，用攒下来的俸禄，置办了一套一百二十两银子的小房子。这时的海瑞已是古稀之年，原本应该在身边一妻两妾的侍奉下，过着无忧无虑的生活。但海瑞为官清廉，积蓄也少，只好在这段田园生活期间，靠给人写写字换取“润笔”来养家。这段时间里，又发生了妻妾同月相继死亡的家庭惨剧。所以，虽不在朝堂纷争之地，海瑞过得也不舒心。

为官三十年，二品正部级南京都察院右都御史海瑞，这就是他的全部财产。

听说海瑞的死讯后，南京城出现了一幕前所未有的场景，男女老幼无论见过海瑞与否，都在家自发为他守孝，号啕大哭。出殡的时候，据说为他送葬的人排了上百里，整整一日，无人离去。

人民，只有人民，才能公正地评价一个人。

如何评论这位传奇人物，实在是一个难题，对的说了，不对的也说了，现在要搞个总结，谈何容易。

在名著《围城》中，钱钟书先生借用别人之口，对那位命运多变的主人公方鸿渐作出了这样一个评价：

你是个好人，却并无用处。

我想，这句话也同样适用于海瑞。

在黑暗之中的海瑞，是一个无助的迷路者。

第三件事，才是一切的关键所在。

自万历十四年（1586）十一月起，一贯勤奋的万历皇帝突然变了。

他开始消极怠工，奏疏不及时批示，上朝也是有一天没一天，大臣询问，得到的答案是：最近头晕眼黑，力乏不兴。

既然身体不舒服，那就歇会儿吧，在当时的内阁首辅申时行看来，这不过是个生理问题，不久之后，没准儿还要陪这位仁兄去天坛拉练，等一等就是了。

一直等到死，他也没能等到这个机会。

到万历十五年（1587），万历兄算是彻底不干了，不但不上朝，除了内阁大臣外，谁也不想见，每天闷在宫里。他的爷爷嘉靖皇帝怠工二十多年，看这个势头，这孙子打算打破这一纪录。

事实上，他确实做到了。

在明代历史中，有很多疑团，比如建文帝之谜，比如明武宗之死，对于这类问题，我一向极有兴趣，研究之后，多少也能略得一二，只有这个谜题，我始终未能解开。

万历不上朝之谜

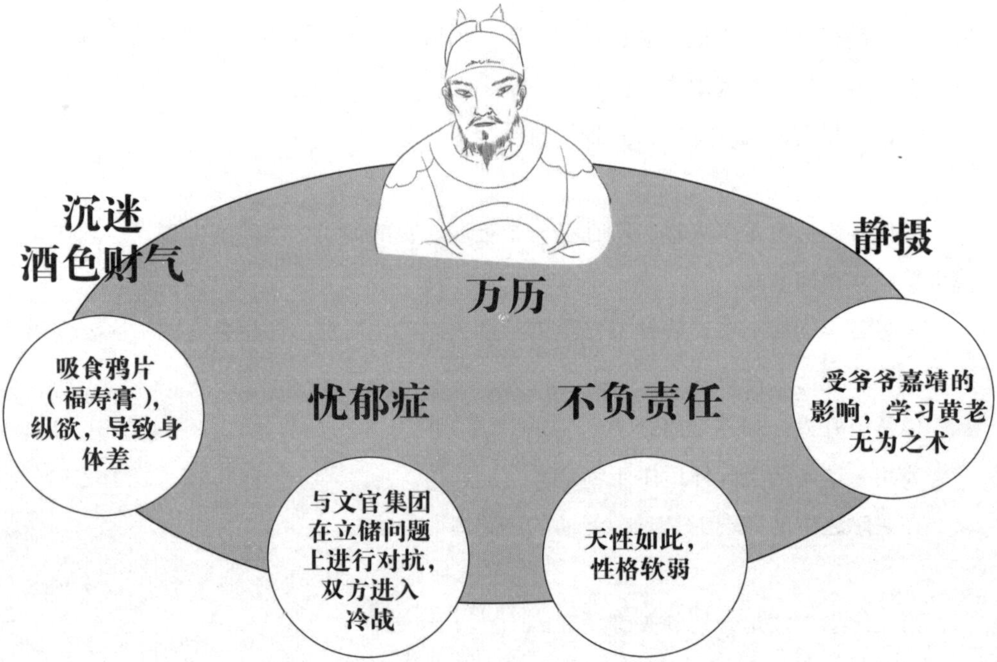

为什么那个热血青年会突然变成懒汉？为什么偏偏是这个时候？为什么偏偏是这种举动？

一般说来，人性的突然转变，往往是因为受了某种较大的刺激，那么到底是什么刺激？在万历十五年的深宫之中，到底发生了什么？

以上问题，全然不知。

我唯一知道的是，自此之后，大明帝国进入了一个奇怪的状态，谜一般的万历王朝正式拉开了序幕，无数场精彩的好戏即将上演。

◆ 闪电战

万历十五年，万历皇帝消停了，这对于老百姓而言，未尝不是一件好事——不动总比乱动好。只是大臣们有点儿意见，毕竟每天都见不到领导（内阁大臣除外），伤心总是难免，不过到目前为止，也还没闹出什么大事。

平静，一切都显得那么平静。

四年之后，平静被打破，因为一封不起眼的奏疏。

万历十九年（1591）八月，福建巡抚赵参鲁奏报：

根据琉球使节反映，近日突然出现上百来历不明者，前往琉球朝鲜一带收购海图以及船只草图，并大量收购木材火药，用途不明。

在当时，每天送往朝廷里的奏疏多达几百封，基本上都由内阁批改（皇帝已不怎么干活了），和什么水灾民变比起来，这件事情实在太小，于是它很快就被埋入了公文堆中。

两个月后，浙江巡抚奏报：

近日获报确知，倭酋平秀吉于北九州肥前国荒野之上修筑城池，规模甚大，余情待报。

上一封大家都看得懂，这一封就需要翻译了。

所谓倭，就是日本；所谓酋，就是头头；所谓平秀吉，就是丰臣秀吉。

具体说来，是日本的头头丰臣秀吉在北九州的荒野上修了一座城池。

这实在是一条太不起眼的新闻，所以它很快也被埋入了纸堆。

顺便说一句，丰臣秀吉修建的那座城池现在还在，它就是位于日本九州地区的名护屋。

而在当时，修建这座城池，只有一个缘由：

当这座城池建好的时候，站在城楼的最高点，就可以清晰地看到一个地点——朝鲜海峡。

这是两条看起来毫无关联的信息,所以无人关注。但当它们联系到一起的时候，事情已经不可挽回。

万历二十年五月二十四日，水落石出。

五月二十六日，辽东巡抚紧急奏报：

“急报！前日（二十四日），倭贼自釜山登陆，进攻朝鲜。陆军五万余人，指挥官小西行长，水军一万余人，指挥官九鬼嘉隆、藤堂高虎，水陆并进，已攻克尚州，现向王京（首尔）挺进，余者待查。”

六月十三日，辽东巡抚急报：

“急报！已探明，倭军此次进犯，分九军，人数共计十五万八千七百余人，倾国而来。倭军第一军小西行长、第二军加藤清正、第三军黑田长政已于昨日(十二日)分三路进逼王京，朝军望风而逃，王京失陷。朝鲜国王李昖逃亡平壤，余者待查。”

七月五日，辽东巡抚急报：

“十万火急！七月三日，倭军继续挺进，抵近平壤，朝军守将畏敌贪生，打开城门后逃之夭夭，平壤已失陷，朝鲜国王李昖逃往义州。”

七月十六日，兵部尚书石星奏报：

“自倭贼入侵之日起，至今仅两月，朝鲜全境八道已失七道，仅有全罗道幸保。朝军守将无能，士兵毫无战力，一触即溃，四散而逃，现倭军已进抵江（鸭绿江）边，是否派军入朝作战，望尽早定夺。”

最危急的时刻到了。

第十二章

野心的起始

○○日本人不懂得　所以他们失败了　以前如此　现在如此　将来依然如此　从来不需要想起　也绝不会忘记　这是一个伟大民族的天赋

答案已经揭晓，原因却发生在七年之前。

万历十三年（1585），当万历兄步行拉练到天坛的时候，几千里外的日本正在闹腾一件大事。

丰臣秀吉在京都接受了日本天皇的册封，成为了日本的最高官员——关白，长达二百余年的战国时代终于结束了。

日本是一个比较喜欢折腾的国家，天皇是挂名的，说话算数的是幕府的将军，换句话说，是手里有兵的人。但自 1467 年起，由于内部胡搞乱搞，将军失去了对全国地控制，这下子热闹了。

日本的管理体制，天皇下面是将军，将军下面是大名，也就是各地的诸侯，既然天皇没屁用，将军又过了期，就轮到大名说话了。

所谓大名，也没个谱，在那年头，只要你有兵有地盘，就是大名。日本国家不大，闹事的人却多，转瞬之间冒出来几十个大名，个个有名有姓，占山为王，什么羽前羽后，越前越后，土佐中国，上总下总（全都是日本地名），看起来好似广阔，其实许多地方也就是个县城。

说句寒酸话，日本历史中大书特书的所谓战国时代，也就是几十个县长（个别还是乡长）打来打去的

历史，更讽刺的是，最后统一县长们的，竟然是个农民。

丰臣秀吉，原名木下藤吉郎，本来在乡下种地，后来种不下去了，就出去做小生意，正好到处打仗，他就去参了军，在县长大名织田信长的手下混碗饭吃。

偏巧这人种地、做生意都不行，打仗谋略倒是一把好手，从小兵干起，步兵队长、步兵大队长、家老、部将，一级级地升，最后成了织田县长的第一亲信。由于这人长得很丑，和猿猴有几分神似，所以织田县长给他取了个外号——猴子。

当时织田县长已经统一了大半个日本，如无意外，等到其他县长们被解决完，织田兄去当将军，猴子兄应该也能混个县长干干。

可是猴子的运气实在太好，1582年，织田县长在寺庙休息的时候，被一个叫明智光秀的手下给干掉了。据说是因为当晚织田县长嫌送上来的鱼臭，把明智乡长给骂了一顿，于是乡长一怒之下，把县长干掉了（就为这么个破事，心理实在有点儿问题）。日本史称“本能寺之变”。

此时木下藤吉郎已经改名了，他先改叫木下秀吉，现在叫羽柴秀吉（最后又改成丰臣秀吉）。日本人的观念比较开放，改个把名字那是家常便饭，不用奇怪。

这位羽柴乡长正在攻击中国（日本地名）地带的毛利县长，得到消息后十分镇定，秘不发丧，连夜撤军回援。日本史称“中国大回转”。

回去之后，羽柴乡长和明智乡长打了一仗，把明智乡长打败了。此后他又再接再厉，在贱岳（日本地名）击败了最强的竞争对手柴田胜家，获得了织田县长的全部地盘，史称“贱岳之战”。

在和柴田乡长的战斗中，羽柴乡长的军队中涌现出了七名优秀的将领，他们作战勇敢，后来被统称为“贱岳七本枪”。

顺便提一下，本人曾经考证过，这七个人中，有几位在战场之上使的是刀，如此说来叫贱岳X把刀似乎也可以，不过人家说是枪，那就叫枪吧。

之所以提到这件事，是因为这七支枪里的五支，和后来那场惊天动地的战争有着莫大的关系。

此后，羽柴乡长更是一发不可收拾，陆续打平其余县长，最终统一日本，搞定了天皇，改名为丰臣秀吉，并自称为太阁。

丰臣秀吉这个人，内心相当相当之阴暗。自打成功当上乡长，他就一直对天感叹，俺怎么待在了日本，在他看来，像自己这样的天才，征服个把县城实在显不出威风，只有统一全世界，才能体现个人价值。

当然，猴子兄的目的只限于征服朝鲜、中国、印度及东南亚，这并非他太过谨慎，实在是因为他一天到晚待在岛上，地理知识有限，不知道什么法国、德国。对他而言，世界就那么几个国家而已。

其实丰臣兄并非特例，事实证明，心理阴暗之辈一直后继有人，后来的如近卫文磨、东条英机之流，都是一路货。在他们的心中，从没有什么和平发展之类的概念，

↑日本人几百年不灭的征服梦

总觉得别人的比自己的好，抢劫的比生产的好，而他们的世界观也有着惊人的一致：

欲征服世界，必先征服亚洲；欲征服亚洲，必先征服中国。

从爷爷开始，到孙子，再到孙子的孙子，这帮孙子几百年来做着同一个梦，却始终不醒，实在是难能可贵。

而丰臣秀吉，就是这些孙子中的极品，在他统一日本之后，嘴边开始念叨这样一句话：

"在我生存之年，誓将唐之领土纳入我之版图。"

这里的唐，就是指明朝，因为唐朝时候，日本向中国派遣了很多留学生，带走了很多技术、文化，甚至政治制度，所以日本人一直称中国为唐。

几百年前，无私之援助，全力之支持，只换来今天的野心、杀戮和侵略，所以大家务必要记住一个道理：

扶贫，是要看对象的。

但要占据中国，必须征服朝鲜，于是他开始和朝鲜国王李昖谈判，要求他们让路，帮助自己进攻明朝。

当时的朝鲜并不是独立国家，而是明朝的属国，国王要向大明皇帝称臣，称明朝为天朝，称明军为天兵。但凡国王即位、册立世子，甚至娶老婆，都要事先向明朝报批，获得批准之后才能做。

所以，虽然这位李昖国王是个比较糊涂的人，关键问题上还把握得住，他严词拒绝了日本使臣。

既然软的不行，那就来硬的，丰臣秀吉随即决定：先攻朝鲜，再占中国！

可他还没壮志凌云几分钟，就得知了一个消息，他的养子丰臣秀次反对进攻朝鲜，理由固然是世界和平、大众平安之类的话，但丰臣秀吉明白，这位养子是不想去卖命。

于是他灵机一动，写了一张纸条，派人交给了丰臣秀次。

这张纸条充分地证明了一点：丰臣秀吉已彻底疯狂。

因为上面只写了这样一句话：

五年之内必定攻下明国，到时你就是明国的关白！

参考消息 **未雨绸缪**

丰臣秀吉此时不但勾画着朝鲜王公"臣事日本"的美梦，而且将未见寸土的大明也计划了进来。他在给爱妾浅野氏的信中，信誓旦旦地说："誓将唐之领土纳入我之版图"。他认为自己可以兵不血刃地夺下大明疆域，并且在侵朝部队还没有迈出营地一步以前，就开始着手安排王族移居大明京师的准备工作，同时部署明朝廷上下大小职位的日本官员任命问题，彻夜思考日本本土的留守之职如何安排，甚至为日本可用的官员人手不够而发愁。

但事实上，他的疯狂也是有理由的。

客观地讲，丰臣秀吉是一个奇才。他以庶民出身，苦熬几十年，最终一统日本，绝非寻常人物，而且此人在日本国内，向来以谋略出名，从不打无把握之战，战国时期曾亲自指挥过几十次战役，除掩护撤退的必败之战外，他只输过一次。

顺便说一句，他唯一战败的那一次，对手叫德川家康。

在决心打这一仗之前，丰臣秀吉已经考虑了很久。

日本人最大的一个特点是做事认真，比如在后来中日甲午战争之前，他们向中国派出了大量间谍，拍摄了很多照片，北洋舰队每条船的吨位、人员、指挥官、炮口直径、缺点，日军都有详细地记录。

而在抗日战争开始前，其工作更是无与伦比，所有中国少将以上的军官，他们都有细致的档案留存，其个人特点、作战方式甚至生活习惯都一清二楚。更为可怕的是，他们绘制的中国地图，比中国人自己绘制的还要准确，连一个山丘、一口井都标得极为清晰。当年阎锡山的部队伏击日军后，既不抓俘虏，也不扛弹药，第一要务就是开始找日军军用地图——拿回去自己用。

而一贯小心谨慎的丰臣秀吉之所以如此自信，是因为他想不自信都不行：

当时的日本，刚刚实现和平统一，在此之前，国内已经打了一百多年的仗。用今天的话说，打仗已经成了一种生活时尚，有些武士在家吃饭的时候，一手拿筷子，另一只手都握着刀，只要外面招呼一声，立马就抄家伙出去砍人。

而且这帮人打仗极其勇敢，每次作战都要争先锋（首先发起冲锋者），还经常为此发生纠纷，没有当上先锋愤然自杀的，也不在少数。

总而言之，这是一帮亡命之徒。

相信出乎很多人的意料，当时的日本，军队装备已经十分先进，为了打赢对手，他们纷纷进口先进武器，大刀长矛之类的玩意儿已不吃香了，大名们纷纷长枪换鸟枪，鸟枪换大炮，加上还有汪直这类的军火贩子一个劲儿地往日本倒腾武器，到战国末期，日本已拥有了大规模的火枪部队。

在战术方面，日军也有相当的进步。公元 1575 年，织田信长在长筱发起了一场决定性的战役。对手是号称战国第一诸侯武田信玄的儿子武田胜赖，其部队以骑兵为主，使用《孙子兵法》四如真言“风林火山”（疾如风，徐如林，侵略如火，不动如山）为军旗，战斗力极为强劲。在骑兵对决无法取胜的情况下，织田信长冥思苦想，创造性地发明了三线战术（日语：三段击）。

关于这一战术，之前已经介绍过了，由于火枪部队射程有限，且装弹药需要时间，故将部队分为三线，一线开枪，二三线装子弹，形成持续火力，对骑兵有较大杀伤力。

虽说早在两百多年前，明军开国将领沐英就曾首创这一战术，但至少在日本，织田县长还是有专利权的，而且和后来使用同一战术的普鲁士腓特烈二世相比，他也还早了一百多年。

整体看来，日军的战斗力、军事装备、战术水平已经达到了一个相当高的程度，高到丰臣秀吉足以为之而自豪。

相对而言，日本的对手就有点儿疲软了。

朝鲜自李成桂光荣革命，成立李氏王朝后，基本就没打过什么仗，所谓“两百年平宁之世，民不知兵”，部队也就是个混饭吃的地方，军事素质极差，连民兵都不如。

虽说在军事上朝鲜十分差劲儿，但搞起政治斗争来，那是一点儿也不消停，与明朝比起来，有过之而无不及。当时的朝廷内部，分成两大派，分别叫做“东人党”和“西人党”，闹了一段之后，东人党又分裂成“南人派”和“北人派”。东南西北都凑齐了，足可以凑一桌麻将。

大体就是如此，反正朝鲜是乱得一塌糊涂，指南打北，不识东西。这么个状况，

参考消息 **《孙子兵法》在日本**

日本奈良时期，遣唐使吉备真备第一次将《孙子兵法》带到了日本的国土，此后一直作为朝廷与兵家的秘藏，不向外传。据传，《孙子兵法》存于大江家族，大江家族的后代大江匡房对它进行了整理和批判的吸收，写出日本第一部兵书《斗战经》，成为“武士道精神”的雏形。在日本战国期间，《孙子兵法》得到了广泛的传播。不过随着历代日本学者研究《孙子兵法》成风，以及众多学者在军事素养上的参差不齐，导致日本学界对《孙子兵法》的理解各执一词。

想让人家不动你，实在是有点儿难。

而日本的另一个对手，中国，就比较有趣了。

由于没有电报和照相机，加上当年日本穷，衣服也很土，想派间谍混入中国，很有可能被当成盲流遣返，所以关于中国的情报，来源大都要靠倭寇。

而对丰臣秀吉影响最大的，无疑是这样一段对话。

1585年，丰臣秀吉刚刚当上关白后不久，无意之中见到一个人，此人姓名不详，当年曾在汪直海盗有限公司工作过。为了解明朝实力，他找这人谈了几次话，询问明军实力。

该仁兄是这样回答的："当年，我曾经跟着三百多人，到福建抢劫一年，所向披靡，无人可挡，最后平安而回。"（下福建过一年，全甲而归。）

吹完了，这位兄弟还搞了个评论：

"明朝很害怕日本，若日军进攻，就会如同大水崩沙，利刀破竹，无坚不摧。"（唐畏日如大水崩沙，利刀破竹，何城不摧！）

除此之外，他还痛斥了明朝的政治腐败，官员贪污，老百姓流离失所、胆小怕事等情况。总之，明朝就是一软柿子，不捏都会烂。

丰臣秀吉大喜，于是他信了。

应该说，这位兄弟说的可能还是真话。一般说来，去当倭寇的，不太可能是良民，大都是些社会最底层的流氓无产者，对政府不满，那是很自然的。

至于所谓打劫一年安然无恙，也可能是真的，倒不是他有多厉害，明军有多无能，而是倭寇这一行本来就是游击事业，打一枪换一个地方，要真建立个根据地之类的玩意儿，估计几天就没了。

唯一算得上有问题的，估计就是最后几句话了。所谓大水崩沙、利刀破竹，事实证明后来确实如此，不过就是换了个主语而已。

但必须承认，丰臣秀吉对中国形势的判断大致是正确的。当时的中国，已经没有开国时期的朝气，思想混乱，组织混乱，吏治腐败，除了几支戚家军那样的模范军队，其余的所谓卫所部队，由于长官吃空额，且无人抓训练，基本都变成了农民部队——除了种田，啥也不会。

用战斗经验丰富、基本不怕死的士兵、先进的武器装备和战术，去进攻政治腐败、喜欢内斗，且多年不打大仗的明朝，无论从哪个角度看，都是稳赢不输。

所以丰臣秀吉很乐观——实在没有悲观的理由。

然而，他错了，即使他运用经济学原理，把明朝的各种情况输入电脑，用模型公式证明自己必定能赢，他也一定会输。

因为他不懂得中国人。

几百年后的1937年，日本人决定全面开战，因为他们认为自己不可能输。当时的日本比中国有钱，士兵比中国精锐，武器比中国先进，他们有三菱重工，有零式战斗机，有航空母舰；而中国内地四处是军阀混战，黑社会横行，老百姓大多不认字，还怕死，重工业基本谈不上，飞机能数得出来，几条破船在长江里晃来晃去，且人心惶惶，一盘散沙。

所以他们告诉全世界，灭亡中国，三个月足矣。

于是他们打了进来，于是他们打了八年，于是他们输掉了战争。

因为他们不懂得中国人。

我们这个民族是世界上最为坚韧的民族，毫不夸张。

所谓的四大文明古国，其实大多名不副实。所谓埃及，所谓两河流域，所谓印度，在历史长河里，被人灭掉了N次。雅利安人、犹太人、阿拉伯人、莫卧尔人，你来我往，早就不是原来那套人马了，文化更是谈不上。

只有中国做到了，虽然有变化、有冲突，但我们的文化和民族主体，一直延续了下来。几千年来，无论什么样的困难、什么样的绝境、什么样的强敌，从没有人能真正地征服我们，历时千年，从来如此。

这是一个有着无数缺点、无数劣根性的民族，却也是一个有着无数优点、无数先进性的民族。它的潜力，统计学和经济学计算不出，也无法计算。

日本人打进来之后才惊讶地发现，仅仅一夜之间，所有的一切都变了，军阀可以团结一致；黑社会也可以洁身自好；文盲不识字，却也不做汉奸；怕死的老百姓，有时候也不怕死。

因为所有的一切，都已经牢牢地刻入了我们的骨髓——坚强、勇敢、无所畏惧。

日本人不懂得，所以他们失败了，以前如此，现在如此，将来依然如此。

从来不需要想起，也绝不会忘记，这是一个伟大民族的天赋。

◆ 朝鲜的天才

万历二十年（1592）五月二十一日，名护屋。

面对朝鲜海峡的方向，丰臣秀吉投下了他人生最大，也是最后的赌注。十五万名日军士兵分别从福冈、名古屋、对马海峡出发，向着同一个目标挺进——为了同一个人的野心。

事实证明，这次行动的运输成本并不太高，因为在半年之后，一个可怕的对手将出现在对岸，为他们节省回程船票。

但既然是一生中最大的赌博，自然要押上全部的老本。

日本侵略军由日本国内最精锐的部队构成，总计十五万人，分为九军，由九个极有特点的人指挥，如下：

第一军：小西行长，一万八千人。

第二军：加藤清正，二万二千人。

第三军：黑田长政，一万二千人。

第四军：岛津义弘，一万四千五百人。

第五军：福岛正则，二万五千人。

第六军：小早川隆景，一万五千人。

第七军：毛利辉元，三万人。

第八军：宇喜多秀家，一万一千人。

第九军：羽柴秀胜，一万一千人。

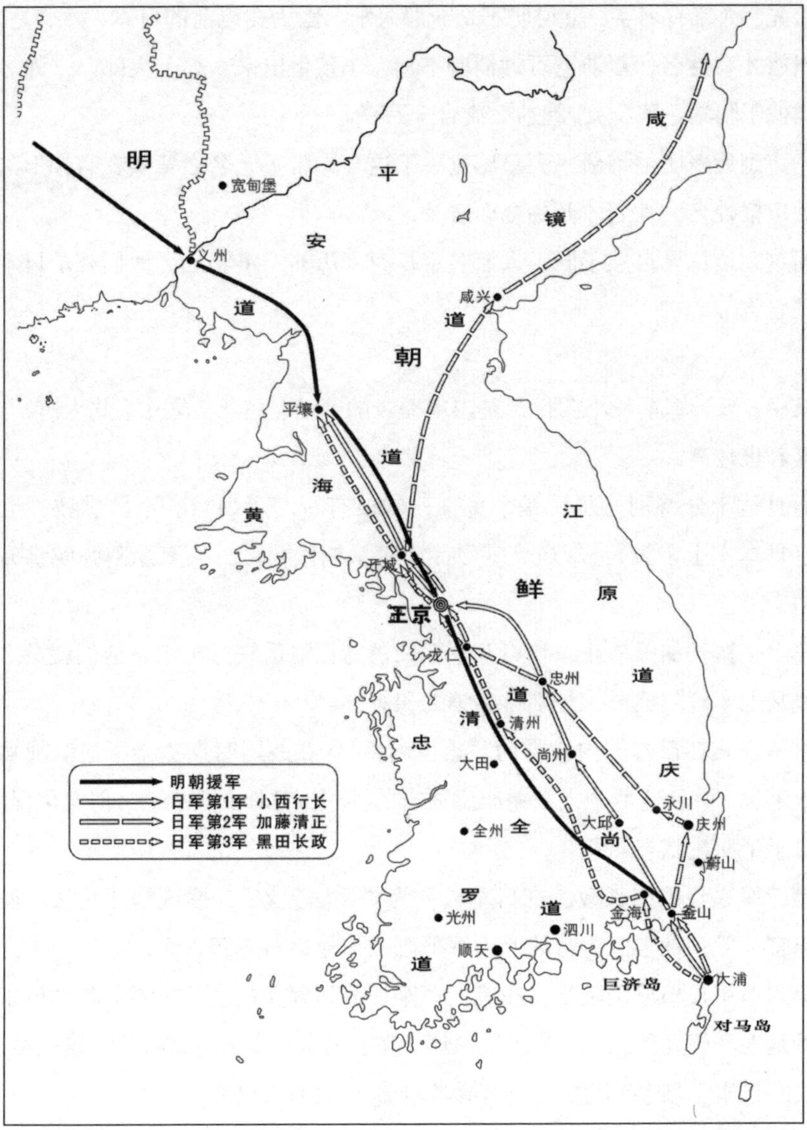

↑ 日军进攻朝鲜路线

之所以列出这帮鬼子的姓名和军队人数，是因为其中大有奥妙。

以上九位鬼子军官的名字，中国人看了可能毫无感觉，但在日本国内，这帮人可谓是如雷贯耳，大有来头。

首先，人家有名字，就说明不是一般人了。因为在以前的日本，姓名是奢侈品，只有贵族才有姓名，普通老百姓消费不起，小孩生出来，起个大郎、二郎之类的诨名（类似于阿猫、阿狗），就这么凑合一辈子。

一直到后来明治维新，天皇感觉手下这一大帮子无名之辈实在有损形象，便下令百姓申报姓名，姓名才开始全面普及。

而这九位仁兄自然不同，人家名字是有来历的，事实上，他们都是日本国内所谓的“名将”。

其中，第一军军长小西行长是丰臣秀吉的亲信，在九人之中，此人有一定文化，军事素养也较高。

而且他十分特别，虽说是个鬼子，却很有新潮意识，既不信佛教，也不信神道教（日本本土宗教），却是个基督徒。每星期做礼拜，人家念阿弥陀佛，他说上帝保佑。

第二军军长加藤清正，和第五军军长福岛正则是铁杆兄弟。他们就是之前提到的“贱岳七本枪”成员，分别排名第二和第一。

这两个人在日本国内被誉为“盖世名将”，在战国时期立下了显赫战功，以勇猛善战著称，而且这两个人都是丰臣秀吉的养子，对其十分忠心，但文化程度偏低，基本属于半文盲状态。

第三军军长黑田长政，在日本被称为“兵法大家”，据说精通兵法。他的父亲叫黑田官兵卫，是丰臣秀吉的两大军师之一，号称日本智谋第一。

第六军军长小早川隆景，和第七军军长毛利辉元是亲戚关系。具体说来，小早川隆景是毛利辉元的叔叔，为了混家产，改了名字当了人家的养子，这也可以理解，那年头在日本，名字不值钱，一年改个十次八次的人也有。

这位小早川隆景，在日本也是个大名人，据说智商极高，和丰臣秀吉有一拼。

最后一个拉出去评论的，是第四军军长岛津义弘。

之所以最后提到这个人，是因为他是个十分特殊的人物，特殊在哪里，很快你就会知道。

其余的几位就不提了，因为他们也就露这一次面，之后毫无出场机会，基本属于废物类型。虽然他们在日本国内也被吹得神乎其神，但事实证明，废物就算吹一千遍，也还是废物。

而我提到的这几位，更是传奇级的人物，被吹得神乎其神，几乎个个都是智勇双全，是日本战国时期的形象代言人，至于战场上的实际效果嘛……

但必须承认，这几位日本国内的战争精英到了朝鲜，确实表现出了精英的素质。

五月二十二日，日军先锋第一军小西行长发起进攻，仅用两个小时即攻破釜山，一路势如破竹，击破各路朝鲜军队，仅半月之后就打到了首尔。第二军加藤清正、第三军黑田长政随即跟进，一路打到了平壤，把朝鲜国王赶到了鸭绿江边。

之所以写得如此简略，不是我偷懒，真的是没办法。翻阅中、日、韩三国史料，实在找不到几条势均力敌、旗鼓相当的记录，基本上是一边倒，朝鲜军不断地跑，日本军不断地追，甚至日军不追，朝鲜军也跑了，首尔不守，平壤也不守，要树立正面形象，那是相当的难。

但后来的事实充分说明，不是日军太坚强，只是朝军太软弱，建国二百多年，土匪都没怎么打过，除了自己折腾自己，搞点儿政治斗争，估计也就差不离了。

而日军将领们的威名也就此树立起来。在无数日本史料，如《日本外史》、日军参谋本部所编的《日本战史》等一系列记载中，日本将领们犹如天神下凡，似乎谈笑风生之间，就运筹帷幄，破敌千里。

特别是第二军的军长加藤清正，此人极其残忍，战场对垒不知所谓，未见有何高明，却十分喜爱杀害平民，屠城放火。史料上说他是威名远播，战绩丰厚，还取了个外号“虎加藤”，如此之精神，可谓无耻。

当然，根据其一条路走到黑的性格，这种无耻精神绝不会丢。那两位在南京大屠杀里，拿着武士刀、比赛杀害手无寸铁平民的小军官，被日本国内称为“百人斩”的英雄、武士道精神的典范，还曾回到日本（战后又被拉回中国毙了），给小学生宣讲“光辉事迹”，受到热烈欢迎，如此“光荣传统”，可见一斑。

所谓建威朝鲜，不过是欺负弱小；所谓战功显赫，不过是屠杀百姓。隐藏在这一切背后的，只有四个字——欺软怕硬。

四个月后，当那个强敌出现之时，一切的光环都将卸去，一切的伪装都将暴露，所谓的日本名将们，将了解到自己的真实水平，以及强大的真正意义。

此时，被追到鸭绿江边的朝鲜国王李昖却没有这个心思。他只知道，再被人追着打，就只能跳江了，于是他连夜派出使者，向明朝提出了一个要求——渡江内附。

所谓渡江内附，说穿了就是避难，不过李昖同志的这次避难还是比较特殊的。因为但凡避难，总有个期限，过段时间该回还得回，可这位兄弟似乎压根儿就没这个打算，面对前来拜见的明朝使者，他十分激动，用一句十分真诚的话，表达了他的心声：

"与其死于贼手，毋宁死于父母之国！"

总之一句话：过去，就不回来了。

当然，李昖绝不是缺心眼的人，好好的国王不做，要去当难民，实在是因为没办法了，两个月时间，全国八道就丢了七道，被人追着屁股后面跑，再跑就只能跳江了，不找明朝，还能咋办？

这也是没有办法的办法。

但事实证明，李昖过于悲观了，此时朝鲜虽然支离破碎，却并没有亡。

之所以没有亡，是因为一个人的存在。

两百年的太平岁月，麻痹了无数人的神经，将领不会打仗，士兵不会拼命，大家一拨接一拨地去搞政治，碰上职业打手日本人，输得这么惨、这么快，实在很正常。

但就在最紧急的关头，上天帮助了朝鲜，给他们送来了唯一的希望——李舜臣。

李舜臣，字汝谐，德水人。在那场惨烈的战争中，被捧为名将的人非常多，但在我看来，其中名副其实者，不过几人而已。而李舜臣，正是其中的一员。

说起来，李舜臣的成分相当高，据说他祖辈上是朝鲜王族（也有说是平民），从小苦读诗书，武科毕业后，就去了边界。在那里，他遇到了一群十分厉害的对手——女真。

可是在对方的骑兵面前，李舜臣的表现却非常一般，经常打败仗。虽然在长期的战斗中，他积累了丰富的军事经验，但至少在那时，瞧得起他的人实在不多，所谓“民族英雄”“军事天才”这样的词语，跟他更是毫不沾边。

但时机终于到来。不久之后，在朝鲜丞相柳成龙的推举下，他升任佥事，并获得了一个新的职务——全罗道水军节度使。

正是这个职务，改变了他一生的命运。

在这个世界上，所谓名将，大都有自己的擅长战法和兵种，攻击、防守、阵法、步兵、骑兵，不一而足，而在全罗道，李舜臣终于找到了属于自己的天赋——水军。

他对于水军战法，有着常人难以企及的领悟力，研习了许多水军战法，在他的指挥督促下，水军日夜操练。所以虽说陆军一塌糊涂，朝鲜水军还是摆得上台面的。

当然，这个所谓摆得上台面，那是和陆军比，相对而言，日本海军就威风得多了。

日本是海岛国家，历来重视海军。三百年后，在太平洋上和财大气粗的美国还拼了好几年，让对方吃了不少苦头，其实力确实非同一般。

而在战国时期，日本的海军也十分强悍，因为他们有群众基础——海盗。

靠山吃山，靠水吃水。内陆的兄弟打来打去，可以抢地皮，靠海的就只好当海盗了。朝鲜、东南亚甚至是日本国内的船队，只要打这儿过，就要抢，很有点儿国际主义精神。战国打了一百多年，他们就抢了一百多年。

这之间只有一个人例外，那就是汪直汪老板。要知道，这位仁兄是卖军火的，敢抢他，那就真是活腻了，二话不说，拿大炮轰死你没商量。

在这一点上，海盗朋友们有着清晰地认识，因为一直以来，他们都保持着自己的传统性格——欺软怕硬。

千言万语，化成一句话：不打不服。

而在这些海盗中，最为强悍者，无疑是日本海军统帅九鬼嘉隆。此人在海上抢了几十年，水战经验十分丰富，后来归依织田信长，在与战国时期日本最强海军诸侯毛利辉元（即第七军军长）作战时，表现十分出色，为其统一日本立下了汗马功劳。

此后他被统一收编，成为日本海军的一员（还是干老本行，名义不同而已），被称为日本海军第一名将。

日本海军的装备也相当不错，虽然造大船的技术不如明朝，但在战船上，还是很有几把刷子的。日军战舰高度可达三四丈，除了装备大量火炮外，在船的外部还装有铁壳，即所谓“铁甲船”，有相当强的防护能力，一般火枪和弓箭对其毫无作用。

拥有这样的海军实力，日军自然不把对手放在眼里。战争刚一开始，日本海军主力两万余人、七百余艘战船便倾巢而出，向朝鲜发动总攻。

日军的打算是这样的，总的来说分两步走：首先，由釜山出发，先击破朝鲜主力南海水军。其次，在歼灭朝军后，转头西上进入黄海，与陆军会合，一举灭亡朝鲜，为进攻中国做好准备。

日本海军统帅除九鬼嘉隆外，还有藤堂高虎、加藤嘉明、胁坂安治三人。此三人皆身经百战，其中加藤嘉明、胁坂安治是“贱岳七本枪”成员，有着丰富的战争经验。

有如此之装备和指挥阵容，丰臣秀吉认为，朝军必一触即溃，数日之间即可荡平。

事情比想象的还要顺利。当日本海军出现之时，朝鲜水军根本未作抵抗，一枪都没放就望风而逃。水军主帅元均更是带头溜号，所谓的主力部队，就是这么个水平。

战略目标已经实现，日军准备进行下一步，进入黄海，与陆军会合，水陆配合，歼灭朝鲜陆军。

之前的胜利让日军得意忘形，在他们看来，朝鲜水军已经覆灭，到达预定地点只是个时间问题。

然而，他们错了，从釜山前往黄海的水路，绝不是一条坦途，因为在这两点之间，有个地名叫做全罗道。

当日军入侵的消息传来后，李舜臣十分愤怒，却也非常兴奋。作为一名军人，他的天职就是战争，这个时机，他终于等到了。

正对着日军进犯的方向，李舜臣率领舰队出发了。他不知道将在哪里遇到他们，但两军相遇之际，即是他名扬天下之时。

万历十九年（1591）六月十六日，李舜臣到达了他辉煌人生的起点——玉浦海。

停留在这里的，是日本海军主帅藤堂高虎的上百条战船。当李舜臣突然出现之时，他着实吓了一跳，但转瞬之间，他就恢复了镇定。

因为这个对手看起来并不起眼。

由于被人排挤，未能成为水军统帅，李舜臣的兵力并不充足，手下战船加起来还不到一百艘。而此次出征，舰队规模更是微不足道，放眼望去，只有几十艘板屋船（船上建有板屋），看起来很大，实际上也就是个摆设，和日军铁甲战舰完全不是一个档次。

藤堂高虎笑了，主力尚且如此，何况这几条小鱼小虾？

李舜臣也笑了，胜利已在掌握之中。

因为在他的手中，有一件必胜的武器。

此后，事情的发展证明，李舜臣最厉害的才能并不是水军，而是工程设计。

◆ 乌龟的战斗力

藤堂高虎没有丝毫犹豫，他随即发布号令，几十艘铁甲战舰开始向李舜臣军发动攻击。

由于敌人船只实在太不起眼，日军战舰连炮都不开，直接向对方扑了过去。在他们看来，对付这种破船，用撞就行，使用炮弹估计会赔本。

但当日舰靠近朝军之时，却意外地发现，那些板屋船突然散开，一种全新的战船就此登上历史舞台。

站在舰队前列的日军将领掘内吉善，在第一时间看到了这种前所未见的怪物，当即发出了惊呼：

"龟！龟！"

应该说，这位仁兄还是很有悟性的，虽然他第一次见，却准确地叫出了这种秘密武器的名字。

龟船，又叫乌龟铁舰。该船只整体，从船身到船顶，都有铁甲覆盖，而船头形状极似龟首，故得名龟船。

这船用今天的话说，是全封闭式结构，士兵进入船只，就如同进了笼子，头上罩着铁甲，既能挡对方的火枪炮弹，平时还能挡雨，可谓是方便实用。

虽然这船的长相和乌龟很有几分神似，但事实证明，真用起来，这玩意儿比乌龟生猛得多，那可是真要人命。

在龟船的四周，分布着七十多个火枪口，用来对外发射火枪，从远处打击敌人。而船只的前后，都装有锋利的撞杆，用来撞击敌船，大致是打不死你，也撞死你。

此外，龟船的船首带有大口径火炮，威力强大。更为难得的是，李舜臣还善于

观察动物，模仿章鱼，创造性地发明了烟幕弹，追击敌船之时，龟首可以发射炮弹，如果形势不妙，龟首口中即释放浓烟，掩护部队撤退。

就这么个玩意儿，远轰近撞，打不赢还能跑，说它是超级乌龟，那是一点儿也不夸张。

不过，这种全封闭式的战舰也是有弱点的：由于外部无人警戒，如果被人接近，跳上船（学名：跳帮），就毫无防卫能力，任人宰割。

当然，这个弱点只是理论上的，为防止有人跳帮，李舜臣十分体贴地在船身周围设置了无数铁钩、铁钉，确保敢于跳船者在第一时间被彻底扎透、扎穿。

总而言之，这种乌龟能轰大炮，能放火枪，能撞，浑身上下带刺，见势不妙还能吐烟逃跑，除了不能咬人外，基本上算是全能型乌龟。

后来的舰船学家们几乎一致认定，在当时，龟船是世界上最为强大的战舰。

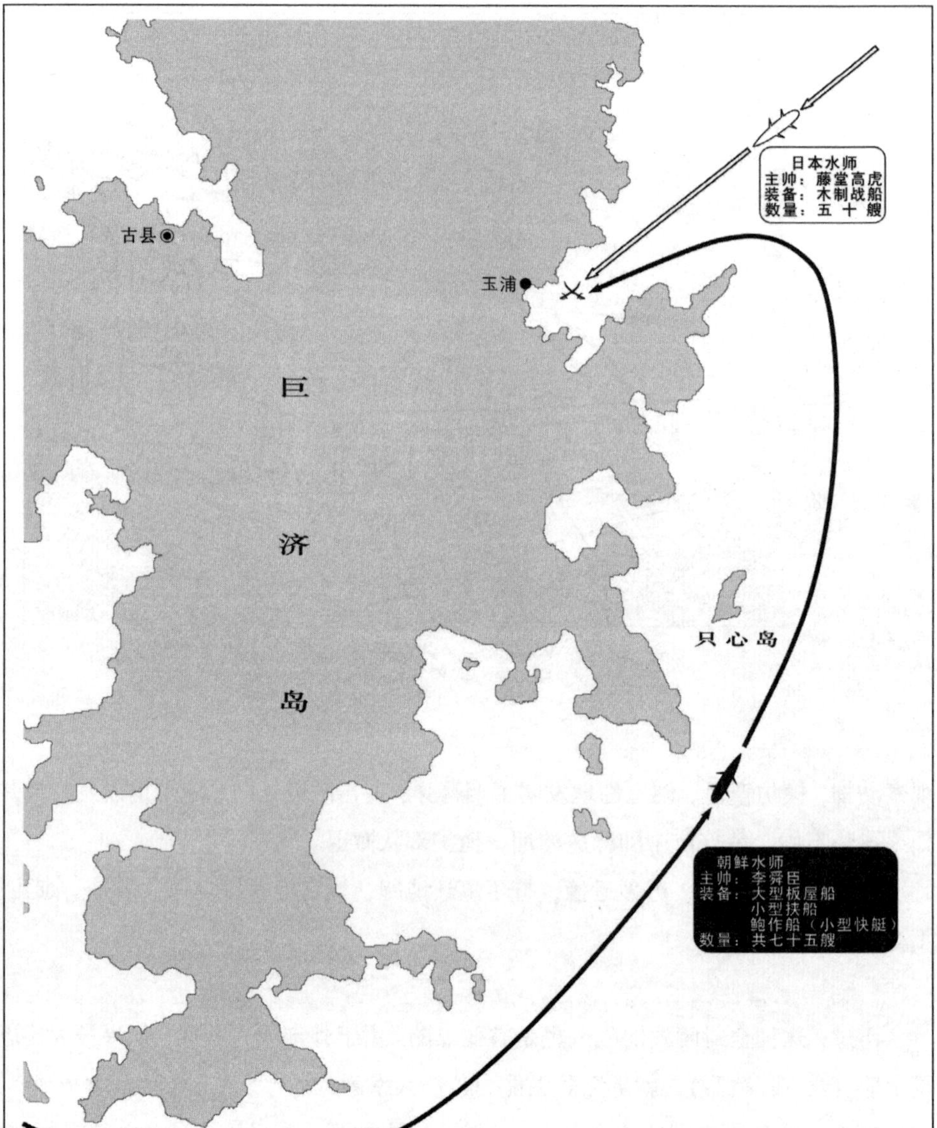
日本水师
主帅：藤堂高虎
装备：木制战船
数量：五十艘
古县
玉浦
巨济岛
只心岛
朝鲜水师
主帅：李舜臣
装备：大型板屋船
小型挟船
鲍作船（小型快艇）
数量：共七十五艘

↑ 玉浦海战

藤堂高虎当然不知道这个结论，他只知道自己人多船大，占据优势，在短暂观察之后，他下达了全军突击令。

然而仅仅半个时辰（一个小时）后，他就下达了第二道命令——弃船令。

因为战局只能用一个词来形容——惨不忍睹。

就在藤堂高虎下令攻击的同一时刻，李舜臣也发布了攻击令，二十艘龟船同时发出怒吼，当即击沉五艘敌舰。

日将掘内吉善大惊失色，但毕竟人浑胆子大，他随即命令日军战舰继续前进攻击，逼退敌舰。

可是更让他想不到的事情发生了，这群乌龟船不但不退，反而越靠越近，日军这才发现情况不对，慌忙用火枪射击龟船，却全无效果。

接下来的事情就顺理成章了，日舰不是被打沉，就是被撞穿，水军纷纷跳海逃生，个别亡命之徒想要跳帮，基本上都成了人肉串，一些运气不好的还挂在了龟船上，被活活地拖回了朝鲜军港，结结实实地搞了次冲浪运动。

眼看即将完蛋，藤堂高虎船也不要了，直接靠岸逃跑，玉浦海战以朝军胜利结束。

在此次海战中，日军二十六条战舰被击沉，死伤上千人；朝军除一人轻伤外，毫无损失。

日本海军终于吃了败仗，九鬼嘉隆十分吃惊，但事实证明，这只是他一系列噩梦的开始。

六月十七日，在玉浦海战后的第二天，李舜臣率领船队来到赤珍浦，在这里，他遇到了加藤嘉明的附属舰队，共计十三艘。

可刚开打，连李舜臣也吃了一惊，因为这帮日军很有觉悟，没等他开炮就纷纷逃窜，主动弃船登陆，狼狈撤退，其所乘舰船均被击沉。

在沉没的日舰和狼狈逃窜的日军面前，李舜臣再也没有任何疑虑，他终于明白：他属于这个时代，在这里，他将所向无敌。

李舜臣继续进发，向着日军出没的所有水域，敌人在哪里出现，就将在哪里被消灭。

七月八日，李舜臣到达泗水港，发现敌船十二艘，发起攻击，敌军全灭。

七月十日，李舜臣到达唐浦，发现敌船二十一艘，发起攻击，敌军全灭，舰队指挥官、九州大名龟井真钜被击毙。

七月十二日，李舜臣遭遇日军主将加藤嘉明主力舰队，双方开战，三十三艘日军战舰被击沉，加藤军主力覆灭。

七月十五日，李舜臣到达釜山水域，发现日军舰队，击沉四艘、俘获三艘后，扬长而去。

一连串地失败,终于让日本海军明白,这个叫李舜臣的人,是他们无法逾越的障碍。

日本人是很有组织性的，遇到问题不能解决，就逐级上报，一层报一层，最后报到丰臣秀吉那里。丰臣老板一看，顿时大怒：一个人带着几十条船，就把你们打得到处跑，八嘎！

但是八嘎不能解决问题，于是他亲自制定了一个战略，命令集中所有舰队，寻找李舜臣水军，进行主力决战，具体战略部署为:

胁坂安治统帅第一队，共七十艘战舰，作为先锋。

加藤嘉明统帅第二队，共三十艘战舰，负责接应。

九鬼嘉隆统帅第三队，共四十艘战舰，负责策应。

以上三队以品字形布阵，向全罗道出击，限期一月，务必要将李舜臣主力彻底歼灭！

九鬼嘉隆（他掌握日本海军实际指挥权）接受了这个任务，并立即安排舰队出发，一百四十艘战舰浩浩荡荡地向着全罗道开去。现在，他们的首要任务是找到李舜臣。

九鬼嘉隆认为，自己目前的战斗力，李舜臣是绝对无法抵挡的。他最担心的，是李舜臣闻风而逃，打游击战，那就很头疼了。

事实证明，他的担心是多余的，十分多余。

联合舰队日夜兼程，抱着绝不打游击的觉悟，向全罗道赶去。然而就在半路上，他们的觉悟提前实现了，因为李舜臣，就在他们的面前。

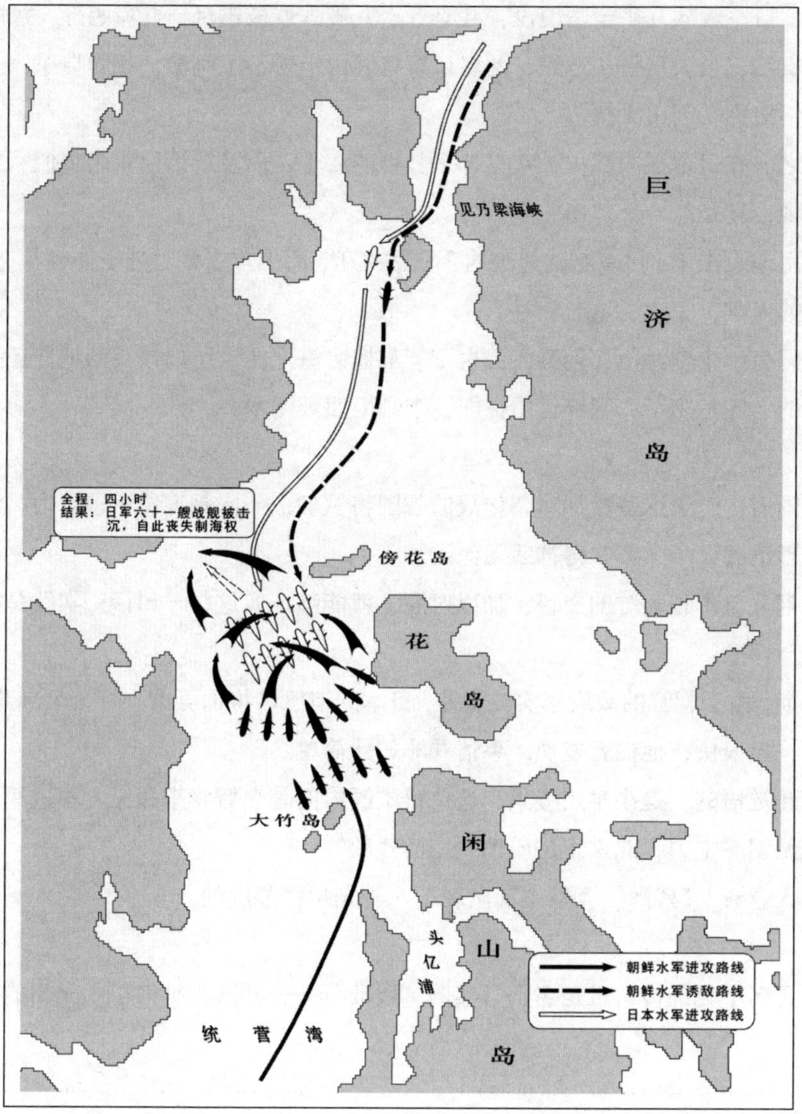

←闲山岛海战

在得到日军总攻击的消息后，李舜臣十分兴奋。他已经厌倦了小打小闹，于是连夜带领海军主力，于八月三日到达庆尚道闲山岛，找到了那些想找他的人。

虽然李舜臣实在有点儿过于积极，虽然日军的指挥官们个个目瞪口呆，但既然人都到了，咱们就开打吧。

具体过程就不提了，我也没办法，实在是不值一提。在短短四个小时之内，战斗就已结束，日军舰队几乎全军覆没，共有五十九艘战舰被击沉，九鬼嘉隆、加藤嘉明、胁坂安治三员大将带头逃跑，两名日军将领由于受不了刺激，切腹自杀，上千日军淹死。史称“闲山大捷”。

总而言之，在日本国内战史被吹得神乎其神的海军，以及所谓海军名将们，就是这么个表现，真是怎一个“惨”字了得。

在李舜臣地阻击下，日军水陆并进的企图被打破，海上攻击暂时处于停顿状态。李舜臣以他的天赋，完成了这一壮举。

但毕竟只有一个李舜臣，朝鲜人民也不能都搬去海上住，所以该丢的地方还是丢了，该跑的人还是跑了。朝鲜亡国在即，李舜臣回天无术。

在日本国内，对于这些参加对朝作战的战国将领们，一向是宣传不遗余力，游戏也好，电影也罢，个个都吹得神武无比。

但只要翻开日本和朝鲜的史料，加以对照，就能够证实这样一句话：实践是检验真理的唯一标准。

战争初期，由于朝鲜的政府军实在太差，日本的诸位名将们可谓一打一个准儿，出尽了风头，但很快，他们就发现，事情并非如此简单。

最先有此觉悟的，是小早川隆景。这位日本国内的著名智将率领第六军进军全州，此地已无朝军主力，此来正是所谓“扫清残敌”。

结果出人意料，“残敌”竟然主动出现了——光州权节度使。

这位仁兄名不见经传，且是名副其实的“残敌”——部队被打散了，光州的节

参考消息 **李舜臣**

李舜臣是朝鲜人民的英雄，他去世后，朝鲜王室修建了“显忠祠”，供奉着李舜臣的遗体和遗物，以及明朝廷所赐的都督印等。在每年李舜臣的诞辰之日，都会举行祭祀活动。日本入侵后，祭祀活动一度停止，直到1945年日本投降并撤出朝鲜，显忠祠才重新开始活跃，而关于李舜臣的死因也各有分说。《明史》说李舜臣是为了救助邓子龙死的，而李舜臣后人编撰的《李忠武公全书》则表示他是在与陈璘的互救中死的。

度使，带着两千残兵，跑到全州打起了游击。

智将对败将，精锐对游击队，当面锣对面鼓，躲都没法躲，无可奈何，那就打吧。

结果是这样的，经过几个钟头的战斗，日军大败，被阵斩五百余人，小早川隆景带头逃窜，权节度使也并未追击——手中兵力太少。史称“梨峙大捷”。

这是打“残敌”，下面这位更惨，而他遇到的，是民兵。

万历二十年（1592）八月二十日，福岛正则率领大军向新宁方面进军，途中遇到权应铢带领的义军（老百姓自发组织的武装），双方展开大战。

在鏖战中，由于福岛正则指挥不利，优势日军竟被民兵击退，丢弃大量武器、粮食，全军撤退。

由于福岛正则的失败，民兵们乘胜追击，一举收复永川、义城、安东等地，“名将”福岛正则连连败退，固守庆州。

和小早川叔叔比起来，毛利辉元侄子也不走运，他也输给了民兵。

八月二十四日，毛利辉元、安国寺惠琼率第七军，向全州进发。由于官兵都已逃走，民兵首领黄璞率军与敌作战，激战一天，日军死伤惨重，被迫退走。

接下来倒霉的是黑田长政。

九月六日，忠清道义军首领赵宪，率领民兵攻击黑田长政第三军，经过激战，黑田长政输了。

不但输了，而且他输得比上几位更彻底，不但被民兵打败，连老巢清州城（朝鲜地名）都丢了，连夜逃走。

这还没完，一个月后（十月三日），他又率三千余人进攻延安府（朝鲜地名），守城的只有不足千人的民兵（政府军早没影了），经过三天的战斗，日军攻城不下，反而被城内突袭，大败而退。

总而言之，日军将领的水平呈现反比例，实践证明，吹得越厉害，打得越差。搞笑的是，那位而今在日本国内评价一般的第一军军长小西行长，在战争中却表现得很不错，之所以没人捧，主要是因为他后来在日本关原之战中被人打败，下场也惨，被泼了无数污水，成了反面典型。

所以说，鬼子的宣传要真信了，那是要过错年的。

于是，在初期的胜利与失败的乱象之中，一向精明的丰臣秀吉选定了一个最合适的指挥官——小西行长，并将大部分指挥权交给了他。

在此之后长达数年的战争中，这个名字成了史料中的明星人物，出镜率十分之高，其他的诸多所谓名将，都成了跑龙套的，偶尔才出来转转。事实证明，这个安排是十分明智的。

打了一辈子仗的丰臣秀吉，在以往的几十年里，眼光几乎从未错过。这次似乎也不例外，应该说，他作出了一个极其正确的抉择——当然，只是相对而言。

第十三章 明朝的愤怒

在这个世界上 有些原则是不能谈判的 比如国家 主权以及尊严

◆ 时间，只需要时间

从战绩上看，小西行长是一个相当不错的指挥官。作为先锋，他击溃了朝鲜军队，并巩固了战果，虽然其他将领地表现不尽如人意，李舜臣也过于强悍，但在他地掌控下，朝鲜大部已牢牢地控制在日军的手中。

很快，各地的叛乱将被平息，我们将向下一个目标挺进。

日本正在准备，朝鲜正在沦亡，明朝正在争论。

自打日军六月入侵以来，明朝的朝廷一刻也没消停过，每天都大吵大闹，从早到晚，连个中场休息都没有。兵部那帮粗人十分想打，部长石星尤其激动，甚至主动请愿，表示不用别人，自己带兵收拾日本人。

但他刚提出来，就被骂了回去，特别是兵科给事中许弘纲，话说得极其难听。他认为，把敌人挡在门口就行了，不用出门去挡（御倭当于门庭）。此外他还批评了朝鲜，说他们是被人打就求援，抓几个俘虏就要封赏，自己打仗却是望风而逃、土崩瓦解（望风逃窜，弃国于人），去救他们是白费劲儿。

朝廷大多数人都同意他的看法。

恰好此时，朝鲜国王又提出渡江避难。按说过来就过来吧，可是辽东巡抚又上了个奏疏，说我这里地方有限，资源有限，只能接收一部分人，其余的切莫过江，本地无法接待。

末了还附上可接收难民名额——“名数莫过百人”。

这下朝鲜国王也不干了，我好歹是个国王，只让带一百人过来，买菜做饭都不够啊！

难民问题暂不考虑，到底出不出兵，几番讨论下来，朝中大臣几乎达成了共识——不去。

事情到此，眼看朝鲜就要亡国，一个人发话了：

“应该早日出兵救援（宜速救援）！”

听到这句话，所有人都沉默了，经过商讨，明朝确定了最后方针——出兵。

因为说这句话的人是万历。

很多人都知道万历皇帝很懒，知道他长期不上朝，知道他打破了消极怠工的最长时间纪录（之前这一纪录由嘉靖同志保持），但有一点很多人并不知道：

他虽不上朝，却并非不管事。

因为一个不会管事、不会控制群臣的人，是绝不可能做四十八年皇帝的，四十八天都不行。

事实上，由始至终，他都在沉默地注视着这个帝国的一举一动。而现在，是说话的时候了。

应该说，这次万历皇帝作出了一个正确地判断：日本的野心绝不仅限于朝鲜，一旦吞并成功，增强实力，养精蓄锐，必定变本加厉，到时更不好收拾。

打比不打好，早打比晚打好，在国外打比在国内打好，所谓“无贻他日疆患”，实在是万历同志的真知灼见。

万历二十年（1592）七月，明朝向朝鲜派出了第一支军队。

受命出击的人，是辽东副总兵祖承训。

祖承训，辽东宁远人，原先是李成梁的家丁，随同李成梁四处征战，有着丰富

明朝、朝鲜联军与日军对阵图

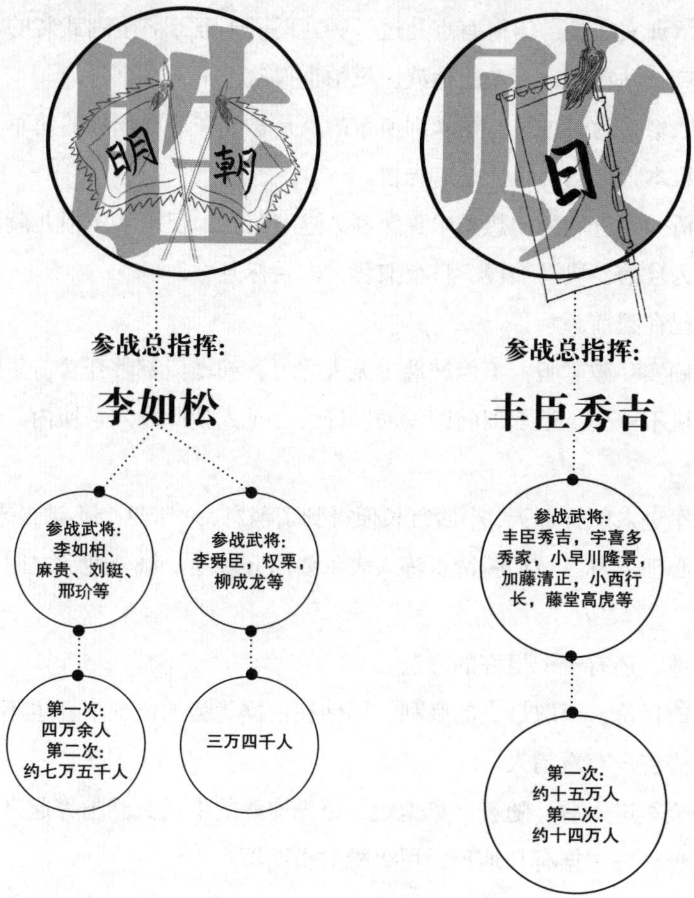

的军事经验，勇猛善战，是一个看上去很合适的出征人选。

看上去很合适，实际上不合适。这倒不是他本人有何问题，只是因为在鸭绿江的那边，有十五万日军，而祖将军，只带去了三千人。

更滑稽的是，他并非不知道这一点，在部队刚到朝鲜时，朝鲜重臣柳成龙出来迎接，顺便数了数队伍，觉得不对劲儿，又不好明讲，便对祖承训说道:

“倭兵战斗力甚强，希望将军谨慎对敌。”

祖承训地回答简单明了:

“当年，我曾以三千骑兵攻破十万蒙古军，小小倭兵，有何可怕！”

首先我们有理由相信，祖承训先生吹了牛。因为虽然李成梁很猛，似乎也还没干过如此壮举，打下手的祖承训就更不用说了。

其次，祖承训实在是自信得有点儿过了头。别说十五万名全副武装的日军，就算十五万个白痴，站在原地不动让他砍，只怕也得砍上十天半个月。

但就此言败似乎为时过早，祖承训所带的，是长期在边界作战的明军，战斗力较强，就算和日本人死磕，也还是有一拼。

然而，事情似乎进展得比想象中更顺利。这一路上，祖承训压根儿就没碰上几个敌人，他更为自信，快马加鞭，日夜兼程，向目标赶去。

平壤城，已在眼前。

看来日军确实吓破了胆，不但城墙上无人守卫，连城门都敞开着，里面只有几个零散日军。机不可失，祖承训随即发动冲锋，三千人就此冲入了城内。

祖承训率军进入朝鲜那天，小西行长便得到了消息，对于这个不请自来的客人，他有着充分的心理准备。当加藤清正等人表示要固守城池、城外迎敌之时，他却表示了反对。

因为他知道，还有一个更好的方法。

要以最小的代价，获取最大的胜利，即使在占据优势的情况下，也不例外。事实证明，丰臣秀吉没有看错人。

当祖承训全军进入后，随着一声炮响，原先安静的街道突然喧哗起来，日军从隐藏地纷纷现身，并占据有利地形，用火枪射击明军。

几轮齐射之后，明军损失惨重，祖承训也被打蒙了。他原以为，日军都是些没开化的粗人，谁知道人家不但懂兵法，还会打埋伏。

参考消息 **柳成龙**

柳成龙是朝鲜李朝的著名文臣，作为朝鲜大儒李滉的学术继承人，更有品行端正、忠孝两全的美誉，他启用了李舜臣等名将，对壬辰战争的胜利起了重要作用。不过正所谓树大招风，壬辰之战后，由于党派纷争，地位显赫的柳成龙居然被扣上了一顶“通倭伐明”的帽子，后来虽然官复原职，但从此萎靡，洗刷冤情之后便退隐朝堂。

慌乱之下，他率领残兵逃了出去，但损失已经极其惨重，死伤两千余人，几近全军覆没，副将史儒战死。

明军的第一次进攻就这样结束了。

当这个消息传到朝鲜国王那里时，李昖基本肯定，自己离渡江避难不远了。而丰臣秀吉更是欣喜若狂，他终于确定，明军的实力正如他所了解的那样，根本不堪一击。

万历得知这个消息后，却并未激动。他沉默片刻，叫来了兵部侍郎宋应昌，告诉他，正式开战的时候到了。

好吧，既然如此，我们就认真开始吧，很快，你们将为此付出沉重的代价。

宋应昌，字思文，嘉靖四十四年（1565）进士，时任兵部右侍郎。

和部长石星比起来，副部长宋应昌并不起眼。因为石部长不但个子高(长八尺)，长得好（相貌过人)，而且经常大发感慨，抒发情怀。而宋应昌每天不是跑来跑去，就是研究地图兵书，一天说不了几句话，这么一个人，想引人注意也难。

然而，万历却接连两次拒绝了石星的请战，将入朝作战的任务交给了宋应昌，因为他是个明白人，能不能吹和能不能打，那是两码事。

此后事情地发展证明，这是一个极为英明地决断。

宋应昌虽然为人沉默寡言，却深通韬略，熟知兵法。他虽然从未主动请战，却是一个坚定的主战派，且做事毫不拖拉。在受命之后，他片刻不停，即刻开始制订进攻计划，调兵遣将。

然而没过多久，让万历想不到的事情发生了，一向办事极有效率的宋应昌竟然主动表示，虽然朝鲜局势极度危险，但目前暂时还不能出兵。

参考消息 **宋应昌**

宋应昌，浙江仁和县（今杭州）人，关于他的传说很多。相传他方面大耳，紫髯如钢，天生面相奇异，远远看上去跟天神一样，乃是一等一的剑客。为了表彰他援朝抗日的功绩，在宋应昌居住过的孩儿巷，为他建造了一座“经略华夷”牌坊。宋应昌回国之后，称病辞职，隐居在西湖，过着梅妻鹤子的闲适生活。

万历问：为什么？

宋应昌答：我召集的将领之中，有一人尚在准备，我要等他，此人不到，不可开战。

对那个人，万历也十分欣赏，所以他表示同意，并问了第二个问题：需要多久？

宋应昌答：至少两个月。

事情就这样定了，派遣明军入朝作战，日期初定为两个月后，即万历二十年（1592）年底。

问题在于，明朝这边可以等，朝鲜人你可以告诉他兄弟挺住，可日本人那里怎么办呢？你总不能跟他说，我是要打你的，无奈还没准备好，麻烦你等我两个月，先别打了，我一切齐备后就来收拾你。

对此，宋应昌也束手无策，他只会打仗，不会外交。于是几番踢足球后，这个光荣而艰巨的使命被交给了兵部尚书石星。

然而，石星也没办法，他是国防部部长，连老本行都不在行，搞外交更是抓瞎。但他是一把手，关键时刻是要背黑锅的，这事他不干就没人干了，可又不能不干。

在抓耳挠腮、冥思苦想几天后，石大人终于想出了一个主意——招聘。当然，不是贴布告那种搞法，而是派人私下四处寻访。

在石星看来，我大明人才济济，找个把谈判混时间的，应该还是靠谱的。

从政治学的角度讲，这是个馊主意，如此国家大事，竟然临时上外边找人，实在太不严肃。

但事实证明，馊主意执行起来，倒也未必一定就馊。因为很快，石星就找到了一个合适的人选，这个人的名字，叫做沈惟敬。

◆ 大混混的看家本领

沈惟敬，嘉兴人。关于此人的来历，史料上众说纷纭，但有一点倒是相当一致——市中无赖也。

所谓市中无赖，用今天的话说，就是市井的混混。

对于这个评价，我一直有不同意见。因为在我看来，沈惟敬先生不是混混，而是大混混。

而之后的事情将告诉我们，混混和大混混是有区别的，至少有两个。

大混混沈惟敬出发了。他的第一个目的地是义州，任务是安抚朝鲜国王，在这里，他见到了避难的朝鲜官员。

据朝鲜官员后来的回忆录记载，这位沈惟敬先生刚一露面，就让他们大吃了一惊——天朝怎么派了这么个人来？

因为据史料记载，沈惟敬长得很丑（貌寝），而外交人员代表国体，一般说来长得都还过得去，如此歪瓜裂枣，成什么体统。

但接下来，更让他们吃惊的事情发生了。这位仁兄虽然长得丑，且初见此大场面，却一点儿也不怯场，面对朝鲜诸位官员，口若悬河，侃侃而谈，只要他开口，没人能插上话。

于是大家心里有了底，把他引见给了朝鲜国王李昖。

李昖已经穷极无奈了，天天在院子里转圈，听说天朝使者来了，十分高兴，竟然亲自出来迎接，并接见了沈惟敬。

接下来，他将体会到沈大混混的非凡之处。

一般说来，混混和大混混都有一项绝技——忽悠。但不同之处在于，他们忽悠的档次和内容差别很大，一般混混也就骗个大婶大妈，糊弄两个买菜钱；大混混忽悠的，往往是王公贵族、高级干部，糊弄的也都是军国大事。

而沈惟敬很符合这个条件，他只用了几句话，就让准备殉国的李昖恢复信心，容光焕发。

他主要讲了这样几件事：首先，他是代表大明皇帝来的（基本上没错）；其次，他很会用兵，深通兵法（基本上胡扯），希望朝鲜国王不要担心，大明的援兵很快就到（确实如此），有七十万人（……）。

在谈话的最后，他还极其神秘地表示，和平是大有希望的，因为他和平秀吉（即丰臣秀吉）的关系很好，是铁哥们（我真没话说了），双方摊开来谈，没有解决不了的事。

每当我觉得人生过于现实时，经常会翻开这段史料，并感谢沈惟敬先生用他的实际行动，让我真正领略了忽悠与梦想的最高境界。

综合分析此人的背景：嘉兴人，会说日语，还干过进出口贸易（走私），当过混混，我们大致可以推断出，他可能和倭寇有过来往，出过国，估计也到过日本，没准儿也有几个日本朋友。

当然，说他认识丰臣秀吉，那就是胡扯了。人家无论如何，也算是一代豪杰，日本的老大级人物，不是那么容易糊弄的。

但是李昖信了，不但信了，而且还欣喜若狂，把沈惟敬看做救星，千恩万谢，临走还送了不少礼品以示纪念。

话说回来，朝鲜也有精明人，大臣柳成龙就是一个。这位仁兄搞了几十年政治斗争，也是个老狐狸，觉得沈惟敬满嘴跑火车，是个靠不住的人。

但这兄弟偏偏还就是明朝的外交使者，不服都不行，想到自己国家的前途，竟然要靠这个混混去忽悠，包括柳成龙在内的很多明白人，都对前途充满了悲观。

十几天后，沈惟敬又来了，这次他的任务更加艰巨——和日本人谈判，让他们停止进攻。

李昖没在社会上混过，自然好忽悠，可日本人就不同了，能出征朝鲜的，都是在国内摸爬滚打过来的，且手握重兵，个个都不是省油的灯，所以在柳成龙等人看来，这根本就是不可能完成的任务。

但是事实证明，这是一个不太靠谱的世界，正如那句流行语所言：一切皆有可能。

万历二十年（1592）九月，沈惟敬再次抵达义州，准备完成这个任务。

作为国王指派的联络使者，柳成龙饶有兴趣地想知道，这位混混准备凭什么挡住日本人？忽悠？

事情似乎和柳成龙预想的一样，沈惟敬刚到就提出，要先和日军建立联系，而他已经写好了一封信，准备交给占据平壤的小西行长，让小西行长停止进攻，开始和谈。

这是个看上去极为荒谬的主意，且不说人家愿不愿和谈，单说你怎么建立联系，谁去送这封信？你自己去？

沈惟敬道：当然，不是我去。

他派了一个家丁，背上他写的那封信，快马奔进了平壤城，所有的人都认为，这注定是肉包子打狗，一去不回，除了沈惟敬外。

一天之后，结果揭晓，沈惟敬胜。

这位家丁不但平安返回，还带来了小西行长的口信，表示愿意和谈。

然而问题并没有就此解决，因为这位小西行长同时表示，他虽然愿意谈判，却不愿意出门，如要和平，请朝鲜和大明派人上门面议。

想想也对，现在主动权在人家手里，说让你去你还就得去。

柳成龙这回高兴了，沈惟敬，你就吹吧，这次你怎么办？派谁去？

然而，他又一次吃惊了，因为沈惟敬当即表示：

谁都不派，我自己去。

包括柳成龙在内的许多人都惊呆了，虽说他们不喜欢这个大忽悠，但有如此胆量，还是值得佩服的。于是大家纷纷进言，说这样太危险，你最好不要去，就算要去，也得多带几个人，好有个照应。

沈惟敬却哈哈一笑，说我带个随从去就行了，要那么多人干吗？

大家想想，倒也是，带兵去也白搭，军队打得过人家，咱也不用躲在这儿。不过为了方便，您还是多带几个人上路吧。

当然，这个所谓方便，真正的意思是如果出了事，多几个人好收尸。

于是，在众人地注视中，沈惟敬带着三个随从，向着平壤城走去。大家又一次达成了两点共识：第一，这人很勇敢；第二，他回不来了。

但沈惟敬却不这么想。作为一个混混，他没有多少爱国情怀，同理，他也不做赔本生意，之所以如此自信，是因为在他的身上，有着大混混的另一个特性——随机应变，能屈能伸。

而关于这一点，还有个生动的范例。

曾盘踞山东多年的著名军阀张宗昌，就有着同样的特性。这位仁兄俗称“三不知”(不知兵有多少，不知钱有多少，不知老婆有多少)，当年由混混起家，后来混到了土匪张作霖的手下，变成了大混混。

有一次，张作霖派手下第一悍将郭松龄去张宗昌那里整顿军队。这位郭兄不但是张大帅的心腹，而且还到外国喝过洋墨水，啃过黄油面包，一向瞧不起大混混张宗昌，总想找个机会收拾他。结果一到地方，不知张混混哪根筋不对，应对不利，竟然得罪了郭松龄。

这下就不用客气了，郭大哥虽然是个留学生，骂人的本事倒也没丢，手指着张大混混，张口就来: × 你娘!

在很多人的印象中，军阀应该是脾气暴躁，杀人不眨眼，遇此侮辱，自当拍案而起，拔剑四顾。

然而关键时刻，张宗昌却体现出了一个大混混应有的素质，他当即回答道:

你 × 俺娘，你就是俺爹了!

说完还给郭松龄跪了下来。我记得，他比郭兄至少大一轮。

这就是大混混的本领，他后来在山东杀人如麻，作恶多端，那是伸；而跪郭松龄，认干爹，就是屈。

沈惟敬就是一个大混混，在兵部官员、朝鲜国王的面前，他屈了；而现在，正是他伸的时候。

小西行长之所以同意和谈，自然不是为了和平，他只是想借此机会摸摸底，顺便吓唬明朝使者，显显威风，用气势压倒对手。

于是他特意派出大批军队，于平壤城外十里列阵，安排了许多全副武装的士兵，手持明晃晃的大刀和火枪，决定给沈惟敬一个下马威。

柳成龙也还算个厚道人，送走沈惟敬后，感觉就这么了事不太好，但要他陪着一起去，他倒也不干。

于是他带人登上了平壤城附近的一座山，从这里眺望平壤城外的日军，除了平复心中的愧疚外，还能再看沈惟敬最后一眼 (虽然比较远)。

然而在那里，他看到的不是沈惟敬的人头，而是让他终生难忘的一幕。

当沈惟敬骑着马，刚踏入日军大营的时候，日军队列突然变动，一拥而上，把沈惟敬围得严严实实，里三层、外三层，水泄不通。然而，沈惟敬却丝毫不见慌张，镇定自若地下马，走入了小西行长的营帐。

过了很久（日暮），沈惟敬终于又走出了营帐。柳成龙惊奇地发现，那些飞扬跋扈的日军将领，包括小西行长、加藤清正等人，竟然纷纷走出营帐，给沈惟敬送行，而且还特有礼貌（送之甚恭）。

数年之后，柳成龙在他的回忆录里详细记载了他所看到的这个奇迹，虽然他也不知道，在那一天，沈惟敬到底说了些什么——或许永远也没人知道。

但有一点是肯定的，那就是沈惟敬确实干了一件很牛的事情，因为仅仅一天之后，日军最高指挥官小西行长就派人来了——对沈惟敬表示慰问。

来人慰问之余，也带来了小西行长的钦佩:

“阁下在白刃之中颜色不变，如此胆色，日本国内亦未曾见识。”

日本人来拍马屁了，沈惟敬却只是微微一笑，讲了句牛到极点的话:

“你们没听说过唐朝的郭令公吗？当年回纥数万大军进犯，他单人匹马闯入敌阵，丝毫无畏。我怎么会怕你们这些人（吾何畏尔）！”

郭令公就是郭子仪，曾把安禄山打得落荒而逃，是平定安史之乱的主要功臣，不世出之名将。

相比而言，沈惟敬实在是个小人物。但在我看来，此时的他足以与郭子仪相比，且毫不逊色。

因为他虽是个混混，却同样无所畏惧。

马屁拍到马腿上，望着眼前这位大义凛然的人，日本使者手足无措，正不知该说什么，却听见了沈惟敬地答复:

“多余的话不用再讲，我会将这里的情况回报圣皇（即万历），自然会有处置，但在此之前，你们必须约束自已的属下。”

怎么约束呢？

"日军不得到平壤城外十里范围之内抢掠，与之相对应，所有朝鲜军队也不会进入平壤城外十里范围内！"

很多人,包括柳成龙在内,都认为沈惟敬疯了。当时的日军,别说平壤城外十里,就算打到义州，也是轻而易举的事情。让日军遵守你的规定，你当小西行长的脑袋进水了不成？

事实证明，确实进水了。

日本使者回去后没多久，日军便派出专人，在沈惟敬划定的地域竖立了地标，确定分界线。

柳成龙的嘴都合不上了，他想破脑袋也不明白，这到底是怎么一回事？

知道答案的人，只有沈惟敬。

一直以来，他不过是个冒险者，他的镇定、他的直言不讳、他的狮子大开口，其实全都建立在一个基础上——大明，如果没有后面的那只老虎，他这头狐狸根本就没有威风的资本。

而作为一个清醒的指挥官，小西行长很清楚，大明是一台沉睡的战争机器，如果在目前的局势下，贸贸然与明朝开战，后果不堪设想，必须稳固现有的战果，至于大明……那是迟早的事。

万历二十年（1592）十一月二十八日，沈惟敬再次来到朝鲜，这一回，小西行长终于亮出了他的议和条件：

"以朝鲜大同江为界，平壤以西全部归还朝鲜。"

为表示自己和谈的诚意，他还补充道：

"平壤城亦交还朝鲜，我军只占据大同江以东足矣。"

最后，他又顺便拍了拍明朝的马屁：

"幸好天朝（指明朝）还没有派兵来，和平已经实现，我们不久之后就回去啦。"

跑到人家的家里，抢了人，放了火，抢了东西，然后从抢来的东西里挑一些不值钱的，还给原先的主人，再告诉他：其实我要的并不多。

这是一个很不要脸的人，也是一个很不要脸的逻辑。

但沈惟敬似乎并没有这样的觉悟，他本来就是个混事的，又不能拍板，于是他连夜赶回去，通报了日军的和平条件。

照这位沈先生的想法，所谓谈判就是商量着办事，有商有量，和买菜差不多，你说一斤，我要八两，最后九两成交。虽然日本人的条件过分了点儿，但只要谈，还是有成功的可能。

但当他见到宋应昌的时候，才知道自己错了。

因为还没等他开口，宋侍郎就说了这样一段话:

“你去告诉那些倭奴，如果全部撤出朝鲜，回到日本，讲和是可以的（不妨），但如果占据朝鲜土地，哪怕是一县、一村，都绝不能和！”

完了，既不是半斤，也不是八两，原来人家压根儿就没想过要给钱。

虽然沈惟敬胆子大，敢忽悠，确有过人之处，但事实证明，和真正的政治家比起来，他只是个混混级别。

因为他不明白，在这个世界上，有些原则是不能谈判的，比如国家、主权以及尊严。

沈惟敬头大了，但让人惊讶的是，虽然他已知道了明朝的底线，却似乎不打算就此了结。根据多种史料分析，这位仁兄似乎已把和谈当成了自己的一种事业，并一直为此不懈努力。在不久之后，我们还将看到他的身影。

但在宋应昌看来，目的已经达到，因为他苦苦等待的那个人，已经做好了准备。

◆ 军阀

宋应昌等的人，叫做李如松。

李如松，是李成梁的儿子。

以往我介绍历史人物，大致都是从家世说起，爷爷、爹之类的一句带过，然后再说主角儿子。但对于这位李先生，只能破例了，因为他爹比他还有名。

作为明朝万历年间第一名将（首辅申时行语），李成梁是一个非常出名的人——特别是蒙古人，一听到这名字就打哆嗦。

李成梁，字汝器，号银城，辽东铁岭卫（即今铁岭）人。这位仁兄是个超级传奇人物，四十岁才混出头，还只是个小军官，不到十年，就成了边界第一号人物，风头压过了戚继光，不但当上了总兵，还成了伯爵。

当然，这一切都不是白给的，要知道，人家那是真刀真枪，踩着无数人的尸体（主要是蒙古人的），扎扎实实打出来的。

据统计，自隆庆元年（1567）到万历十九年（1591），二十多年间，李成梁年年打仗，年年杀人，年年升官，从没消停过，平均每年都要带上千个人头回来报功，杀得蒙古人魂飞魄散，搞得后来蒙古人出去抢劫，只要看到李成梁的旗帜，基本上都是掉头就跑。

事实上这位仁兄不但故事多，还是一个影响大明王朝命运的人，关于他的事情，后面再讲。这里要说的，是他的儿子李如松。

李如松，字子茂，李成梁长子，时任宣府总兵。

说起来，宋应昌是兵部的副部长，明军的第二把手，总兵都是他的下属。但作为高级领导，他却一定要等李如松，之所以如此丢面子，绝不仅仅因为此人会打仗，实在是迫不得已。

说起来，那真是一肚子苦水。

两百年前，朱元璋用武力统一全国后，为保证今后爆发战争时有兵可用，设置了卫所制度，也就是所谓的常备军。但他吸取了宋代的教训（吃大锅饭，养兵千日，却只能用一小时），实行了军屯，划给军队土地，也就是当兵的平时耕地当农民，战时打仗当炮灰。

事实证明，这个方法十分省钱，但时间久了，情况就变了，毕竟打仗的时间少，耕田的时间多，久而久之，当兵的就真成了农民。有些地方更不像话，仗着天高皇帝远，军官趁机吞并了军屯的土地，当起了军事地主，把手下的兵当佃农，有的还做起了买卖。

搞成这么个状况，战斗力实在是谈不上了。

这种部队要拉出去，也只能填个沟、挖个洞，而且明朝的军队制度也有问题，部队在地方将领手中，兵权却在兵部手里，每次有麻烦都要临时找将领，再临时安排部队，这才能开打。

真打起来，就热闹了，说起打仗，很多电视剧上都这么演过：大家来自五湖四海，关键时刻指挥官大喝一声：为了国家，为了民族，冲啊！然后大家一拥而上，战胜了敌人，取得了辉煌的胜利。

这都是胡扯。

兵不知将，将不知兵，平时谁也不认识谁，饭没吃过，酒没喝过，啥感情基础都没有，关键时刻，谁肯为你卖命？你喊一句就让我去冲锋？你怎么不冲？

总之，卖命是可以的，冲锋也是可行的，但你得先给个理由。

在很长的一段时间内，大明王朝都找不到这个理由，所以明军的战斗力是一天不如一天，仗也越打越差。但随着时间地推移，一些优秀的将领终于找到了它，其中最为著名的一个人，就是戚继光。

而这个理由，也可以用一句经典电影台词来概括——跟着我，有肉吃。

很多人并不知道，戚继光的所谓“戚家军”，其实并不算明朝政府的军队，而是戚继光的私人武装。因为从征集到训练，都是他本人负责，从军官到士兵，都是他的铁杆，除了戚继光外，谁也指挥不动这支部队。

而且在戚继光的部队当兵工资高，从不拖欠，也不打白条。因为戚将军和胡宗宪（后来是张居正）关系好，军费给得足，加上他也会搞钱，时不时还让部队出去做点儿生意，待遇自然好。

长官靠得住，还能拿着高薪，这种部队，说什么人家也不走，打起仗来更是没话说，一个赛一个地往上冲。后来戚继光调去北方，当地士兵懒散，戚继光二话不说，把戚家军调了过来，当着所有人的面进行操练。

那一天，天降大雨，整整一天。

戚家军就在雨里站了一天，鸦雀无声，丝毫不动。

在这个世界上，没有无缘无故的爱，也没有无缘无故的忠诚。

但要论在这方面的成就，戚继光还只能排第二，因为有一个人比他更为出色——李成梁。

戚继光的戚家军，有一流的装备，优厚的待遇，是明朝战斗力最强的步兵，但他们并不是唯一的精英。在当时，还有一支能与之相匹敌的部队——辽东铁骑。

作为李成梁的精锐部队，辽东铁骑可谓是当时最强大的骑兵，作战勇猛，且行动迅速，来去如风，善于奔袭，是李成梁赖以成名的根本。

拥有如此强大的战斗力，是因为辽东铁骑的士兵们，不但收入丰厚，装备精良，还有着一样连戚家军都没有的东西——土地。

与戚继光不同，李成梁是一个有政治野心的人。他在辽东土生土长，是地头蛇，也没有“封侯非我意，但愿海波平”的高尚道德，在与蒙古人作战的过程中，他不断地扩充着自己的实力。

为了让士兵更加忠于自己，他不但大把花钱，还干了一件胆大包天的事情。

在明代，驻军都有自己的专用土地，用于军屯，这些土地都是国家所有，耕种所得也要上缴国家。但随着时间的推移，很多军屯土地都被个人占有，既当军官打仗，又当地主收租，兼职干得不亦乐乎。

当然，这种行为是违法的，如果被朝廷知道，是要惹麻烦的。

所以一般人也就用地种点儿东西，捞点儿小外快，就这样，还遮遮掩掩不敢声张。李成梁却大不相同，极为生猛，不但大大方方地占地，还把地都给分了！但凡是辽东铁骑的成员，基本上是人手一份。

贪了国家的粮也就罢了，连国家的地，他都敢自己分配，按照大明律令，这和造反也差不太远了，掉脑袋、全家抄斩，那都是板上钉钉的事。

但事实证明，李成梁不是木板，而是板砖，后台极硬，来头极大，还很会来事。张居正在的时候，他是张居正的嫡系；张居正下去了，他又成了申时行的亲信，谁也动不了他一根指头。

如果按马克思主义阶级理论分析，李成梁的士兵应该全都算地主，他的部队就是地主集团，那真是平民的没有，良民的不是。

有这么大的实惠，所以他的部下每逢上阵，都特别能玩命，特别能战斗，跟疯子似的向前跑，冲击力极强。

地盘是自己的，兵也是自己的，想干什么干什么，无法无天，对于这种人，今天我们有个通俗的称呼——军阀。

对于这些，朝廷自然是知道的，可也没办法，那地方兵荒马乱，只有李成梁镇得住，把他撤掉或者干掉，谁帮你干活？

所以自嘉靖以后，朝廷对这类人都非常客气，特别是辽东，虽然万历十九年（1591）李成梁退休了，但他的儿子还在，要知道，军阀的儿子，那还是军阀。

而作为新一代的军阀武将，李如松更是个难伺候的人物。

在明代，武将是一个很尴尬的角色，建国之初待遇极高，开国六公爵全部都是武将（李善长是因军功受封的），并形成了一个惯例：如非武将、无军功，无论多大官，作了多少贡献，都绝对不能受封爵位。

所以张居正虽位极人臣，干到太师，连皇帝都被他捏着玩，却什么爵位都没混上。而王守仁能混到伯爵，只是因为他平定了宁王叛乱，曾立下军功。

但这只是个特例，事实上，自宣德以来，武将的地位就大不如前了，这倒也不难理解，国家不打仗，丘八们自然也就无用武之地了。

武将逐渐成为粗人的代名词，加上明代的体制是以文制武，高级武官往往都是文科进士出身，真正拿刀拼命的，往往为人所鄙视。

被人鄙视久了，就会自己鄙视自己。许多武将为提高社会地位，纷纷努力学习文化，有事没事弄本书夹着走，以显示自己的“儒将”风度。

但这帮人靠打仗起家，基本都是文盲或半文盲，文言中有一句十分刻薄的话，说这些人是“举笔如扛鼎”，虽说损人，却也是事实。

所以折腾来折腾去，书没读几本，本事却丢光了，为了显示风度，军事训练、实战演习都没人搞了——怕人家说粗俗。武将的军事指挥能力开始大幅滑坡，战斗力也远不如前。

比如明代著名文学家冯梦龙（“三言”的作者）就曾编过这么个段子，说有一位武将，上阵打仗，眼看就要被人击败，突然间天降神兵，打垮了敌人。此人十分感激，便向天叩头，问神仙的来历和姓名。

神仙回答：我是垛子（注意这个称呼）。

武将再叩首，说我何德何能，竟然能让垛子神来救我。

垛子神却告诉他：你不用谢我，我只是来报恩的。

武将大惊：我何曾有恩于尊神？

垛子神答道：当然有恩，平日我在训练场，你从来没有射中过我一箭（从不曾一箭伤我）。

真是晕死。

就这么个吃力不讨好的工作，职业前景也不光明，干的人自然越来越少，像班超那样投笔从戎的人，基本上算是绝迹了。具体说来，此后只有两种人干这行。

第一种是当兵的。明代当兵的，无非是为混口饭吃，平时给长官种田，战时为国家打仗，每月领点儿死工资，不知哪天被打死。拿破仑说，不想当将军的士兵不是好士兵。明朝的士兵不想当将军，但在如此恶劣的环境下，混个百户、千户还是要的——至少到时可以大喊一声：兄弟们上！

为了实现从冲锋到叫别人冲锋的转变，许多小兵都十分努力，开始了士兵突击，苦练杀敌保命本领。一般说来，这种出身的武将都比较厉害，有上进心和战斗力，李成梁本人也是这么混出来的。

第二种就是身不由己了。一般都是世家子弟，打从爷爷辈起，就干这行，一家人吃饭的时候，经常讨论的也是上次你杀多少、这次我干掉几个之类的话题。家教就是拳头棍棒，传统就是不喜读书，从小锦衣玉食，自然也不想拼命，啥也干不了，基本属于废品。嘉靖年间的那位遇到蒙古人就签合同、送钱的仇鸾大将军，就是这类人的光荣代表。

总体看来，第一类人比第二类人要强，但特例也是有的，比如李如松。

用一帆风顺来形容李如松的前半生，那是极其贴切的。由于他爹年年杀人，年年提干，他还没到三十岁时，就被授予都指挥同知的职务，这是一个从二品的高级

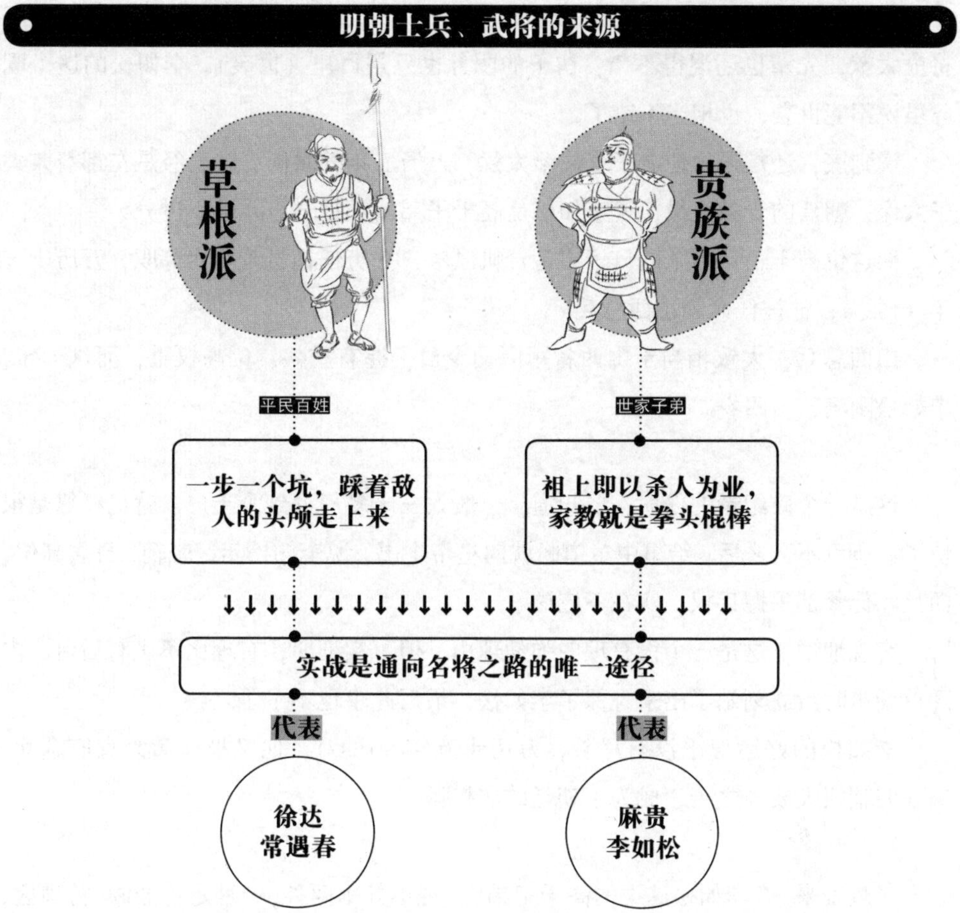

官职，实在是有点儿耸人听闻。想当年，戚继光继承的，也就是个四品官而已，而且还得熬到老爹退休，才能顺利接班。

李如松自然不同，他不是袭职，而是荫职。简单说来，是他不用把老爹等死或是等退休，直接就能干。

明代的武将升官有两种，一种是自己的职务，另一种是子孙后代的职务（荫职）。因为干武将这行，基本都是家族产业，所谓人才难得，而且万一哪天你不行了，你的后代又不读书（很有可能），找不到出路，也还能混口饭吃，安置好后路，你才能死心塌地去给国家卖命。

前面是老子的饭碗，后面是儿子的饭碗，所以更难升，也更难得。比如抗倭名将俞大猷，先辈也还混得不错，留下的职务也只是百户（世袭）。李如松的这个职务虽说不能世袭，也相当不错了。

说到底，还是因为他老子李成梁太猛，万历三年的时候，就已经是左都督兼太子太保，朝廷的一品大员，说李如松是高干子弟，那是一点儿也不过分。

而这位高干子弟后来的日子更是一帆风顺，并历任神机营副将等职，万历十一年（1583），他被任命为山西总兵。

山西总兵，大致相当于山西省军区司令员，握有重兵，位高权重，而这一年，李如松刚满三十四岁。

这是一个破纪录的任命，要知道，一般人三十多岁混到个千户，就已经算是很快了。所以不久之后，给事中黄道瞻就向皇帝上书，说李如松年纪轻轻，身居高位，而且和他爹都手握兵权，实在不应该。

客观地说，这是一个很有理的弹劾理由，但事实证明，有理比不上有后台。内阁首辅申时行立刻站了出来，保了李如松，最后此事也不了了之。

李如松的好运似乎没有尽头，万历十五年（1587），他又被任命为宣府总兵，镇守明朝四大要地之一，成为了朝廷的实权派。

一般说来，像李如松这类的高干子弟，表现不外乎两种，一种是特低调，特谦虚，比普通人还能装孙子；另一种是特狂妄、特嚣张，好像天地之间都容不下。不幸的是，李如松正好是后一种。

根据各种史料记载，这人从小就狂得没边，很有点儿武将之风——打人从来不找借口，就没见他瞧得上谁，因为这人太狂，还曾闹出过一件大事。

他在镇守宣府的时候，有一次外出参加操练，正碰上了巡抚许守谦，见面也不打招呼，二话不说，自发自觉地坐到了许巡抚的身边。

大家都傻了眼。

因为李如松虽然是总兵，这位许巡抚却也是当地最高地方长官，而按照明朝的规矩，以文制武，文官的身份要高于武将，李公子却仗势欺人，看巡抚大人不顺眼，

李如松

1549 年生人
辽东铁岭卫人

出身

官二代
父：辽东总兵
李成梁

兄弟
（李家九虎将）

李如松、李如柏、
李如桢、李如樟、
李如梅、李如梓、
李如梧、李如桂、
李如楠

军功簿

万历三大征之一：
宁夏哱拜叛乱

万历三大征之二：
壬辰抗倭援朝
战争

非要搞特殊化。

许守谦脸色大变，青一阵、白一阵，又不好太发作。他的下属，参政王学书却看不过去了，上前就劝，希望这位李总兵给点儿面子，坐到一边去，让巡抚好下台。

李总兵估计是嚣张惯了，坐着不动窝，看着王学书也不说话，那意思是老子就不走，你能把我怎么样？

王参政倒也是个直人，看着也有点儿火，上前一步，就准备拉他起来。

这下子可是惹了大祸，李如松岂肯吃亏，看着对方上来，把凳子踢开就准备上去干仗，好歹是被人拉住了。

许巡抚是个老实人，受了侮辱倒也没说啥，御史王之栋却想走胡宗宪的老路，投机一把，便连夜上书，弹劾李如松骄横无度，应予惩戒。

事实证明，干御史告状这行，除了胆大手黑，还得看后台。

奏疏上去之后，没多久命令就下来了——王之栋无事生非，罚俸一年。

但在这个世界上，大致就没有明代言官不敢干的事情。王之栋倒下来，千千万万个王之栋站起来，大家一拥而上，纷纷弹劾李如松。说什么的都有，舆论压力甚大。

这么多人，这么多告状信，就不是内阁能保得住的了，但耐人寻味的是，李如松却还是安然无恙、毫发无伤。大家就奇了怪了，内阁的人都是你家亲戚不成？

后来个把太监透风出来，你们的奏疏，皇帝都是看过的。大家这才恍然大悟，原来最大的后台在这里。

说来也怪，万历对戚继光、谭纶这种名将似乎兴趣不大，却单单喜欢李如松，把他看做帝国的武力支柱，对他十分欣赏，且刻意提拔，有他老人家做后台，那自然是谁也告不动的了。

简单说来，李如松是一个身居高位，却不知谦逊，且嚣张至极，到哪里都讨人嫌，碰谁得罪谁的狂妄家伙。

但我们也不得不说，这是一个有狂妄资本的家伙。

◆ 李如松的实力

万历二十年（1592），宁夏发生叛乱，万历虽然已经休养五年，且一直是多一事不如少一事，然而叛乱逐渐扩大，眼看不管是不行了，万历下令出兵平叛。

戚继光已经死了，李成梁又退了休，指挥官自然是李如松。于是万历下令，任命李如松为提督陕西讨逆军务总兵官，前去平叛。

这也是一个非同小可的任命，所谓提督陕西讨逆军务总兵官，并非是陕西一省的军事长官，事实上，他带领的，是辽东、宣府、大同、山西各省的援军。也就是说，只要是平叛的部队，统统都归他管，不受地域限制，权力极大，类似于后来的督师，即所谓的平叛军总司令。

而在以往，这种大军团指挥官都由文官担任，以武将身份就任提督的，李如松是第一个。

得到这一殊荣的李如松着实名不虚传，到地方后一分钟也不消停，就跟当地总督干了起来，不服管，合理化建议也不听，想干什么就干什么。兵部尚书石星看不下去，先去信劝他收敛点儿，结果李如松连部长的面子也不给，理都不理。石星气得不行，就告到了皇帝那里。

可是皇帝也没多大反应，下了个命令，让李如松注意影响，提督还是照做，跟没说没两样。石星丢尽了面子，索性也不管了，只是放话出来：纨绔子弟，看他如何平叛！

然而，石星大人明显忽略了一个问题：纨绔子弟，就一定没有能力吗？

纨绔子弟李如松去宁夏了，在那里，他遇到了叛军，还有麻贵。

麻贵，大同人，时任宁夏总兵。和李如松一样，他也是将门出身，但要论职业发展，这两人实在是一个天上，一个地下。

早在嘉靖年间，这位仁兄就已经拿刀上阵拼命了，打了若干年、若干仗，到了隆庆时期，才混到个参将，然后又是若干年、若干仗，到万历年间，终于当上了大同副总兵，万历十年（1582）修成正果，当上了宁夏总兵。这一路走来，可谓是一步一个坑，吃尽了苦，受够了累。

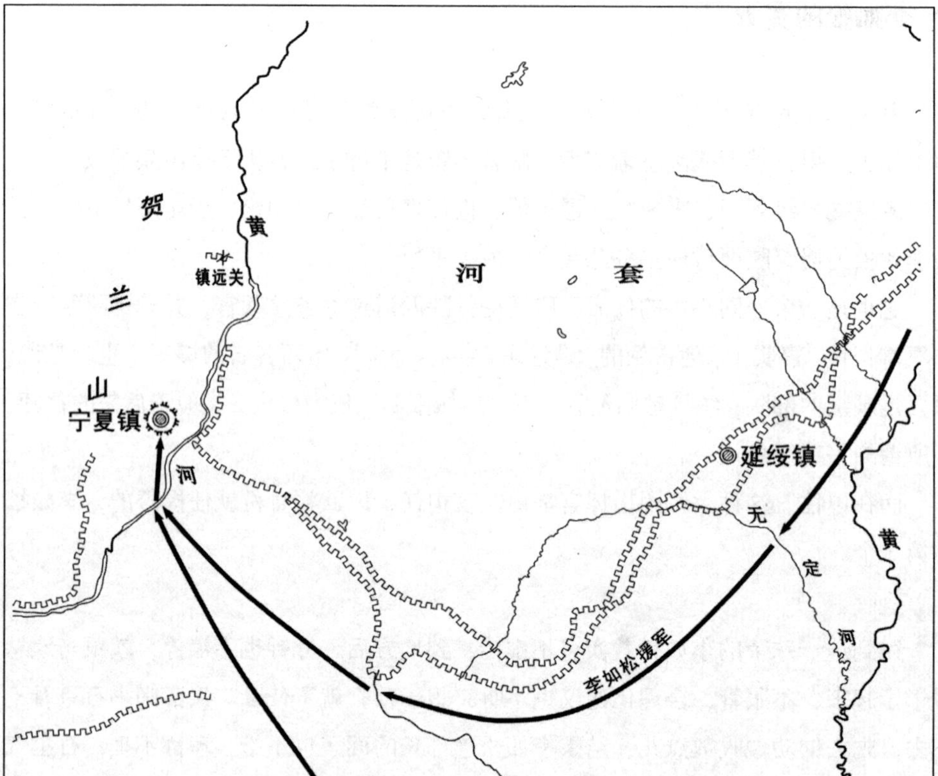
贺
兰
山
黄
镇远关
河
套
宁夏镇
河
延绥镇
无
定
河
黄
李如松援军
洛
延安府
河
固原镇
庆阳府
平凉府
浙江援军 苗兵
水
潼关
凤翔府
水
渭
西安府

↑ 宁夏之役

人比人，那真是气死人。看人家李如松随便晃晃，三十四岁就当上了山西总兵，现在更是摇身一变，当了讨逆总司令，跑来当了自己的上司，麻贵的心里很不服气。

可还没等他老人家发作，李如松就发火了，刚来没几天，就把他叫去骂了一顿，还送了他一个特定评价：无能。

这句话倒不是没有来由的。李如松到来的时候，叛军首领哱拜已收缩防线，退守坚城，麻贵也已将城团团围住，并日夜不停攻打。但这帮叛军很有点儿硬气，小打小守，大打大守，明军在城下晃悠了半个多月，却毫无进展。

麻贵打了多年仗，是军队的老油条，且为人高傲，动辄问候人家父母，平时只有他骂人，没有人骂他。

但这次挨了骂，他却不敢出声，因为他清楚眼前这个人的背景，那是万万得罪不起的，而且他确实攻城不利，一口恶气只能咽肚子里，苦着脸报告李司令员：敌军坚守不出，城池高大，十分坚固，实在很难打，最后还毕恭毕敬地向新上司请教：我不行，您看怎么办？

虽然麻贵识相，但李公子脾气却着实不小，一点儿不消停，接着往下骂。麻贵一咬牙，就当是狗叫吧，骂死也不出声，等到李如松不骂了，这才行个礼准备往外走，却听到了李如松的最后一句话：

你马上去准备三万个布袋，装上土，过几天我要用。

攻城要布袋作甚？麻贵不知道为什么，也不敢问为什么，但有一点他是知道的，如果几天后没有这些布袋，他还要挨第二次骂。

参考消息　**“哱王子”**

万历二十年二月十八日，宁夏叛乱爆发，哱拜集结众人冲入宁夏巡抚党馨的公署，杀党馨、夺符印、释放囚犯、并开银库任人哄抢。这次叛乱由于人数众多、叛军将领很有经验，到了六月，镇压叛乱已经进行了四个月，却依然没有效果。哱拜本是蒙古人，因父兄被杀而投奔明军，叛乱后自称“哱王子”，为了抵御各路明军的进攻，又向蒙古袄儿都司诸部求援，准备效仿西夏的李元昊，拥兵自立、割据宁夏。

几天之后，李如松站在三万个土袋的面前，满意地点了点头，然后下达了简洁的命令——堆。

麻贵这才恍然大悟。

李如松的方法并不神秘，既然敌城高大，难以攻打，那就找土袋打底，就好比爬墙时找两块砖头垫脚，够得差不离了就能翻墙，简单，却实在是个好办法。

就这么一路往高堆，眼看差不多了，当兵的就踩在布袋堆上往城头射箭，架云梯，准备登城。

但城内的叛军首领哱拜实在有两下子，也不是吃素的，在城头架起火炮投石机，直接轰击布袋堆上的士兵，打退了明军的进攻。

敌人如此顽强，实在出乎李如松地意料，于是他派出了自己的弟弟李如樟，在深夜发动进攻。李如樟也没给哥哥丢脸，领导带头爬云梯。无奈叛军十分强悍，掀翻云梯，打退了明军，李如樟同志自由落体摔伤，好在并无大碍。

进攻再次受阻，李如松却毫不气馁，他叫来了游击将军龚子敬，给了他一个光荣的任务——组建敢死队。

所谓敢死队，就是关键时刻敢拼命的。龚子敬思虑再三，感觉一般士兵没有这个觉悟（客观事实），便召集了军中的苗军，先请吃饭，再给重赏，要他们卖命打仗，攻击城池南关。

要说还是苗兵实在，吃了人家的，感觉过意不去，上级一声令下，个个奋勇当先，拼死登城。城内守军没见过这个阵势，一时之间有点儿支持不住。

李如松见状，亲自带领主力部队前来支援，眼看就要一举拿下，可这伙叛军实在太过扎实，惊慌之后立刻判明形势，并调集全城军队严防死守，硬是把攻城部队给打了回去。

明军攻城失败，麻贵却有些得意：说我不行，你也不怎么样嘛。

但让他吃惊的是，李如松却不以为意，非但没有愁眉苦脸，反而开始骑着马围着城池转圈，颇有点儿郊游的意思。

几天后，他又找到了麻贵，让他召集三千士兵，开始干另一件事——挖沟。

具体说来,是从城外的河川挖起,由高至低,往城池的方向推进。这种作业方式,在兵法上有一个专用称呼——水攻。

李如松经过几天地围城观察,终于发现,叛军城池太过坚固,如果硬攻,损失惨重不说,攻不攻得下来也难说。

但同时他也发现,城池所处的位置很低,而附近正好也有河流,于是……

这回哱拜麻烦了,看着城外不断高涨的水位,以及墙根处不断出现的裂缝管涌,只能天天挖土堵漏,面对茫茫一片大水,想打都没对手,手足无措。

此时,李如松正坐在城外高处,满意地看着眼前的这一幕。他知道敌人眼前的困境,也知道他们即将采取的行动——因为这是他们唯一的选择。

三天之后的一个深夜,久闭的城门突然洞开,一群骑兵快速冲出,向远处奔去——那里有叛军的援军。

明军似乎毫无准备,这群人放马狂奔,竟未受阻挡,突围而去。

但自由的快乐是短暂的,高兴了一阵后,他们惊奇地发现,在自己的前方,突然出现了大队明军,而且看起来,这帮人已经等了很久。

逃出包围已然是筋疲力尽,要再拼一次实在有点儿强人所难。所以明军刚刚发起进攻,脱逃叛军便土崩瓦解,死的死,降的降。

由始至终,一切都在李如松地掌握之中。

他水攻城池,就料定敌军必然会出城求援,而城外叛军的方向他也早已探明,在敌军必经之路上设下埋伏,是一件再简单不过的事情。

但仍有一件事情出乎了他的意料——叛军援军还是来了。

其实来也不奇怪,围城都围了那么久,天天枪打炮轰,保密是谈不上了,但这个时候叛军到来,如果内外夹攻,战局将会非常麻烦。

麻贵一头乱麻,赶紧去找李如松。李司令员仍旧是一脸平静,只说了一句话:

管他城内城外,敌军若来,就地歼之!

对方援军很快就兵临城下了，且人数众多，有数万之众，城内的叛军欢欣鼓舞，明军即将败退，胜利唾手可得！

然而不久之后，他们就亲眼看到了希望地破灭，破灭在李如松的手中。

麻贵再次大开眼界，在这次战役中，他看到了另一个李如松。

面对人多势众的敌军，李如松不顾他人地劝阻，亲自上阵。更让麻贵吃惊的是，这位正二品的高级指挥官竟然亲自挥舞马刀，冲锋在前！

和西方军队不同，中国军队打仗，除了单挑外，指挥官一般不在前列。这是很明智的，中国打仗规模大，人多，死人也多，兵死了可以再招，将军死了没地方找，也没时间换，反正冲锋也不差你一个，所以一般说来，能不冲就不冲。

明军也不例外，开国时那一班猛人中，除了常遇春出于个人爱好，喜欢当前锋外，别人基本都待在中军。后来的朱棣倒也有这个喜好，很是风光了几回，但自此之后，这一不正常现象基本绝迹，包括戚继光在内。

但李如松不同，他带头冲锋，那是家庭传统，他爹李成梁从小军官干起，白手起家组建辽东铁骑，一向是领导率先垂范，带头砍人。老子英雄儿好汉，李如松对这项工作也甚感兴趣。

于是在李如松地带领下，明军向叛军发动了猛攻，但对方估计也是急了眼了，死命抵住明军地冲击后，竟然还能发动反攻。

毕竟李如松这样的人还是少数，大多数明军都是按月拿工资的，被对方一冲，怕死的难免就往回跑。而此时,李如松又表现出了患难与共的品质——谁也不许跑，但凡逃跑的,都被他的督战队干掉了。他也不甘寂寞,亲手杀了几个退却的士兵（手斩士卒畏缩者)。在凶神恶煞的李如松面前，士兵们终于认定，还是回去打仗的好。

在明军地顽强阻击下，援军败退而去，城内叛军失去了最后的希望。

正所谓屋漏偏逢连夜雨，哱拜又发现，经过多日水泡，城池北关部分城墙已经塌陷，防守极其薄弱。

现在无论是李如松还是哱拜，都已经认定，战争即将结束，只剩下最后的一幕。

在落幕之前，李如松召开了一次军事会议，讨论下一步的进攻计划。

在场的人终于达成了一致意见——进攻北关，因为瞎子也看得见，这里将是最好的突破口。

李如松点了点头，他命令部将萧如薰带兵攻击北关。

但是接下来，他却下了另一道让所有人大吃一惊的命令：

全军集合，于北关攻击开始后，总攻南关！

所有人都认定北关将是主攻地点，所以进攻南关，才是最好地选择。

兵者，诡道也。

从那一刻起，麻贵才真正认识了眼前的这个人，这个被称为纨绔子弟的家伙。他知道，此人的能力深不可测，此人的前途不可限量。

进攻开始了，当所有的叛军都集结在北关，准备玩最后一把命的时候，却听到了背后传来的呐喊声。李如松这次也豁出去了，亲自登云爬墙，坚守了几个月的城池就此被攻陷。

紧跟在李如松身后的，正是麻贵，看着这个小自己一茬的身影，他已经心服口服，甘愿步其后尘。但他不会想到，五年之后，他真步了李如松的后尘。

看见明军入城，叛军们慌不择路。要说这哱拜不愧是首领，比小兵反应快得多，一转手就干掉了自己的两个下属，并召集其余叛军，找李如松谈判，大意是说我之所以反叛，是受了这两人的骗，现在看到你入城，已然悔过自新，希望给我和我家人一条活路。

参考消息 **夫人之功**

萧如薰是宁夏叛乱时，第一个没被哱拜吓得弃城而逃的守将，而这跟他夫人的支持有莫大的关系。萧如薰的夫人是工部尚书杨兆的女儿，虽然不像戚继光夫人那般勇猛善武，心志却坚。萧如薰在城楼上抵抗，她就在城中的商人那里低价变卖了首饰和值钱的衣物、器皿，以高价购得酒食药品，组织女眷探望兵员和伤员。后来萧如薰得到了封赏，杨氏也被封为诰命夫人，并得到了朝廷为其建造的功德牌坊（为女子设立功德牌坊在历代也极为少见）。

京师
宁夏卫
太原府
济南府
开封府
黄
河
西安府
宁夏之役
时间：1592年2—9月
对象：哱拜
统帅：李如松
先锋：麻贵
花费：白银300万两(约人民币18亿)
朝鲜之役
时间：1592年
1597年—1598年
对象：日军丰臣秀吉
统帅：李如松、邢玠
经略：宋应昌
花费：白银700万两(约人民币42亿)
朝
鲜
南京
东
江
武昌府
大
杭州府
南昌府
海
播州宣慰司
贵州府
福州府
桂林府
播州之役
时间：1589年—1600年
对象：杨应龙
统帅：李化龙
先锋：刘綎
花费：白银200万两(约人民币12亿)
南
海

↑ 万历三大征

李如松想了一下，说：好，放下武器，就饶了你。

哱拜松了口气，投降了。

延续几个月的宁夏之乱就此画上了句号，由于其规模巨大，影响深远，史称“万历三大征”之一。当然，关于哱拜的结局，还要交代一句。

史料上是这样记载的：尽灭拜（哱拜）族。

这正是李如松的风格。

投降？早干吗去了？

参考消息　活宝儿子

哱拜原为宁夏已退休的前任副总兵，跟麻贵是同僚，因为被巡抚党馨长期压制而记恨在心。有一回，他的儿子哱承恩看上了一个美貌的平民女子，妄图霸占为妾。不巧被党馨见个正着，于是给了哱承恩二十大棍。正当哱拜伺机报复时，由于党馨克扣军饷，宁夏驻军士兵发生了哗变，哱拜立刻带兵叛乱。而其子哱承恩却在李如松攻城之后，独自出城投降。哱拜和其余的家人全部自尽，这个活宝则一直被押运到了京城才杀了头，仅比因他而死的父亲哱拜多活了几个月。

第十四章

兵不厌诈

低调 是属于弱者的专利 战场上的强者 从来都不需要掩饰

◆ 无须谈判，干掉就好

对李如松而言，万历二十年（1592）实在是个多事的年份，刚刚解决完宁夏这摊子事，就接到了宋应昌的通知，于是陕西提督就变成了辽东提督，凳子还没坐热，就掉头奔日本人去了。

其实说起来，李如松并不是故意要大牌，一定要宋部长等，之所以拖了几个月，是因为他也要等。

事实上，所谓辽东铁骑，并非李如松一人指挥，而是分由八人统领，参与宁夏平乱的，只是其中一部分。

而这一次，李如松并没有匆忙出发，在仔细思虑之后，他决定召集所有的人。战争的直觉告诉他，在朝鲜等待着他的，将是更为强大的敌人。

作为大明最为精锐的骑兵部队，辽东铁骑的人数并不多，加起来不过万人，分别由李成梁旧部、家将、儿子们统管，除了李如松有三千人外，他的弟弟李如梅、李如桢、李如梧 以及心腹家丁祖承训、查大受等都只有一千余人，所谓浓缩的才是精华，应该就是这个意思。

除了等这帮嫡系外，还要等杂牌，奉宋应昌命令，

左中右三军统帅

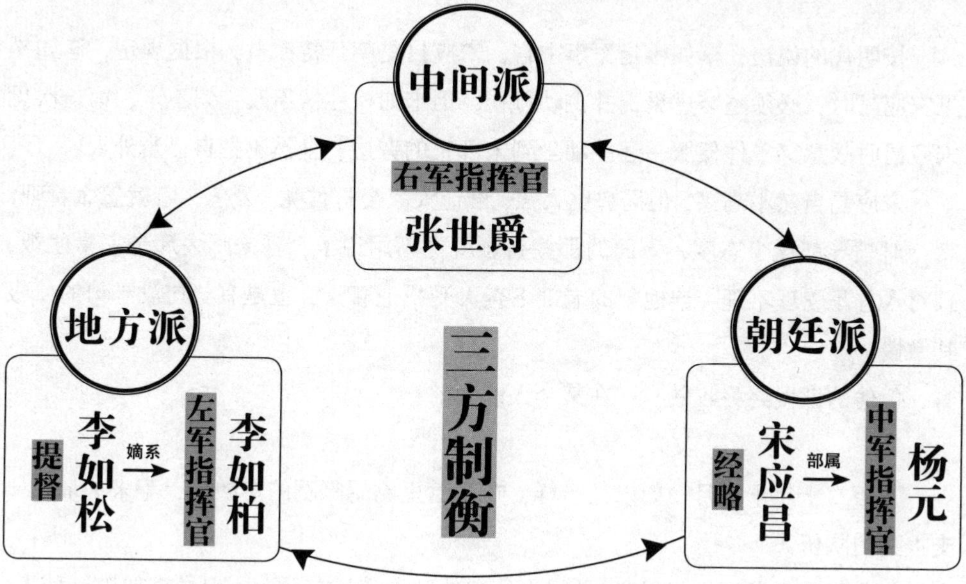

归其指挥的，还有全国各地的军队。自万历二十年（1592）八月起，蓟州、保定、山东、浙江、山西、南直隶各军纷纷受命，向着同一个方向集结。

万历二十年（1592）十一月，各路部队辽东会师，援朝军队组建完成，总兵力四万余人，宋应昌为经略，李如松为提督。

部队分为三军，中军指挥官为副总兵杨元，左军指挥官为副总兵李如柏，右军指挥官为副总兵张世爵，所到将领各司其职。

简单说起来，大致是这么个关系，宋应昌是老大，代表朝廷管事；李如松是老二，掌握军队指挥具体战斗；杨元、李如柏、张世爵是中层干部，其余都是干活的。

细细分析一下，就会发现，这个安排别有奥妙。李如柏是李如松的弟弟，自然是嫡系；杨元原任都督佥事，却是宋应昌的人；张世爵虽也是李如松的手下，却算不上铁杆。

左中右三军统帅，实际上也是左中右三派，既要给李如松自由让他打仗，又要他听话不闹事，费尽心思搞平衡，宋部长着实下了一番工夫。

但实际操作起来，宋部长才发现，全然不是那回事。

按明代的说法，李如松是军事主官，宋应昌是朝廷特派员，根据规定，李如松见宋应昌时，必须整装进见，并主动行礼。但李如松性情不改，偏不干，第一次见宋应昌时故意穿了件便服，还主动坐到宋部长的旁边，全然不把自己当外人。

宋应昌自然不高兴，但局势比人强，谁让人家会打仗呢，爱怎么着就怎么着吧。

对领导都这个态度，下面的那些将领就更不用说了，呼来喝去那是家常便饭，且对人总是爱理不理，连他爹的老部下查大受找他聊天，也是有一句没一句的，极其傲慢。

但他的傲慢终将收敛——在某个人的面前。

万历二十年十二月，如以往一样，在军营里骂骂咧咧的李如松，等来了最后一支报到的队伍。

这支部队之所以到得最晚，是因为他们的驻地离辽东最远。但像李如松这种人，没事也闹三分，只有别人等他，敢让他老人家等的，那就是活得不耐烦了，按照以往惯例，迎接这支迟到队伍领兵官的，必定是李如松如疾风骤雨般的口水和呵斥。有丰富被骂经验的诸位手下都屏息静气，准备看一场好戏。

然而，出乎所有人的意料，好戏并没有上演，充满找茬欲望、一脸兴奋的李如松竟然转性了，不但没有发火，还让人收拾大营，准备迎接，看得属下们目瞪口呆。

这一切的变化，从他听到那位领兵官名字的一刻开始——吴惟忠。

吴惟忠，号云峰，浙江金华义乌人，时任浙江游击将军。

这个名字并不起眼，这份履历也不辉煌，但只要看看他的籍贯，再翻翻他的档案，你就能明白，这个面子，李如松是不能不给的。

简单说来，二十多年前，李如松尚在四处游荡之际，这位仁兄就在浙江义乌参军打倭寇了，而招他入伍的人，就是戚继光。

李如松不是不讲礼貌，而是只对他看得起的人讲礼貌，戚继光自然是其中之一，更何况他爹李成梁和戚继光的关系很好，对这位偶像级的人物，李如松一向是奉若神明。

作为戚继光的部将，吴惟忠有极为丰富的战斗经验，而且他大半辈子都在打日本人，应该算是灭倭专家，对这种专业型人才，李如松自然要捧。

而更重要的是，吴惟忠还带来了四千名特殊的步兵——戚家军。

虽然戚继光不在了，第一代戚家军要么退了休，要么升了官（比如吴惟忠），但他的练兵方法却作为光荣传统流传下来，一代传一代，大致类似于今天的“钢刀连”“英雄团”。

这四千人就是戚继光训练法的产物。时代不同了，练法还一样，摸爬滚打，吃尽了苦、受尽了累，练完后就拉出去搞社会实践——打倭寇。

虽说大规模的倭寇入侵已不存在，但毕竟当时日本太乱，国内工作不好找，所以时不时总有一群穷哥们跑过来抢一把，而戚家军的练兵对象也就是这批人。

于是在经历了长期理论与实践相结合的锻炼后，作为大明帝国最精锐的军队，打了十几年倭寇的戚家军（二代），将前往朝鲜，经历一场他们先辈曾苦苦追寻的战争。因为在那里，他们的敌人，正是倭寇的最终来源。

和吴惟忠一起来的，还有另一个人，他的名字叫骆尚志。

骆尚志，号云谷，浙江绍兴余姚人，时任神机营参将。这人用一个字来形容就是猛，两个字就是很猛。据说他膂力惊人，能举千斤（这要在今天，就去参加奥运会了），号称“骆千斤”。

虽说夸张了点儿，但骆尚志确实相当厉害，他不但有力气，且武艺高强，擅长剑术，一个打七八个不成问题。而不久之后，他将成为决定胜负的关键人物。

除了精兵强将外，这批戚家军的服装也相当有特点。据朝鲜史料记载，他们统一穿着红色外装，且身上携带多种兵器（鸳鸯阵必备装备），放眼望去十分显眼。这也是个怪事，打仗的时候，显眼实在不是个好事，比如曹操同志，割须断袍，表现如此低调，这才保了一条命。

但之后的战争过程为我们揭示了其中的深刻原理：低调，是属于弱者的专利，战场上的强者，从来都不需要掩饰。

至此，大明帝国的两大主力已集结完毕，最优秀的将领也已到齐，一切都已齐备，摊牌的时候，到了。

可是，在出发的前一刻，一个人却突然闯入了李如松的军营，告诉他不用大动干戈，仅凭自己只言片语，就能逼退倭兵。

这个人就是沈惟敬。

虽然宋应昌严词警告过他，也明确告诉了他谈判的条件，这位大混混却像是混出了感觉，不但不回家，却开始变本加厉，频繁奔走于日本与朝鲜之间，来回搞外交（也就是忽悠）。

当他听说李如松准备出兵时，便匆忙赶来，担心这位仁兄一开战，会坏了自己的“和平大业”，所以一见到李司令员，便拿出了当初忽悠朝鲜国王的本领，描述和平的美妙前景，劝说李如松同意日方的条件。在他看来，这是有可能的。

他唾沫横飞地讲了半天，李如松也不答话，聚精会神地听他讲，等他不言语了，就问他：说完了没有？

沈惟敬答道：说完了。

说完了就好，李如松一拍桌子，大喝一声：

抓起来，拉出去砍了！

沈惟敬懵了，他并不知道，李如松对于所谓和平使者，只有一个态度——拿板砖拍死他。

老子手里有兵，杀掉他们就好，谈判？笑话！

眼看沈大忽悠就要完蛋，一个人站出来说话了。

这个人的名字叫做李应试，时任参谋，虽说名字叫应试，倒不像是应试教育的产物，眼珠一转，拦住了李如松，对他说了一句话。

随即，李如松改变了主意，于是吓得魂不附体的沈惟敬保住了自己的性命（暂时），被拖回了军营，软禁了起来。

李应试的那句话大致可概括为八个字：此人可用，将计就计。

具体说来，是借此人假意答应日军的条件，麻痹对方，然后发动突袭。

示之以动，利其静而有主，益动而巽，是为暗度陈仓。

——三十六计之敌战计

万历二十年（1592）十二月二十六日，李如松率领大军，跨过鸭绿江。

朝鲜国王李昖站在对岸，亲自迎接援军的到来，被人追砍了几个月，又被忽悠了若干天，来来往往，就没见过实在的，现在，他终于等来了真正的希望。

但柳成龙却不这么看，这位仁兄还是老习惯，来了就数人数，数完后就皱眉头，私下里找到李如松，问他：你们总共多少人？

李如松回答：四万有余，五万不足。

柳成龙不以为然了：倭军近二十万，朝军已无战斗力，天军虽勇，但仅凭这四万余人，恐怕无济于事。

要换在以往，碰到敢这么讲话的，李如松早就抄家伙动手了，但毕竟这是国外，要注意政治影响。于是李大少强压火气，冷冷地说出了他的回答：

阁下以为少，我却以为太多！

柳成龙一声叹息，在他看来，这又是第二个祖承训。

而接下来发生的事情，更让他认定，李如松是一个盲目自信、毫无经验的统帅。

作为李成梁的家丁，祖承训身经百战，一向是浑人胆大，但自从战败归来，他却一反常态，常常对人说日军厉害，具体说来是“多以兽皮鸡尾为衣饰，以金银作傀儡，以表人面及马面，极为骇异”。类似的话还有很多，那意思大致是，日本人外形奇特，行为诡异，很可能不正常，属于妖怪一类，没准儿还吃人肉。

应该说，这种观感还是可以理解的。战国时期的日本武将们都喜欢穿些稀奇古怪的玩意儿，比如黑田长政，每次打仗都戴着一顶锅铲帽（形似锅铲），而福岛正则的帽子，是两只长牛角，类似的奇装异服还有很多，反正是自己设计，要多新潮有多新潮。

第一次见这副打扮，吓一跳是很正常的，但没过多久，祖承训这种妖魔化日军的行为就停止了，因为李如松收拾了他。虽然祖承训是他父亲的老部下，虽然祖承训从小看他长大，虽然祖承训也算是高级军官，但对于李如松而言，这些似乎并不重要。

祖总兵被打了二十军棍，并被严厉警告，如再敢妖言惑众，动摇军心，就要掉脑袋。

这些倒也罢了，问题是李司令不但容不下“妖言”，连人言也不听。祖承训几次建言，说日军士兵勇猛，武器独特，战法奇异，不可轻敌。李如松却丝毫不理。

看到这幕似曾相识的景象,柳成龙绝望了。他曾私下对大臣尹斗寿说：提督（指李如松）不知敌情，却如此自信轻敌，此次是必败无疑了。

而拜祖承训的宣传所赐，许多明军将领也对日军畏惧有加（毕竟都没见过），李如松却又狂得冒烟，对日军不屑一顾，很有点儿盲目自信的意思。总而言之，大家心里都没谱。

只有一个人，知道所有的真相。

虽然已过去了很久，李如松却仍清楚地记得，二十多年前，在一个又一个深夜，那位落魄的老人站立在他的身边，耐心地告知他所有的一切：他们从哪里来，来干什么，他们的武器战术，他们的凶狠残忍，以及战胜他们的方法。

然后，他就离开了自己。很多年过去了，那个人的一切却始终牢牢地铭刻在脑海中，他的博学、教诲和那沧桑、期望的眼神。

今日我所传授于你之一切，务必牢记于心。

是的，我记得所有的一切，二十多年之中，一日也不曾忘却。

这一刻，我已等待了太久。

◆ 误会

万历二十一年（1593）正月初四，在无数怀疑的眼光中，李如松带兵抵达了安定馆（《明史》为肃宁馆），在这里，他见到了前来拜会的日军使者。

但这些人既不是来宣战，也不是来求和的，他们只有一个比较滑稽的目的——请赏。

李如松的计策成功了，在他的授意下，沈惟敬派人向小西行长报信，说明朝同意和谈条件，此来是封赏日军将领，希望做好接待工作云云。

要说这日本人有时还是很实在的，听说给赏钱的来了，小西行长十分高兴，忙不迭地派人去找李如松。

一般说来,办这种事,去个把人也就够了。不知是小西行长讲礼貌,还是穷疯了,这次竟然派了二十三个人，组了个团来拿封赏。

顺便说一句,这里的数字,源自我所查到的兵部侍郎宋应昌的奏疏,但据《明史》记载，是二十个人，而且事后剩余人数也不同。这也是没办法，明代史难度就在于史料太多，这本书这么说，那本书那么说，基本上就是一笔自相矛盾的烂账，类似情况多如牛毛。

在本书中，但凡遇到此类头疼问题，一般根据顾颉刚先生的史料辨析原则，故此处采信宋应昌的奏疏。

这二十三人到的时候，李如松正在大营里。他即刻吩咐，把带头的几个人请到大营，他马上就到。

马上的意思，就是很快，当然，也是还要等一会儿。

出事，也就是一会儿的事。

李如松很懂得保密的重要性，所以沈惟敬的情况以及他的打算，只有少数几个人知晓，这中间不包括李宁。

李宁是李如松的部将，性格简单粗暴，天天喊打喊杀，这天正好待在大营外，先听说来了日本人，又听说李提督要处理这些人，当即二杆子精神大爆发，带着几个人，这就进了大营。

一进去，李宁二话不说，拔刀就砍。日本人当时就傻了眼，两国交战还讲究个不斩来使，来讨赏的竟然也砍？于是仓皇之间，四散逃命。

由于李宁是自发行动，又没个全盘计划，一乱起来谁也不知怎么回事，一些日本人就趁机逃掉了，于是乱打乱杀之后战果如下：生擒一人，杀十五人，七人逃走。

等李如松“马上”赶到的时候，看到的就是这么个一地鸡毛、狼狈不堪的场面。他当即暴跳如雷。因为这个傻大粗不但未经命令擅自行动，还破坏了他的整体计划。

李提督自然不肯干休，当即命令，把李宁拉出去砍头。

但凡这个时候，总有一帮将领出场，求情的求情，告饶的告饶，总而言之，要把人保下来。

这次也不例外,李如松的弟弟李如柏亲自出马,且表演得十分卖力（哭告免死）。碍于众人的面子，李如松没有杀李宁，重责他十五军棍，让他戴罪立功。

但就在大家如释重负的时候，李如松却叫住了李如柏，平静地对他说了一句话:

今天你替人求情,我饶了他,但如果你敢违抗我的将令,我就杀了你（必枭首)。

李如柏发抖了。他知道，自己的哥哥从不开玩笑。

从那一刻起，无人再敢违抗李如松地命令。

教训了李宁，又吓唬了弟弟，但于事无补，日军使者已经杀掉了，你总不能去找小西行长说，这是误会，我们本打算出其不意，过两天才撕破脸打你，所以麻烦你再派人来，咱们再谈谈。

只要日本人精神还正常，估计这事是没指望的，所以李如松认定，自己的算盘已经落空。

然而，最蹊跷的事情发生了，仅过了一天，小西行长就派来了第二批使者，而他的任务，并不是宣战，也不是复仇，却是澄清误会。

误会？李如松目瞪口呆。

估计是沈惟敬的忽悠功底太强,小西行长对和谈信心十足,就等着明朝册封了,听说自己派去的人被杀了，先是吃了一惊，然后就开始琢磨，想来想去，一拍脑袋，明白了：一定是误会。

由于担心上次那批人没文化，礼数不到，所以这次小西行长派来了自己的亲信小西飞，让他务必找到李如松，摸清情况。

事情正如他所想的那样，在短暂的惊讶之后，李如松笑容满面地迎接了他，还请他吃了顿饭，并确认了小西行长的疑问：没错，就是误会。

既然是误会，小西行长自然也就放心了，误会总是难免的，死了就死了吧，希望大明队伍早日到达平壤，他将热情迎接。

李如松回复，十分感激，待到平壤再当面致谢。

万历二十一年（1593）正月初六，李如松到达平壤。

日本人办事确实认真，为了迎接大明队伍，在城门口张灯结彩不说，还找了一群人，穿得花枝招展在路旁迎接（花衣夹道迎），据说事先还彩排过。

而当李如松远远看到这一切的时候，他简直不敢相信自己的眼睛，彩旗飘飘，夹道欢迎，这算是怎么回事？侮辱我？

但在短暂地诧异之后，李如松意识到，这是一个千载难逢的机会，如能一鼓作气冲入城去，攻占平壤，唾手可得！

他随即下达了全军总攻的命令。

然而，意想不到的事情发生了。他的部队似乎中了邪，有的往前冲了，大部分却只是观望，几道命令下来，也只是在原地踩脚，龟缩不前。

之所以出现如此怪象，说到底还是老问题——没见过，千里迢迢跑过来，没看见拿着刀剑的敌人，却看见一群衣着怪异的人在路边又唱又跳，浑似一群疯子，换了谁都心里没底。再加上祖承训的妖魔化宣传，大多数人都认定了一个原则——不急，看看再说。

这一看，就耽误了。

戚家军打日本人起家，自然不会少见多怪，二话不说撸起袖子就往前赶。可是他们是步兵，行进速度慢，而大多数骑兵都在看稀奇，无人敢上。

这么一闹腾，傻子也明白是怎么回事了。小西行长如梦初醒，立刻关上城门，派兵严加防守（悉登城拒守），把明军挡在了城外，虽说丢了个仪仗队，总算是保住了平壤。

李如松彻底发作了，城门大开，拱手相让，居然不要，你们都是瞎子不成？！

但恼怒之后，李如松仔细观察了眼前这座城池，很快，他意识到，这或许不是一次成功地进攻，却并非毫无价值——只要采取适当的行动。

于是一幕让小西行长摸不着头脑的情景出现了，已经丧失战机的明军不但没有停下来，反而重新发起了攻击，而他们的目标，是平壤的北城。

平壤的北城防守严密，且有牡丹峰高地，易守难攻，进攻很快被击退，明军并不恋战，撤兵而去。

站在城头的小西行长，看到了战斗的全过程，他十分不解，为何明军毫无胜算，却还要攻击此地。

不过无论如何，这次战斗结束了，自己并没有吃亏，于是在小西行长的脑海中，只剩下了这样一个印象——明军曾经进攻过北城。

但对李如松而言，这已经足够了。

进攻结束了，但李如松的脾气却没有结束，回营之后，他一如既往地召集了所有将领，开始骂人。

这次骂人的规模极大，除了吴惟忠、骆尚志少数几人外，明军下属几十名将领无一幸免，都被暴跳如雷的李司令训得狗血淋头。

但事已至此，人家已经关门了，靠忽悠已然不行，骂也骂不开，只有硬打了。

既然要硬打，就得有个攻城方案，怎么打，谁来打，但李司令员却似乎没有这个意识，骂完就走，只说了一句话:

“李如柏，今夜带兵巡夜，不得休息！”

作为李如松的弟弟和属下，李如柏认为，这个命令是对自己的惩罚，也是另一次杀鸡儆猴的把戏。

几个小时之后，他将意识到自己的错误。

寅时，平壤紧闭的大西门突然洞开，三千余名日军在夜幕的掩护下，向明军大营扑去。

这是小西行长的安排，在他看来，明军立足未稳，且人生地不熟，摸黑去劫一把，应该万无一失。

据说小西行长平日最喜欢读的书，就是《三国演义》，所以对劫营这招情有独钟。但是很可惜，这一套有时并不管用，特别是对李如松，因为他也是此书的忠实读者。

这三千多人还没摸进大营，刚到门口，就被巡逻的李如柏发现了，一顿乱打，日军丢下几十具尸体，败退回城。

日军的第一次试探就此结束。

正月初七，晨，大雾。

小西行长十分紧张，他很清楚，这种天气有利于掩藏部队和突袭，便严令部队加强防范。但让他意外的是，整整一个上午，对面的明军却毫无动静。

想来想去却全无头绪，无奈之下，小西行长决定再玩个花招，去试探明军的虚实。

他派出使者去见李如松，表示愿意出城投降，希望明军先后退三十里。

李如松说：好，明天就这么办。

但双方心里都清楚，这种虚情假意的把戏已经玩不了多久了，真正的好戏即将开场。

正月初七，夜。

不知是小西行长看《三国演义》上了瘾，还是一根筋精神作怪，继昨夜后，他再次派出近千名日军趁夜出城，结果又被巡夜的明军打了个稀里哗啦。

小西行长毫不气馁，今天不行，明天再来，一直打到你走为止！

但他已经没有机会了，因为就在这天夜晚，李如松召开了第一次，也是唯一的一次军事会议。

会议刚开始，李如松便通报了他计划已久的进攻时间——明日（正月初八）。

当然，为何此时宣布作战计划，他也作出了解释：

“倭军所派奸细如金顺良等四十余人，已于近日被全部擒获，我军情报，毫无外泄。”

大家明白了。

如果过早宣布计划，很可能泄露，不利于作战，而明天打仗，今天才通报，除了保密外，还有另一层意思：就算有奸细，现在去通报，也已经来不及了，而且开会的就这么些人，如果到时军情被泄，要查起来，那是一查一个准。

这明摆了就是不信任大家，实在让人有点儿不爽。

更不爽的还在后头。

“明日攻城，各位务必全力进攻，如有畏缩不前者，立斩不赦！”

末了还有一句：

“不准割取首级！违者严惩！”

虽然李如松极不好惹，但当将领们听到这句话时，依然是一片哗然，议论纷纷。

关于这个问题，有必要专门解释一下。在明代，战争之后评定军功的标准就是人头，这也容易理解，你说你杀了几个人，那得有凭据，人头就是凭据，不然你一张口，说自己杀了成百上千，上哪里去核实？

甚至明军大规模作战，向朝廷报战果的时候，都是用级（首级）来计算的，而且事后兵部还要一一核实，多少人头给多少赏。

所以在当时，人头那是抢手货，每次打死敌人，许多明军都要争抢人头（那就是钱啊），有时候抢得厉害，冲锋的人都没了，大家一起抢人头。

李如松很清楚，明天的战斗将十分激烈，人头自然不会少，但攻城之时战机转瞬即逝，要都去抢人头，谁去破城？

可是大家不干了，辛辛苦苦跟你来打仗，除了精忠报国、辛勤打仗外，总还有个按劳取酬吧，不让割人头，取证据，怎么报销？我报多少，你给多少？

事实证明，李司令是讲道理的，干活不给钱这种事还干不出来，歹话讲完，下面说实惠的：

“明日攻城，先登城者，赏银五千两！”

在听到这句话的那一瞬间，大家的眼睛放出了金色的光芒。

五千两白银，大致相当于今天的多少钱呢？这是一个比较复杂的问题，因为在明代近三百年历史中，通货膨胀及物价上涨是始终存在的，且变化较大，很难确定，只能估算。

而根据我所查到的资料，套用购买力平价理论，可推出这样一个结论：在万历年间，一两白银可以购买两石米左右（最低)，即三百多斤。经查，一斤米的市价，大致在人民币两元左右。

如此推算，万历年间的一两银子大致相当于人民币六百元。五千两，也就是三百万人民币。

谁说古人小气，人家还真肯下本钱啊。

几乎就在同一时刻，平壤城内的小西行长正在进行他的最终军事部署。自明军到来后，他曾仔细观察明军的动向，希望找到对方的主攻方向，由于大雾，且明军行动诡异，始终无法如愿，所以城中的布防也是一日三变，未能固定。

时间已经不多了，长期的军事经验告诉他，决战即将到来，而今夜，可能是他的最后一次机会。

于是在一段紧张的忙碌后，小西行长作出了最终地决定。

守卫平壤部队，为日军第一军全部、第二军一部，共计一万八千余人，以及朝鲜军（朝奸部队)，共计五千余人，合计两万三千人。

根据种种蛛丝马迹判断，明军的主攻方向是西北方向，此地应放置主力防守，于是小西行长命令：第一军主力一万两千人，驻守西北方三门：七星门、小西门、大西门，配备大量火枪，务必死守。

而在东面，明军并无大量军队，所以小西行长大胆作出判断：明军不会在东城发动猛攻。

现在只剩下南城和北城了。

短暂犹豫之后，小西行长命令如下：

“南城广阔，不利用兵，新军（朝鲜军）五千人，驻守南城含毬门。

“余部主力防守北城！”

我相信，在这一瞬间，他脑海中闪过的，是一天前的那一幕。

“剩余部队为预备队，由我亲自统领！”

至此，小西行长部署完毕。

从明军的动向和驻扎看，东面应无敌军，南面必有佯攻，而主攻方向一定是西北两城，我相信，这个判断是正确的。只要打退明军总攻，固守待援，胜利必定属于我们！

此时，在城外的明军大营，李如松终于说出了他隐藏已久的进攻计划：

“我军的主攻方向，是西城。”

攻城明军共计四万五千余人，具体部署如下：

“左军指挥杨元，率军一万人，攻击西城小西门。

“中军指挥李如柏，率军一万人，攻击西城大西门。

“右军指挥张世爵，率军一万人，攻击西北七星门。

“以上三万人，为我军攻击主力。”

第二个部署的地区，是北城。

“南军（即戚家军）指挥吴惟忠，率军三千人，攻击北城牡丹台！”

平时开会时，李如松说话基本上是独角戏，他说，别人听，然而就在此时，一个人打断了他的话：

“此攻城部署，在下认为不妥。”

打断他的人，叫做查大受。

查大受，铁岭人，李成梁家丁出身，时任副总兵。

作为李成梁的得力部将，查大受身经百战，有丰富的战斗经验，且与李成梁感情深厚，凭着这层关系，他还是敢说两句话的：

“我军驻扎于西城，已有两日，日军可能已判断出我军主攻方向，如在西城加强防守，我军恐难攻克。

“此外，南军虽为我军主力，但北城地势太高，仰攻十分不利，难以破城。”

要说还是查大受有面子，李如松竟然没吭声，听他把话说完了。

当然，面子也就到此为止，李司令把手一挥，大喝一声：

“这些事不用你理，只管听命！”

接下来是东城和南城：

“东城不必攻击！”

“为什么？”这次提出问题的，是祖承训。

虽然他很怕李如松，但实在是不明白，既然兵力有余，为何不进攻东城呢？

而回答也确实不出所料，言简意赅，简单粗暴：

“你没有读过兵法吗？围师必缺！”

所谓围师必缺，是一种心理战术。具体说来，是指在攻城之时，不可将城池围死，因为如果敌军深陷重围，无处可跑，眼看没活路，必定会拼死抵抗，如果真把城围死了，城里这两万多玩命的冲出来，能不能挡得住，那实在很难说。

最后一个，是南城。

“神机营参将骆尚志，率南军精锐两千，辽东副总兵祖承训，率军八千，攻击南城含毯门，由我亲自督战，务求必克！”

直到这最后的一刻，李如松才摊出了所有的底牌。

在宁夏之战中，李如松亲眼看到了困兽的威力，在优势明军地围困下，城内叛军却顽固到了极点，土包堆不上，水也淹不死，内无粮草，外援断绝，居然坚持了近半年。明军千方百计，死伤无数，才得以获胜。

在这场惨烈的战役中，李如松领悟了极其重要的两点秘诀：

一、要让对方绝望，必先给他希望，此所谓围师必缺；

二、要攻破城池，最好的攻击点，不是最弱的位置，而是对方想象不到的地方。

于是在两天前，他攻击了北城，并将主力驻扎在西城，放开东城，不理会南城。

西城是大军的集结地，这里必定是主攻的方向。

南城过于广阔，无法确定突破点，不利于攻城，绝不会有人攻击这里。

北城曾被进攻试探，这很可能是攻击的前奏。

所以，我真正的目标，是南城，含毯门。

当所有人终于恍然大悟的时候，李如松已经说出了最后的安排：

“副总兵佟养正，率军九千人，为预备队。”

平壤之战兵力部署对比

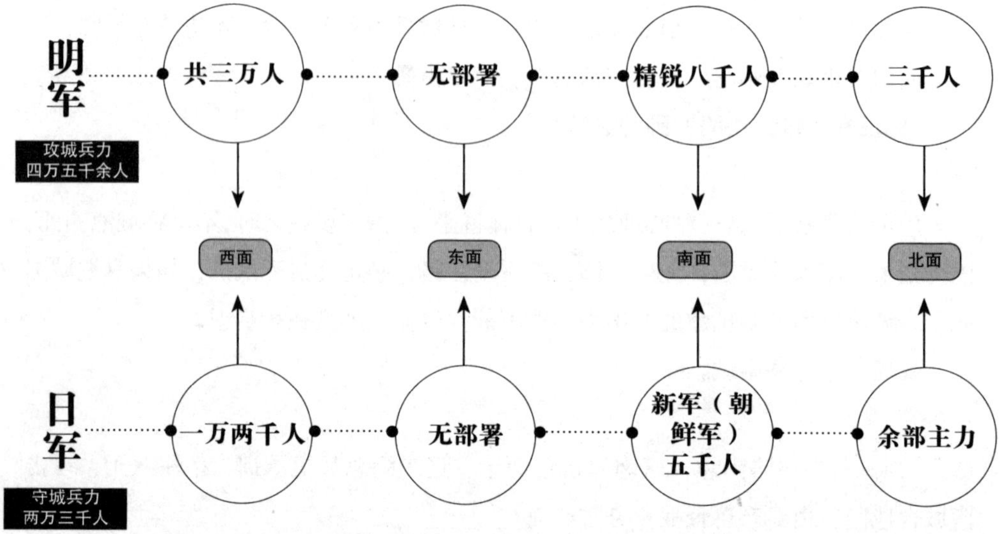

应该说，这是一个不起眼的人，也是一个不起眼的安排，在之后的战役中也毫无作用。

但十分滑稽的是，这个不起眼的副总兵，却是一个影响了历史的人，所谓主将李如松，和他相比，实在是不值一提。

情况是这样的：十几年后，在一次战役失败后，他和他的弟弟佟养性搞顺风倒，投降了后金，当了早期汉奸，成为清朝的建国支柱。

他有一个儿子，叫做佟图赖，这位佟图赖有几儿几女，先说其中一个女儿，嫁给了一个人，叫做爱新觉罗 · 福临，即顺治皇帝。

佟图赖的这位女儿，后来被称为孝康皇后，生了个儿子，叫爱新觉罗 · 玄烨，即康熙皇帝。

而佟图赖的儿子也混得不错，一个叫佟国纲，战功显赫，跟康熙西征噶尔丹时战死；另一个叫佟国维，把持朝政多年，说一不二，人称“佟半朝”。

这位佟国维有两个女儿，嫁给了同一个男人——康熙。

其中一个虽没生儿子，却很受宠信，后来宫中有个出身低微的女人生了康熙的孩子,便被交给她抚养,直至长大成人。所以这个孩子认其为母,他名叫爱新觉罗·胤禛，即雍正皇帝。

再说佟国维还有个儿子，和雍正相交很深，关系一直很好，后来还为其继位立下汗马功劳，他的名字叫做隆科多。因为雍正的养母和隆科多为一母同胞，所以雍正见到隆科多时，总要叫他“舅舅”。

佟养正的后世子孙大致如此，还有若干皇后、贵妃、重臣，由于人数太多，不再一一陈诉。

顺便说一句，他的弟弟佟养性也还值得一提。这位仁兄投降后金之后，领兵与明军搞对抗，结果被一个无名小卒带兵干掉。这个无名小卒因此飞黄腾达，当上了总兵，成为边塞名将，他的名字叫毛文龙。

后来这位毛文龙由于升了官，开始飞扬跋扈，不把上级放在眼里，结果被领导干掉了，这位领导叫袁崇焕。

再后来，袁崇焕又被皇帝杀掉了，罪名之一，就是杀掉了毛文龙。

想一想这笔烂账，真不知该从何说起。

按常理，预备队宣布之后，就应该散会了，李如松也不说话了，大家陆陆续续离开军营，回去安排明日战备。

祖承训也是这样想的，然而就在他即将踏出大营的那一刻，却听见了李如松的声音：

“祖承训，你等一等，还有一件事情，要你去办。”

第十五章

平壤血战

○大炮发出了震天的轰鸣 没有炸膛 没有误伤 准确命中目标

○七星门被轰开了 平壤 被轰开了

万历二十一年（1593）正月初八，明军整队出营。

李如松一如既往地站在队伍前列，审视着眼前这座坚固的城池，一场伟大的战役即将开始。

李如松，天赋异禀，骁果敢战，深通兵机，万历二十六年(1598)四月，土蛮寇犯辽东。率轻骑远出捣巢，身先士卒，中伏，力战死。

此时距离他的死亡，还有五年。

李如松的人生并不漫长，但上天是厚待他的，因为他那无比耀眼的才华与天赋，都将在这光辉的一刻绽放。

拂晓，明军开始进攻。

此时，小西行长正在西城督战，如他所料，明军的主攻方向正是这里。面对城下的大批明军，他却并不慌乱。

之所以会如此自信，除了早有准备外，还因为他得到了一个十分可靠的情报。

在开战之前，日本曾试图调查明军的火器装备情况，但由于信息不畅，无法得到第一手资料，之后七弯八绕，才得知明军也有许多火枪，但杀伤力比日本国内的要小，先进更是谈不上。

而日本国内使用的火枪，虽然都是单发，且装填子弹需要相当时间，射程为一百五十步至二百步，但用来对付武器落后的明军，实在是太容易了。

此外，在两天前的那次进攻中，明军确实没有大规模使用火器，这也验证了小西行长的想法。

所以，小西行长认定，在拥有大量火枪部队守卫，且墙高沟深的平壤城面前，只会使用弓箭和低档火器的原始明军，只能望城兴叹。

据《明会典》及《武备志》记载，自隆庆年间始，明军使用之火器，种类繁多，特摘录如下：

火器名：五雷神机，隆庆初年装用，有枪管五个，各长一尺五寸，重五斤，枪口各有准星，柄上装总照门和铜管，枪管可旋转，转瞬之间，可轮流发射。

如此看来，这玩意儿大致相当于今天的左轮手枪，还是连发的。

上面的只是小儿科，根据史料记载，明军装备的火枪种类有二十余种，且多为多管火器，打起来哗哗的，别说装弹，连瞄准都不用。

鲁迅先生曾经说过：火药发明之后，西方人用来装子弹，中国人用来放鞭炮。

我可以说，至少在明朝，这句话是很不靠谱的。

以小西行长的知识水平，竟能如此自信，也实在是难能可贵。

然而滑稽的是，从某个角度来说，小西行长地判断是正确的。因为根据史料记载，虽然当时明朝的火枪相当先进，援朝明军却并未大规模使用。

当然，这是有原因的。

很快，小西行长就将彻底了解这个原因。

辰时，号炮声响，进攻正式开始。

西城先攻。

站在西城的小西行长严阵以待，等待着明军地突击。然而出乎他意料的是，炮声响过很久，明军却既不跑，也不架云梯，反而以两人为一组，在原地架设一种两米多长、看似十分奇怪的装置。

正当他百思不得其解之时，却听见了惊天动地的雷声——天雷。

伴随着震耳欲聋的巨响，明军阵地上万炮齐鸣，无数石块、铅子从天而降，砸在西城的城头之上。

日军毫无提防，当即被打死打伤多人，小西行长本人也被击伤，在被扶下去包扎之前，他大声喊出了这种可怕武器的名字：

“大筒！”

在日语中，火枪被称为铁炮，而被称为大筒的，是大炮。

谜底就此揭晓。明军之所以不用火枪，是因为他们用火炮。

跑了几百里路远道而来，自然要拿出最好的礼物招待客人，藏着掖着，那是不地道的。

不过确切地讲，明军刚刚使用的那玩意儿，不能称作大炮，按今天的军事分类，应该算是手炮或是火箭筒，它的真实名字，叫做佛郎机。

嘉靖初年，一次海上遭遇战中，海道副使汪鋐击败了自己的敌人——葡萄牙船队。战后，他来到对方毁弃的战船上，发现了一批从未见过的火器，经过演示，他发现这玩意儿威力很大，值得推广，于是他决定，将此物上交中央，并建议仿照。

这是明代火器发展史上的一个转折点。

在明代，从外国来的人，大都被统称为佛郎机人，所以所有从外国进来的火器，无论是走私的、偷来的，还是抢来的，统统被称为佛郎机。

而汪鋐所缴获的这批佛郎机（即船炮），是当时世界上较为先进的火炮，朝廷十分重视，立刻派人进行研究。

要知道，中国人一向善于研究，但凡世界上弄出个新东西，甭管是不是自己研制的，拿过来研究研究，几天就能造个差不多的出来，仿制且不说，往往质量比原件还要好。

佛郎机就是如此，从葡萄牙人的船上卸下来，装上弹药射上两发，别说，还真好用。于是乎先用再改，先改再用，再用再改，再改再用。原本放在船上用的大家伙，体积越改越小，种类越改越多。

到嘉靖二十六年（1547），明代佛郎机成功实现国产化，完全使用国产料件，自主研发，填补了国内空白，并能批量生产，达到十六世纪国际先进水平。

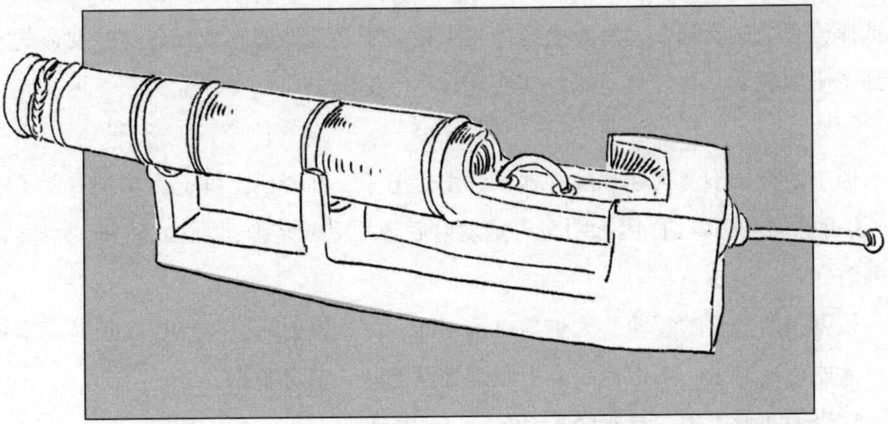

↑ 嘉靖年间制造的大样佛郎机

明朝军事工作者们也用实际行动证明，国产货的品质是有保障的。

比如明军装备的大样佛郎机，全长仅两米，有准星供瞄准，炮身可左右旋转，具有极强大的杀伤力。

两米的大炮，一两个人就能用，按说是差不多了，但中国人的改造精神实在厉害，很快，明朝又研制出了小佛郎机。

小佛郎机，全长仅九十厘米，炮身附有钢环，可供随身携带，打仗的时候一个人就能揣着走，到地方把炮筒往地上一架，瞄准了就能打，比火箭筒还火箭筒。

这玩意儿现在还有，实物存放于北京军事博物馆，本人曾去看过，个头确实不大，估计我也能扛着走，有兴趣的也可以去看看。

除了这些步兵炮外，明朝还发明了骑兵炮——马上佛郎机。这种火炮的尺寸比小佛郎机更小，仅七十厘米长，可随骑兵在快速移动中发射，具有很强的威慑力。

参考消息　**明代火器**

佛郎机在正德年间传入中国，最初，佛郎机是指葡萄牙的国名，而不是指火炮。当时，佛郎机是伊斯兰教徒对欧洲的称呼，因为葡萄牙人最先达到中国，明朝人就沿用了这一叫法，以佛郎机称呼葡萄牙，后来将缴获的葡人火炮也称作佛郎机。除了国外引进的先进火器，当时军器局也制造了一些具有中国特色的火器。明代的火器种类繁多，制造工艺先进，直到近代，左宗棠从地底下挖出了距离当时三百多年的明代开花弹时，也惊讶地发现，这些炮弹不但没有腐坏锈坏，而且还很好用。

总而言之，明代佛郎机极易携带，操作简便，实在是攻城拔寨、杀人砸墙的不二选择，有了这玩意儿，那真是鬼才用火枪。于是几万明军就扛着这些要命的家伙来到了平壤城下，并让日军结结实实地过了一把瘾。

但小西行长不愧久经战阵，他很快镇定下来，并带伤上阵，召集被打蒙了的日军，告诉他们不必惧怕，因为明军火炮发射后必须重新装弹，可趁此时机，整顿队伍，加强防守。

根据小西行长的经验，大炮与火枪不同，每次发射后，都需要较长时间重新装弹，才能再次射击，所以他放心大胆地集结部队，准备防御。

这个说法看上去，是对的；而实际上，是错的。

正当日军刚刚回过点儿神，准备在城头上重新冒头整队的时候，却立刻遭到了第二轮炮击！石块、炮弹从天而降，日军被打了个正着，损失极其惨重。

日军莫名其妙，可还没等人缓过劲儿来，第三轮炮击又到了，又被打得稀里哗啦，然后是第四轮，第五轮……

小西行长彻底糊涂了：这一打还不消停了，难不成你们的大炮都是连发的不成？！

没错，明军的大炮确实是连发的。

应该说，小西行长的看法是对的。因为明朝时的大炮，所用的并不是后来的火药炮弹，一打炸一片，而是先塞入铁砂、石块，然后再压入铅子，并装药（火药）点燃发射，其作用类似于现代的钢珠弹（将钢珠塞入炮弹，炸响时钢珠四射，基本上碰着就完蛋，属于禁用武器），杀伤面极广，不死也要重伤，不重伤也要成麻子。

当然，相对而言，缺点也很明显，要往炮膛里塞那么多杂七杂八的东西，还要点火装药，这么一大套程序，等你准备好了，人家估计都下班了。

可当年没有现成的炮弹，想快实在力不从心。但历史告诉我们，古人，那还是相当聪明的。

明朝的军事科研工作者们经过研究，想出了一个绝妙的方法——子母铳。

所谓子母铳，其原理大致类似于火箭炮，母铳就是大炮的炮筒，子铳就是炮弹，其口径要小于母铳，在出征前先装好铁砂、石块、铅子、火药，封好，打包带走。

等到地方要打了，把子铳往母铳里一塞，火药一点，立马就能轰出去，放完了，把子铳拉出来，塞进去第二个，就能连续发射，装填速度可比今日之速射炮。

所以明军的佛郎机，那是不鸣则已，一鸣不停。为保持持续火力，普通佛郎机都带有四个子铳，在几分钟内可以全部发射出去，足以打得对手抬不起头。

而此次入朝作战，为了适应国际环境，明军还特意装备了新型产品——百出佛郎机，而它的特点也很明显——十个子铳。

在明军几轮排炮的攻击下，日军损失极大，城头上黑烟密布，四处起火，尸体遍地。

此时明军的大规模炮击已经停止，西面三路大军开始整队，向各自的目标挺进。在这短暂的瞬间，喧嚣的战场如死一般的宁静。

随着又一声炮响，平静再次被打破，三路明军在杨元、张世爵、李如柏的统领下，分别向小西门、七星门、大西门发动猛攻。

炮弹可以飞，人就不行了，要想破城，还得老老实实地爬墙，明军士兵们开始架起云梯攻城。而此时的西城城头，已看不到大群日军，接下来的事情似乎顺理成章：受到沉重打击的日军失去抵抗能力，已四散而逃，只要爬到城头，就能攻占平壤！

然而，正当明军接近最后胜利之时，城头却忽然杀声震天，日军再次出现，向城下明军发射火枪，掀翻云梯。明军受到突然打击，死伤多人，进攻被迫停止。

在遭到明军连续炮击后，日军虽然伤亡惨重，却并未撤退。

经历了短暂的慌乱，日军逐渐恢复了秩序，在小西行长地统一调配下，他们以极强的纪律性，开始重新布阵。

著名抗日将领李宗仁曾评价说：日军训练之精和战斗力之强，可说举世罕有其匹。用兵行阵时，俱按战术战斗原则作战，一丝不乱，做事皆能脚踏实地，一丝不苟。

这是一个十分客观地评价，因为日本人最大的性格特点就是一根筋，还有点儿二杆子，认准了就干到底，且有寻死光荣倾向，像剖腹之类的工作，还是武士专用的，普通人没这资格。说是亡命之徒，那是一点儿也不夸张。

而在平壤之战中，其二杆子精神更是发挥到了极致。在打退明军进攻后，日军士气大振，向城下倾倒煮沸的大锅热水，投掷巨石、滚木，并不断用火枪、弓箭射击明军。

面对日军的顽强抵抗，在职业道德（爱国情操）和物质奖励（五千两）的双重鼓励下，明军依然奋勇争先，爬梯攻城。

但日军的战斗意志十分坚定，明军进攻屡次受挫，个把爬上去的，也很快被日军乱刀砍死，战斗陷入胶着状态。

七星门的情况最为严重，日军的顽固程度超出了许多人的想象。眼看这五千两不容易挣，没准儿还要丢命，一些人开始调转方向，向后退却，明军阵脚开始随之动摇。右军指挥张世爵眼看形势不妙，急得破口大骂，但在混乱之中，毫无用处。

就在右军即将败退之际，李如松到了。

战役打响后，李如松即披甲上阵，带领两百骑兵围城巡视，眼看张世爵压不住阵，便赶了过来。

但他没有理会张世爵，而是直接来到了城下，拦住了一个败退的明军，挥起了马刀。

手起刀落，人头也落。

败退的士兵们惊恐地看着这恐怖的一幕，看着这个挥舞着带血马刀的人，听见了他一字一字吐出的话：

"后退者，格杀勿论！"

败退的明军停下了脚步。

在这枪炮轰鸣、混乱不堪的吵闹中，他们无一例外地听见了李如松那音量不大，却极为清晰的声音。那一刻，他的眼中充满了坚毅，以及激昂：

"杀尽倭奴，只在今日！"

在西城激战的同时，北城明军发动了进攻。

北城，是平壤地势最高的地方，日军盘踞于牡丹峰高地，居高临下，并设置了大量火枪弓箭，等待着明军地进攻。

两天前，当吴惟忠第一眼看见北城的时候，他就认定，要想攻克这里，基本上是不太可能的。

打了几十年的仗，这点儿军事判断，吴惟忠还是拿得准的。

但一天之后，李如松告诉他，你的任务，是攻击北城，而你的全部兵力，是三千人。

吴惟忠很清楚，这是一个不可能完成的任务，李如松的真正意图，是要他去牵制日军，所谓牺牲小我，成全大我，往俗了说，就是当炮灰。

然而他回答：听从调遣。

没有丝毫的犹豫。

所以现在他面对的，是人数占优的日军、密密麻麻的枪口和坚固防御，还有必须抬头仰视，才能看见的日军城垒。

吴惟忠回过头，看着手下的士兵，只用一句话，就完成了所有地动员：

“倭寇，就在那里！”

对于这些在浙江土生土长的士兵而言，“倭寇”两个字，无异于兴奋剂，且不算什么父母被杀、家里被抢的账，单是从小耳闻目睹的传统教育，就足以让他们对其恨之入骨。所以打这仗，基本上是不需要动员的。

更何况，他们是戚家军。

四十年前，戚继光在义乌组建了这支特别的军队，从那时起，他们就和这个光荣的名字紧紧地联系在一起，并在他的光芒笼罩之下，奋战十余年，驱逐了那些无耻的强盗。

在不同的地方，不同的时代，面对着同样的敌人，只需要同样的举动。

在吴惟忠地亲自率领下，三千戚家军向北城牡丹台高地发动了冲锋。

事实证明，吴惟忠地判断是正确的。北城易守难攻，说实诚点，是根本没法攻，地势险要，日军还不断向下发射火枪。虽说戚家军有丰富的作战经验，比较灵活且善于隐蔽躲闪，伤亡不大，但两次进攻，刚冲到一半，就被打了回去。

吴惟忠没有放弃，他知道，自已的攻击越猛烈，敌军的注意力就越集中，越容易被死死拖住，而真正的突破，将在那时开始。

第三次冲锋开始了，这一次，吴惟忠站在队伍的最前列，挥刀，向着那个不可能攻克的目标冲去。

这是一个太过生猛的举动，很快，一颗子弹便击中了他的胸部（铅子伤胸），顿时血流不止。

但吴惟忠没有停下脚步，他依然挥舞着军刀，指挥士兵继续冲锋，因为在他看来，自己的使命尚未达成。

直到攻克平壤，日军逃遁，北城才被攻陷。

但在战后，所有的人都认定，攻击北城的明军，已经圆满地完成了任务。

在历史的长河中，吴惟忠是一个并不起眼的名字，在之后的朝鲜史料中，这位将军出场次数不多，似乎无人关心。这倒也正常，在这场大戏中，和李如松相比，他不过是个跑龙套的。

一位国民党的将军在战败后哀叹：国民党之所以战败，是因为都想吃肉；而共产党的军队之所以战胜，是因为有人愿意啃骨头。

吴惟忠就是那个啃骨头的人。

所以在历史中，他是个跑龙套的，却是一个伟大的跑龙套的。

当西城和北城打得热火朝天的时候，南城的守军正在打瞌睡。

南城，即平壤的正阳门到含毬门一线，地形平坦宽广，不利于部队隐蔽和突袭，很难找到攻击重点，所以日军放心大胆地将这里交给了五千名朝鲜军。

说起来，×奸这个词还真并非专利，而某些朝鲜人的觉悟也实在不高，平壤才失陷几个月，就组建出这么大一支朝奸部队，也算不容易了。

参考消息 **吴惟忠的身后事**

吴惟忠的身后事，有两种说法：正史中说，吴惟忠由于在抗倭战场上的弹伤一直未彻底治愈，终于成了痼疾，后来辞职返乡，卒年不详；而根据吴惟忠老家义乌遗留的族谱中记载的说法（也是义乌吴氏普遍认可的说法），吴惟忠其实早就牺牲在抗倭战场上，头和一只手臂也没有了，还是运回尸身后填补的“假肢”。这两种说法各有不同，如今已很难考究。

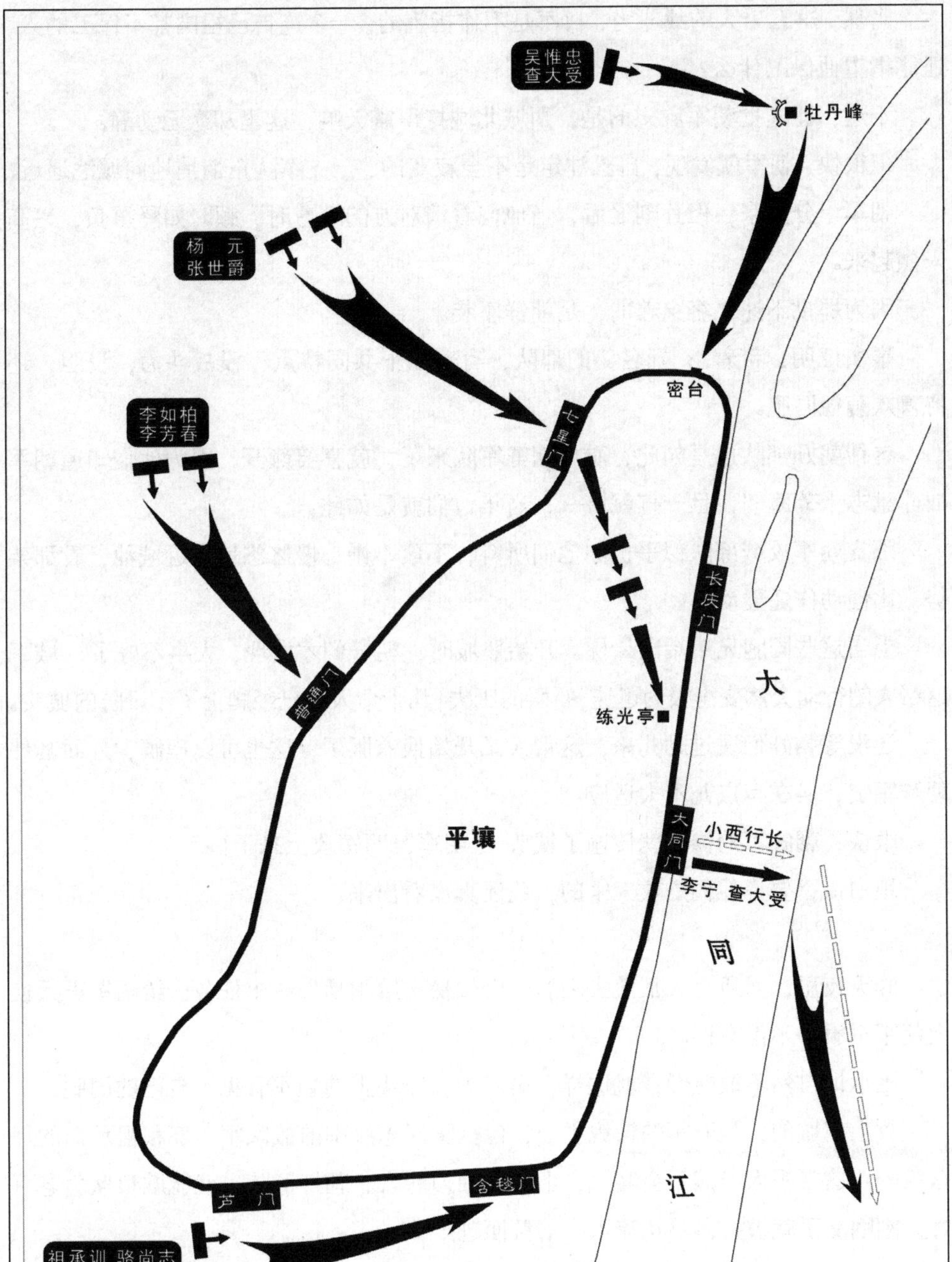

吴惟忠
查大受
牡丹峰
杨　元
张世爵
李如柏
李芳春
密台
七星门
长庆门
普通门
练光亭
大
大同门
小西行长
李宁 查大受
平壤
同
江
芦门
含毬门
祖承训 骆尚志
李　镒 金应瑞

↑ 平壤之战

当然，这五千人的战斗力，日军是不作指望的：一个连自己祖国都不保卫的人，还能指望他保卫什么？

不过，让这批朝军欣慰的是，西城北城打得震天响，这里却毫无动静。

但很快，朝军就发现，自己注定是不会寂寞的，一支军队正悄悄地向城池逼近。

朝军十分紧张，但片刻之后，当他们看清对方的衣着时，顿时如释重负，兴高采烈起来。

因为那批不速之客穿着的，是朝鲜军装。

事实证明，带着 × 奸名头的部队，有着如下共同特点：没战斗力，没胆，还特喜欢藐视同胞。

这帮朝奸部队也是如此，看见朝鲜军队来了，就喜笑颜开，因为他们知道朝军战斗意志十分薄弱，且一打就垮——当年他们就是如此。

那支朝军攻城部队似乎也如他们所料，不紧不慢，慢悠悠地靠近城池，看那架势，比慢动作还慢动作。

但当这些同胞兄弟抬出云梯，开始登城时，朝奸们才发现，大事不好了：城下这帮人的行动突然变得极为迅速，眨眼的工夫，几十个人就已经爬上了不设防的城头。

还没等朝奸们缓过劲儿来，这帮人又开始换衣服了，这也可以理解，外面套件朝鲜军装，实在有点儿不太适应。

很快，朝鲜军的惨叫就传遍了城头："明军，明军攻上来了！"

坦白讲，要说他们是攻上来的，我还真没看出来。

昨天夜里，当所有人都散去之后，李如松交给祖承训一个任务：给明军士兵换上朝军军服，不得有误。

祖承训自然不敢怠慢，就这样，第二天，城头上的朝军看见了自己的同胞。

攻上南城的，是明军的精锐主力，包括骆尚志统率的戚家军一部和祖承训的辽东铁骑。这帮粗人当然不会客气，上去就抽刀砍人。朝奸部队也就能欺负欺负老百姓，刚刚交手就被打得落花流水、落荒而逃。

小西行长的机动部队倒是相当有种，看见朝军逃了，马上冲过来补漏，可惜已经来不及了。如狼似虎的明军一拥而上，彻底攻占了含毬门。

战斗的过程大致如此，和西门、北门比起来，实在不甚精彩，当然伤亡还是有的，只不过有点儿滑稽：由于进展过于顺利，又没有人射箭放枪，基本上是个人就能爬上城头，于是一万多人拼了命地往前挤，比冲锋还卖力。

不过这倒也正常，五千两白花花的银子，不费吹灰之力，挤上去就有份儿，换了谁都得去拼一把。

南城本来就不是防御重点，城防本来就不坚固，加上大家又很激动，这一挤，竟然把城墙挤塌一块，恰好骆尚志打这儿过，被砸个正着，负伤了。

当然，也有些史料说他是作战负伤，具体情况也搞不清，就这样吧。

无论如何，总算是打上来了，明军的大旗插上了平壤的城头，南城告破。

但这对于西城攻击部队而言，实在没什么太大的意义。

南城之所以很好打，是因为西城很难打。日军在城头顽强抵抗，放枪、扔石头、倒开水，导致明军死伤多人。而明军也打红了眼，云梯掀翻了再架，摔下来没死的接着爬，爬上去的就举刀和日军死战。

虽然南城被破，但平壤并不是个小城市，要从西城绕到南城，也不是一时半会儿的事儿，而且仗打到这个份儿上，对明军而言，哪个门已经不重要了，砍死眼前这帮龟孙再说！

不过日本鬼子实在有两下子，战斗力非常之强悍，也不怕死，面对明军的猛攻毫不畏惧，无人逃跑，占据城头用火枪射击明军，如明军靠近，则持刀与明军肉搏，宁可战死也不投降。就战斗意志而言，确实不是孬种。

由于日军地顽强抵抗，明军久攻不下，伤亡却越来越大。小西门主将杨元带头攻城，被日军击伤，部将丁景禄阵亡。大西门主将李如柏更悬，脑袋上挨了日军一枪，好在头盔质量好，躲过了一劫（锦厚未至重伤）。

主将李如松也没逃过去。由于他带着二百骑兵四处晃悠督战，目标太大，结果被日军瞄上，一排枪过去，当场就被掀翻在地。

在李如松倒地的那一刻，在场的人都傻眼了，主将要是被打死了，这仗还怎么打？

就在大家都不知所措的时候，李如松却突然从地上爬了起来，再次诠释了彪悍这个词的含义。

虽然摔得灰头土脸，还负了伤——流鼻血（触冒毒火，鼻孔血流），形象十分

大明兵器

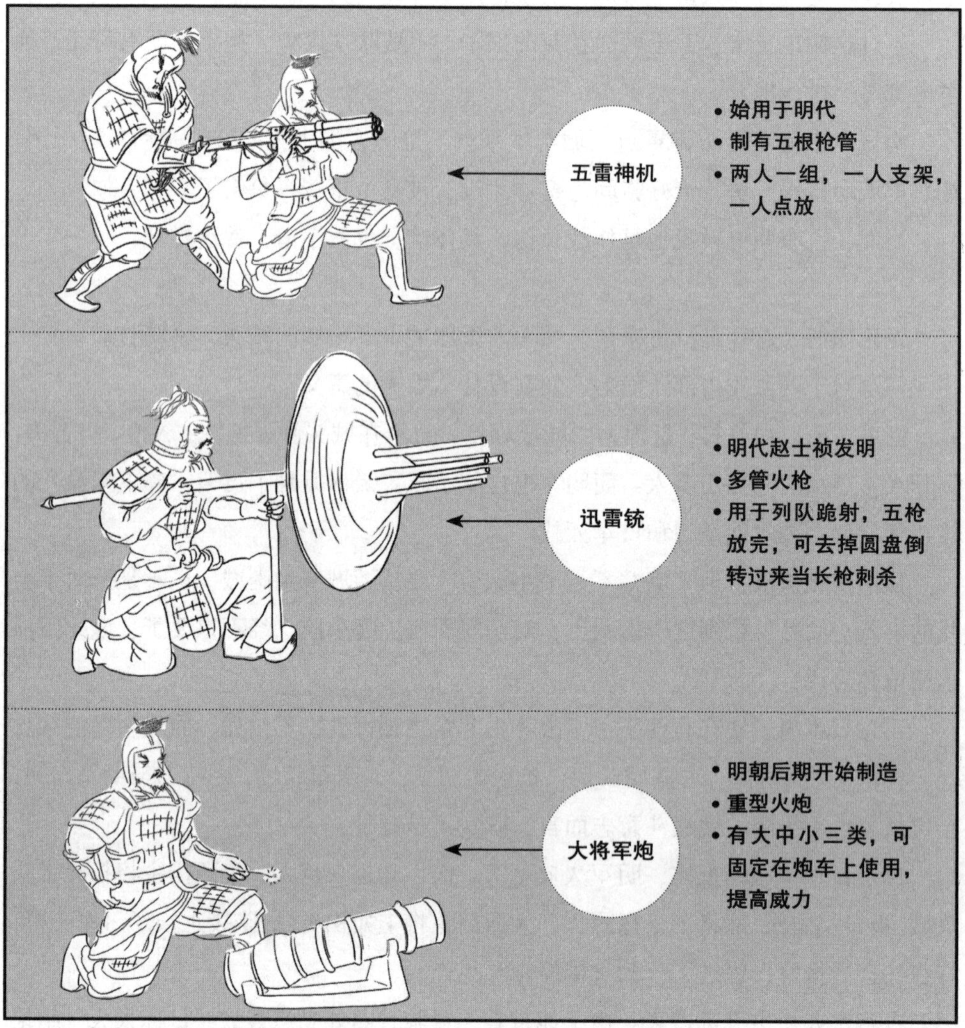

狼狈，但李司令员毫不在意，拍拍土，只对手下说了四个字：

“换马再战！”

领导都这么猛，小兵再不拼命就说不过去了。明军士气大振，不要命地往城头冲。但日军着实不含糊，死伤过半也毫不退缩，拿刀与登城明军对砍，很有点儿武士道的意思。

战斗就这样进行了下去，虽然明军已经占据优势，但始终无法攻陷城池。进入南城的明军也遭到了日军地顽强阻击，伤亡人数越来越多，如此拖下去，后果不堪设想。

然而，站在七星门外的李如松并不慌张，因为眼前发生的这一切，早在他地预料之中：

“把那玩意儿拉上来！”

这是李如松最后的杀手锏。

所谓那玩意儿，是一种大炮，而当时的名字，叫做“大将军炮”。

大将军炮，炮身长三尺有余，重几百余斤，前有照星，后有照门，装药一斤以上，铅子（炮弹）重三至五斤，射程可达一里之外。

由于这玩意儿体积大，又重，没人愿意扛也扛不动，但李如松坚持一定要带，所以出征之时，是由骑兵装上车架拖着走的。李如松不会想到，他已经无意中创造了一个纪录——世界上最早的马拉炮车部队。

但李司令把这些大玩意儿拉到朝鲜，不为破纪录，只为破城。

不过说过来，这玩意儿虽然威力大，问题也很多，比如说容易误伤自己人，且准头不好，来个误炸那可不好玩，加上由于技术含量不够，这种炮十分容易炸膛（该问题一直未解决），所以不到万不得已，是不用的。

现在就是万不得已的时候。

明军炮兵支炮、装弹、瞄准，一切就绪。

随着李如松一声令下，大炮发出了震天的轰鸣，没有炸膛，没有误伤，准确命中目标。

七星门被轰开了，平壤，被轰开了。

◆ 信用

七星门的失陷彻底打消了日军的士气，纷纷弃城逃窜。杨元和李如柏随即分别攻破了小西门和大西门，三万明军亮出了屠刀，睁着发红的眼睛，杀进了城内。

一般说来，剧情发展到这儿，接下来就是追击残敌、打扫战场了，可是鬼子就是鬼子，偏偏就不消停。

在城门失守后，小西行长表现出了惊人的心理素质和军事素质，丝毫不乱地集合部队，占据了城内的险要位置，准备打巷战。

这就有点儿无聊了。要说保卫自己的领土，激动一把倒还无所谓，赖在人家的地盘上，还这么死活都不走，鬼子们也真干得出来。

日军盘踞的主要地点，分别是平壤城内的练光亭、风月楼和北城的牡丹台。这三个地方的共同特点是高，基本上算是平壤城内的制高点，明军若仰攻，不但难于攻下，还会损兵折将，只要等到自己援兵到来，翻盘也说不定。

这就是小西行长的如意算盘。

李如松虽然不用算盘，但心算应该也不差，到城内一看，就挥挥手，让士兵们不用打了，干一件事就行——找木头。

噼里啪啦找来一大堆，丢在日军据点附近，围成一圈，然后放话，也就一个字：烧！

于是日军麻烦了，本来拿好了弓箭刀枪准备居高临下，再搞点儿肉搏，没想到人家根本就不过来，围着放起了火准备烤活人。于是一时之间，火光冲天，浓烟滚滚，高温烘烤加上烟熏，日军叫苦不迭。

但李如松认为还不够苦，于是他派出五千人，携带大批火枪、火箭、佛郎机，也不主动攻击，只是站在火堆之外，对准日军据点，把带来的这些东西射出去。

一时间火箭、火炮满天飞，据点被点燃，烟火大作，要救火没处打水，日军被烧得鬼哭狼嚎，本来是高地，结果变成了高炉。

鉴于刚刚入城，还要营救平壤居民，救治伤员，事务繁杂，李如松司令员安排好围剿部队后，就去忙别的事了。

但值得称道的是，奉命围剿的部队很有责任心，虽然领导不在，还是尽职尽责地放火、射箭、放枪、放炮。

整整一夜，他们加班加点，没有休息。

第二天（正月初九），查大受的家丁查应奎起得很早，来到了北城要地牡丹台。昨天，这里还是日军的坚固据点，然而现在，展现在他眼前的，是一幕真正的人间地狱。

牡丹台以及其瓮城，已被烧得面目全非，昨天还枪声炮声不断的地方，现在已经寂静无声。他走入据点，看见了无数倒毙的尸体，手脚都缠绕在一起，却没有一具能够辨认，因为他们已经被烧成了黑炭。

查应奎随意数了一下，发现在狭窄的瓮城里，竟有四五百具日军尸首，很明显，他们大多数是被烧死或活活熏死的。

当然，家丁查应奎没有感叹战争残酷地觉悟，他只是兴高采烈地跑了回去，向自己的领导查大受汇报，并就此被记载下来，成为了那一幕场景地见证。

事实上，查应奎看到的只是冰山的一角。在初八的那天夜里，平壤城内火光冲天，明军在外面放火，日军在里面鬼哭狼嚎，被烧死者不计其数，尸体的烤焦味道传遍全城。史料有云：焦臭冲天，秽闻十里。

干掉残暴的敌人，就必须比他们更加残暴，在某种情况下，我认为，这句话是对的。

但日军的耐高温能力还是值得称道的，硬是挺了一夜，没有出来投降。

挺到了第二天，挺不住了。

盘踞在据点的敌人终于崩溃了，被枪打、炮轰不说，还被火烤了一夜，别说武士道，神仙道也不好使了。除小西行长所部几千人，由于据点坚固，防御严密，尚在苦苦支撑外，城内日军全部逃散。

但逃散也得有个目标，平壤已是明军的天下，往哪里逃呢？

要说日军逃起来也很有悟性，一看，西城、南城、北城都有人守，只有东城，防御十分松懈。

于是日军大喜过望，纷纷向东城逃窜。

事情似乎十分顺利，败军一路往东逃，虽然明军在后紧紧追赶，但在求生的欲望驱使下，日军竟然成功地逃出了东城的城门。

但很快他们就将发现，其实战死在城内，倒未必是一件坏事。

当初李如松布阵之时，取兵法围师必缺之意，空出了东边。但是很多人可能忽略了这样一个问题：为何是东面？

而当日军蜂拥逃出东城城门的时候，我相信他们已经找到了答案。

东城城门外，是一条大河，波浪宽。

谁要选这里当攻击阵地，只怕真是脑袋进了水。

于是日军麻烦了，要绕着城墙跑，只怕是没个头，要回头跑进城，估计明军不让。前无去路，后有追兵，百般无奈之下，只剩下一个选择——跳河。

我记得，那一天是正月初九，北风那个吹……

朝鲜的天气，大概和东北差不多，一般说来，这个时候是很冷的，估计起码是零下几度，然而，日军依然勇敢地跳了进去。

虽然气温到了零下，但我可以肯定，当时的江面还没有冻住，因为在朝鲜史料中有这样一句话：溺死者约有万余。

在这种情况下，如果还不死的，只有超人了，很明显，日军缺乏这种特种人才。

逃出去的基本上都死了，不淹死也得冻死，而待在城内的小西行长更不好过。他很清楚，自己已经完蛋了，现在他要考虑的，不是封赏，不是守城，而是怎么活下去。

在生死的最后关头，日军爆发出了惊人的战斗力，在小西行长地指挥下，明军的数次进攻被打退，看那势头，不拼个鱼死网破、同归于尽绝不算完。

虽然明军占据优势，且人多势众，但毕竟打了一天一夜，就算不领加班费，喘口气总还是要的，何况胜局已定，赏钱还没领，在这节骨眼上被打死，也实在有点儿亏。

日军虽然人少，却敢于拼命，生死关头，什么都豁得出去，用今天的话说，这叫双方心理状态不同。所谓穷寇莫追，就是这个道理。

于是，一个奇怪的情景出现了，在经历了一天一夜的激战后，城内再次出现了短暂的平静。

接下来，一件十分神秘的事情发生了。

之所以说神秘，是因为到今天，这件事情也没全搞清楚。

关于这件事，在史料中，大致有如下四个历史版本。

按照明军监军及部将战后给皇帝的总结报告，事情地发展是这样的:

日军残部由于抵挡不住明军的攻击，全军主动撤退。李如松将军神机妙算（料贼计已穷，必遁)，设下埋伏，并派兵追击，大败日军。

第二版本是朝鲜大臣柳成龙给国王的报告，说法也差不多，李如松料敌如神，在日军逃遁之后发动攻击，大败日军。

第三版本，是朝鲜国王给大明神宗皇帝的报告（他算是明神宗属臣)，这份东西可作为上下级的规范文本,说到自己的看法,都是“臣窃念”,说到明朝,都是天兵、天朝，大明皇帝英明神武，大明总兵神兵天降，开战后，明军是“天地为之摆裂，山渊为之反复”,自己（朝军）是“小邦袖手骇缩,莫敢助力”,日军则是“螳臂据辙，无敢抵敌”。照他的意思，日军是碍于明军的神威，一触即溃了。

而讲得最详细，也最实在的，是第四个版本。

根据朝鲜《李朝实录》记载，事情是这样的:

在战斗陷入僵局后，李如松作出了一个出人意料的举动，他派出了使者，去找小西行长谈判。

对于这个决定，很多人并不理解，人都围住了，还要谈什么判?

但事实证明，这是一个很明智的决定。因为此时日军主力已被歼灭，平壤也已攻克，战略目的已经完全达到，目前最需要的，是争取时间休整，以防敌军反扑。而城里面放着这么一群亡命之徒，硬攻不但耗费精力，伤亡也会很大，时间一长还可能生变，所以还是谈判最划算。

李如松的谈判条件是这样的:

“以我兵力，足以一举歼灭，然不忍杀人命，姑为退却，放你生路。”

这意思是，我可以灭了你，但无奈心太软（其实是太费力)，就放你们走了吧。

小西行长是这样回复的:

“俺等情愿退军，请勿拦截后面。”

他的意思是，我认输了，麻烦逃走的时候高抬贵手，别黑我。

如此看来，也算是皆大欢喜，双方达成协议，明军撤去包围，日军在万分警戒之下，手持武器逐步退却，撤出了平壤城。

局势发展到此，看似平淡无奇，但怪也就怪在这里，既然事情圆满解决，为什么在官方报告中，却都没有提到这件事呢？

这大致有两个原因：其一，跟敌人谈判，把敌人放走，无论出于什么目的，有什么样的结果，似乎都是不大好宣扬的。

而第二个原因，应该算是人品问题。

如果小西行长了解李如松，或者听说过半年前宁夏叛乱的经过，相信即便打死他，也绝不会和李如松谈判。

因为根据李如松的性格，以及宁夏叛军首领哱拜的最终结局，我们大致可以得出这样一个结论：

李如松，至少在这方面，是个不守信用的人。

几乎就在小西行长带领日军退出平壤的同一时刻，李如松叫来了查大受，交给他一个任务：领兵三千，赶赴江东小路埋伏。

困兽是不好斗的，但只要把它放出来，就好斗了。

于是，当小西行长带队远离平壤，终于放松所有警惕，放心大胆逃命的时候，查大受出现了。

据史料分析，此时日军的兵力，大致在五千人左右，如果敢拼命，查大受手下这三千人应该还不够打。但经过李司令员这么一忽悠，日军已经满心都是对和平地祈望，斗志全无，一见明军，不用人家动手，撒腿就跑。

查大受随即命令追击，大败日军，击毙日军三百余名。但毕竟部队作战时间过长，十分疲劳，日军又跑得贼快（奔命），明军追赶不及（不及穷追），只能到此为止了。

平壤战役就此结束，明军大胜，日军大败。

此战，明军阵亡七百九十六人，伤一千四百九十二人。

而日军的伤亡数字，就有点儿意思了，据记载，此战中明军斩获日军一千六百四十七人，看起来似乎并不多。

应该说，这是个很准确的数字，但它并不是日军的伤亡人数，而是日军的人头数。

由于战前李如松命令不许抢人头，所以对于这一宝贵资源，明军并没有过于关注，也没有妥善保存，加上后来火攻水淹，不是烧成黑炭，就是冻成冰，要提取人头，实在有点儿困难。于是挑来拣去，只捞出一千来个，已经很不容易了。

至于日军的实际伤亡数，朝鲜和明朝史料都没有明确记载，只有几句“万余”“千余”之类不靠谱的话，这就是管杀不管埋导致的恶劣后果。

说到底，还是鬼子们最实在，既然没人帮着数，就自己数，在《日本战史》中，有这样一段记载:

万历二十一年（1593）三月二十日，日军在首尔集结残兵，统计结果摘录如下:第一军小西行长部，原有人数一万八千七百人，现存六千五百二十人。

虽然入朝的日军数量共计十余万，但很多都是来自于各地的军阀，并不是丰臣秀吉的人，用今天的话说，就是杂牌军。而他真正信任的人，只有第一军小西行长和第二军加藤清正，也就是所谓的嫡系。

因此这两军，才是丰臣秀吉的精锐和主力部队，其中尤以第一军战斗力为最强，在之前攻击朝鲜义军时表现十分出色，打起来毫不费力。

但在朝鲜之战时，该军几乎被全歼，具体数字大家做个减法就知道了，基本上算是被打残废了。

这还只是第一军的损失人数，第二军共损失八千人，其中相当部分战死于平壤。

以上合计起来，朝鲜之战，日军的损失，至少在一万五千人以上。

当然，那五千朝鲜军不在统计内。我们有理由相信，他们应该还活着，因为李如松虽然不大守信用，但还不怎么杀俘虏。

第十六章

不世出之名将

○由于明军总共不过四五万人 很多部将都担心兵力不足 然而之后的情景却告诉了他们 什么叫做闻风丧胆

◆ 孤军之谜

攻陷平壤后，李如松没有丝毫迟疑，立即派遣军队，继续出击。

由于明军总共不过四五万人，很多部将都担心兵力不足，然而之后的情景却告诉了他们，什么叫做闻风丧胆。

小西行长被击溃之后，各地日军纷纷得到消息，并采取了整齐划一地行动——逃跑。

仅仅三天之内，黄州、平山、中和等地的日军就不战自溃，连明军的影子都没有看到，就跑得一干二净。军事重镇开城，就此暴露在了明军的面前。

驻扎在开城的，是日军第三军和第六军，指挥官是黑田长政。

而攻击开城的，是李如松的弟弟李如柏。他统帅八千骑兵一路杀过来，声势震天。黑田长政还是很有点儿骨气的，开始表示一定要抵抗到底，但随着逃到开城的日军越来越多，明军被越吹越神，这位仁兄也坐不住了，还没等真人现身，正月十八日，在城里放了把火，一溜烟就跑了。

李如柏本想好好打一仗，没想到是这么个结果，积极性受到了打击，便不依不饶，追着黑田长政不放，死赶活赶，还是赶上了，一通乱打，黑田长政毫无招架之力，带头逃跑。日军后卫被重创，死亡达五六百人，明军仅阵亡六人。

自正月初九至正月二十，仅用十二天，平壤至开城，朝鲜二十二府全部收复，日军全线崩溃，退往南方。

但李如松没有满足，因为在他的面前，还有一个最后的目标——王京。

王京，就是今天的首尔，日军全线败退后，大部撤到了这里，至正月二十日，聚集于此地的日军已达五万，而且看起来也不大想走。在这里，李如松即将迎来他人生中的最大考验。

虽然李如松一生打过无数恶仗硬仗，但这一次，他也没有十足的把握。

孙子先生告诉我们：上兵伐谋，其次伐交，其次伐兵，其下攻城。

此外，他还告诉我们：用兵之法，十则围之，五则攻之。

综合起来是这么个意思：打仗的时候，最次的打算，是攻城，而攻击时，如果人数十倍于敌人，就围他，五倍，就攻他。

城里，有五万日军。

李如松的手上，也就五万人。

在守城战中，防守方是很占优势的。平壤战役中，李如松用四万打两万，要了无数花招，费尽力气，才最终得以攻克。

五万人攻五万人，任务是艰巨的，困难是突出的，胜利基本上是不可能的。

当所有人都把目光投向王京之时，一场意外却彻底搅乱了这个困局。

万历二十一年（1593）正月二十六日，李如松发布了一道命令：

总兵查大受、副总兵祖承训、游击李宁，率三千精兵，前往王京探路。

仅仅半天之后，他接到了明军送回的战报：

我军于半路遇敌，大受（查大受）纵兵急击，斩获六百余级。

自平壤之后，日军毫无战力，这种打落水狗的报告，李如松已经习惯了。

如果一个人长期听到同一类型的消息，他就有可能根据这类信息，作出自己的判断。

所以一贯谨慎的李如松，作出了一个决定——亲自前往侦察。

其实就李如松而言，这个行动并不算大胆，平壤激战时，他就敢骑马四处逛，现在自然更不在话下。

但他绝不会想到，一切都将因这个决定而改变。

万历二十一年（1593）正月二十七日，李如松率副将杨元、李如柏、张世爵，统领两千骑兵向王京前进。

部队的行进速度很快，没过多久，便到达了马山馆，这里距离王京，只有九十里。

李如松突然拉住了缰绳。

长期的战场感觉告诉他，前方可能不像自己想的那么简单。

于是他想了一会儿，下了一道命令：

“我带一千人先行，副将杨元率军一千，随后跟进。”

就是这道命令，挽救了他的性命。

分兵之后，李如松继续出发，很快他就到达了另一个地方，这里距王京仅四十里，名叫碧蹄馆。

在这里，他终于看见了遍地的尸体和兵器。很明显，这里就是查大受所描述的战场，而震耳的厮杀声告诉他，这场战斗还没有结束。于是他毫不犹豫地带兵冲了进去。

冲进去后，才发现事情坏了。

一天前，查大受得意扬扬地发出了捷报，事实上，他也确实打了胜仗，杀了人家几百口子，还不肯罢休，非要全歼不可，结果追着追着，追出问题来了。

要知道，这是在王京附近，就算日军再怎么怕事，好歹也是大本营，有好几万人。你带三千多人过来闹事，还想赶尽杀绝，实在是有点儿过分了。

于是缓过劲儿来的日军开始稳住阵脚，发动反击。据史料记载，此时聚集在碧蹄馆的日军来源复杂，除第一军外，还有第四军、第六军、第八军若干，基本上在附近的，能来的，全都跑来了（悉众而来）。

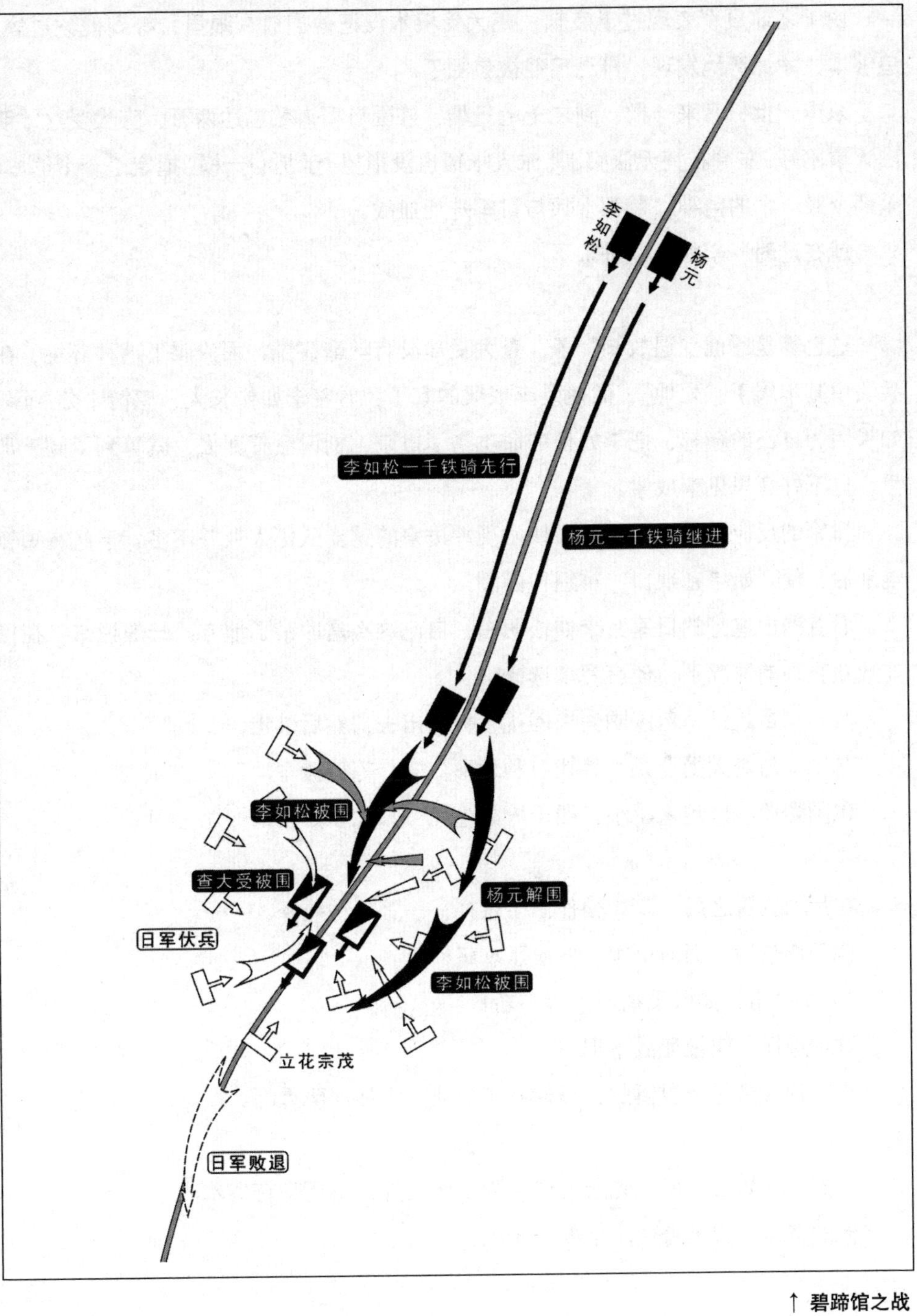
李如松
杨元
李如松一千铁骑先行
杨元一千铁骑继进
李如松被围
查大受被围
杨元解围
日军伏兵
李如松被围
立花宗茂
日军败退

↑ 碧蹄馆之战

由于之前日军表现过于疲软，查大受根本没把他们放在眼里，等到他砍过瘾、追够本，才惊奇地发现，自己已经被包围了。

杀退一批，又来一批，到二十七日晨，外围日军人数已达两万，查大受这才明白大事不好，左冲右突无法突围，派人求援也没指望，于是心一横，抱定杀一个够本、杀两个赚一个的精神，带领士兵与日军殊死血战。

就在这时，李如松冲进来了。

这也算是“他乡遇故知”了，查大受却没有丝毫喜悦。因为眼下这种环境，在兵法中基本属于“死地”，而他是李成梁的家丁，看着李如松长大，感情十分深厚，如果因为自己的疏忽，把李如松的命也搭了进来，别说活着回去，就算到了阎王那里，也不好意思见李成梁。

日军的反应也相当迅速，很快发现冲进来的这支队伍人数并不多，于是在短暂混乱后，便开始堵塞缺口，重组包围圈。

看着漫山遍野的日军，李如松明白，自己这次是冲错了地方。一般说来，在目前敌众我寡的情况下，他有两个选择:

其一，是趁日军包围圈尚未围拢，突围出去，然后逃走。

其二，与查大受合兵，寻找有利地形防守，等待援军。

包围圈的缺口越来越小，四千人的生死，只在李如松的一念之间。

在片刻犹豫之后，李如松作出了抉择——第三种抉择。

他手持长刀，面对全军，发出了怒吼:

“全军攻击！如敢畏缩不前者，斩！”

这种选择，叫做死战不退。

有一种人是无所畏惧的，纵使寡不敌众，纵使深陷重围。

当然，李如松之所以无所畏惧，除了胆大外，也还是有资本的。

他的资本，就是身边所带的一千人。

列宁同志说过：宁可少些，但要好些。这句话用在这一千人身上，实在是名副其实，因为这些人都是李如松直属的辽东铁骑部队。

而辽东铁骑之所以战斗力强，除了敢拼命外，还有一个重要的原因——武器装备。

在日本战国时期，有一个特殊的兵种，曾作为日本战争史上的模范被大力宣传，它的日文汉字名，叫做“骑铁”。

所谓骑铁，是骑马铁炮的简称，具体说来就是骑兵装备火枪，在马上发射火器。该兵种的主要使用者，是日本东北部的诸侯伊达政宗，由于兼具骑兵的突击性和火枪的攻击力，具有极大的杀伤威力。

当然，这支队伍也有着致命的缺陷，由于火枪不能连发，要一边骑马一边装弹，技术含量也实在太高，所以在打完一枪后，要换兵器才能接着干。

如果按照日本人的标准，那么辽东铁骑应该也算是骑铁兵种，只是他们的武器并非普通的火枪，还有个专业称呼——三眼神铳。

三眼神铳，全长约一百二十厘米，共有三个枪管，枪头突出，全枪由纯铁打造，射击时可以轮流发射，是辽东铁骑的标准装备。发起冲锋时，辽东铁骑即冲入战阵，于战马上发动齐射，基本上三轮下来，就能冲垮敌军。

但问题似乎也未完全解决，三枪打完后怎么办呢？

一般说来，换兵器是免不了的了，但中国人的智慧在此得到了完美地验证。这把火铳之所以用纯铁打造，枪管突出，是因为打完后，吹吹枪口的烟，换个握法，把它竖起来使，那就是把十分标准的铁榔头。

人骑着马冲进去，先放三枪，也不用装弹，放完抡起来就打，这么几路下来，估计神仙也扛不住，铁骑之名就此横扫天下。

顺便提一句，这种三眼铳今天还有，就在军事博物馆里，每次当我看到那些铁榔头的时候，都会不禁感叹：科学技术，那就是第一战斗力。

有这样的装备，加上这一千多号人都是李如松的亲军，打起仗来十分彪悍，基本上属于亡命之徒，听到李如松的命令后，二话不说，操起火铳，向日军发动了猛攻。

虽然李如松十分自信，但有一点他并不知道——这绝非遭遇战，而是一个精心设计的圈套。

→ 三眼神铳

在平壤战败后，日军对明军产生了极大的心理恐惧，各地纷纷不战而逃，且全无斗志。为防止全军彻底崩溃，挽回军心，日军大本营经过详细策划，制订了一个周密的诱敌计划。

具体部署，是先派出小股部队，诱使明军大部队追击，并在王京附近的马山馆设下埋伏，待其到来发动总攻，一举歼灭。

据日本史料记载，参与该计划的日军为第四军和第六军主力，以及其余各军一部，总兵力预计为一万五千人至两万人，其中诱敌部队一千余人，战场指挥官为小西行长、黑田长政、小早川隆景、立花宗茂等人，反正只要没被打残，还能动弹的，基本上都来了。

行动如期展开，在探听到查大受率军出发的消息后，诱敌的一千余名日军先行出发，前往马山馆。大军分为两路，偃旗息鼓，悄悄地过去，打枪的不要。

日军的预期计划是，一千人遭遇明军后，且战且退，将明军引到预定地点，发起总攻。

但事情的发展将告诉他们，理论和实际总是有差距的。

由于之前日军逃得太快，查大受一路都没捞到几个人，已经憋了一肚子劲儿，碰到这股日军后，顿时精神焕发，下了重手穷追猛打，转瞬间日军灰飞烟灭，一千多人连个水漂都没打，眨眼就没有了。

这回日军指挥官们傻眼了，原本打算且战且退，现在成了有战无退。更为严重的是，查大受明显不过瘾，又跟着追了过来，越过了马山馆，而此时日军的大部队还在碧蹄馆，尚未到位。

无可奈何之下，日军指挥官们决定，就在碧蹄馆设伏，攻击明军。

所以，当查大受赶到之时，他遇到的，是两万余名全副武装、等待已久的日军。

已经退无可退了，横下一条心的日军作战十分勇猛，查大受率军冲击多次，没能冲垮敌军，反而逐渐陷入包围，战斗进入僵持状态。

事已至此，所谓诱敌深入、全歼明军之类的宏伟壮志，那是谈不上了，能把眼皮底下这三千多人吃掉，已经算是老天保佑了。

可计划总是赶不上变化，打得正热闹的时候，李如松来了。

日军喜出望外，原本想打个埋伏，挽回点儿面子，结果竟然捞到这么条大鱼。更让他们高兴的是，这位明军最高指挥官竟然只带了这么点儿人。

小西行长顿时兴奋起来，他立即下令，方圆四十里内的日军，只要还能动弹，立即赶来会战，不得延误。

与此同时，他还命令，所有日军军官必须亲临前线指挥，包括黑田长政、立花宗茂等人在内，总而言之，是豁出去了。

在小西行长的部署下，日军发动了自入朝以来最为猛烈地进攻，并充分发扬其敢死精神，哪里的明军最显眼、最突出，就往哪里冲。

不巧的是，在战场上，最引人注目的人正是李如松。

此人实在过于强悍，虽被日军重重包围，却完全不当回事，带着铁骑左冲右突，如入无人之境。这也似乎有点儿太欺负人了，于是日军集中兵力，对李如松实行合围。

事后，李如松在给皇帝的报告中，曾用一个词形容过此时自己的环境——围匝数重。

虽然说起来危险万分，但事实上，当时他倒很有几分闲庭信步的风度。据日本史料记载，李如松带领骑兵左右来回，几进几出，铁骑所到之处，日军无法抵挡，只能保持一段距离跟着他。所谓的包围，其实就是尾随。

然而，历史告诉我们，一个人太过嚣张，终究是要翻船的。

正当李如松率军进进出出、旁若无人之时，一位神秘的日军将领出现了。

这位日军将领一出声就很不一般，史料上说他是金甲倭将，先不说是真金还是镀金，穿不穿得动，敢扛着这么一副招风的行头上战场，一般都是有两下子的。

而之所以说这是个神秘的人，是因为他的身份一直未能确定。

参加碧蹄馆之战的主力，是日军第四军，该军以日本九州部队为主。九州是日本最穷困、民风最野蛮的地区，此地士兵大都作战顽强，凶残成性，是实实在在的亡命之徒。所以很多史料推测，此人很有可能是隶属于第四军的将领。

虽说哪里来的讲不清，但敢拼命是肯定的。这人一上来，就抱定不要命的指导思想,带兵向李如松猛冲（搏如松甚急)。突然冒出来这么一号人,李如松毫无准备，身边部队被逐渐冲散，日军逐渐围拢，形势十分危急。

此时，李如柏和李宁正在李如松的两翼，发现事情不妙，便指挥部下拼死向李如松靠拢，但日军十分顽强，挡住了他们地进攻。

紧急关头，还是兄弟靠得住，眼看李如松即将光荣殉职，弟弟李如梅出手了。

虽说在乱军之中，但李如梅依然轻易地瞄准了这位金甲倭将（所以说在战场上穿着不能太时髦)，手起一箭，正中此人面目，当即落马。

主将落马后，士兵们也一哄而散，李如松终于转危为安。但事实上，真正的危机才刚刚开始。

此刻，双方已鏖战多时，虽然明军勇猛，战局却已出现了微妙的变化。日军正陆续由四面八方赶来（接续愈添，沿山遍野)，人数优势越来越大，而明军势单力薄，这么打下去，全军覆没，那是迟早的事。

不过明军固然陷入苦战，日军的情况却也差不多。日军主将立花宗茂，性格顽固，在日本国内是出了名的硬骨头，素以善战闻名，这回也打得撑不住了，竟然主动找到小早川隆景接替自己的位置，退出了战场。

仗打到这个份儿上，胜败死活，只差一口气。

关键时刻，杨元到了。

杨总兵实在是个守纪律的人，他遵照李如松的命令，延迟出发，到地方一看打得正热闹，二话不说，带着一千人也冲了进去。

早不来，晚不来，来得刚刚好。日军正被打得叫苦不迭，杨元的骑兵突然出现，阵形被完全冲垮，混乱之际也没细看对方的人数，以为是明军大部队到了，纷纷掉头逃窜。

小西行长见大势已去，也只能率军撤退。李如松惊魂未定，装模作样地追了一阵，也就收兵回去了，毕竟手底下有多少人，日军不知道，他还是清楚的。

碧蹄馆之战就此结束。此战明军阵亡二百六十四人，斩获日军首级一百六十七，伤亡大抵相当。

对于这场战役，可以用一句话来概括：

撒网捕鱼，渔网破了。

应该说，这并不是一场大的战役，但在历史上，此战争议却一直未断，其中最激烈的，是双方的伤亡问题。

在日本的许多战史书籍中（如《日本外史》《日本战史》），碧蹄馆之战是日军的一场大胜仗，个别特别敢吹的，说此战日军歼灭明军两万余人。要这么算，李如松除了全军死光外，还得再找一万五千个垫背的。

我认为，这是件难办的事。

不过难办的事，鬼子还是办了，而且一直在办。后来抗日战争里的台儿庄战役，日军矶谷师团（编制相当于一个军）被打成了残废，死伤一万多人，几乎丧失战斗力，日本战报却说就损失两千人，脸不红心不跳。由此可见，其不认账和乱记账，那是有悠久传统的。

说到底，碧蹄馆之战，不过是一场微不足道的小规模战斗而已。

但微不足道，并不代表不重要。事实上，这确实是一场改变了战争进程的战斗。

通过此战，死里逃生的李如松明白了两点：首先，敌人是很难打垮的。

虽然日军被击败，但战斗力尚存，以明军目前的兵力，如要硬攻，很难奏效。

其次，朋友是很难指望的。

在碧蹄馆之役发生前，李如松曾嘱托朝军随后跟进，人家确实也跟着来了，但仗一打起来，不是脚底抹油就是袖手旁观，仗打完才及时出现，真可谓是反应敏捷。

而更让李如松气愤的，是某些浑人。

此时正逢朝鲜阴雨连绵，火器难以使用。日军伏击失败后，全部龟缩于王京，打死不出来，还拼命修筑坚固堡垒，准备死守。但凡稍微有点儿军事常识的人都明白，如果现在进攻，那就是寻死。

可柳成龙偏偏装糊涂。他多次上书，并公开表示李如松应尽早进攻王京，不得拖延。

出征之前泼凉水，不出头，现在却又跳出来指手画脚，反正打仗的都是明军，不死白不死，人混账到这个份儿上，真能把死人气活了。

李如松没有理会柳成龙，他停下了进攻的脚步。

但停下来并不能解决问题，因为作为朝鲜的都城，王京是必须攻克的。

于是在经过缜密的思索后，李如松作出了如下部署：

总兵杨元率军镇守平壤，控制大同江；李如柏率军镇守宝山，查大受镇守临津，互为声援；李宁、祖承训镇守开城。

这是一个让人莫名其妙地安排，因为明军本就兵力不足，现在竟然分兵四路，要想打下王京，无异于是痴人说梦。

所以几乎所有的人都认为，李如松已经放弃了进攻计划。

事实证明，他们都错了。

因为要攻克一座城池，并不一定要靠武力。

命令下达了，进攻停止了，战场恢复了平静。日军也借此机会加强防守，整肃军队，等待着李如松的下一次进攻。因为在被忽悠多次后，他们已经确定，眼前的这个对手，是绝对不会消停的。

这个判断十分正确，很快，他们就等到了李如松的问候，但并非攻城的枪炮，而是一把大火。

李如松很清楚，凭借自己手中的兵力，是绝对无法攻下王京的。于是他索性分兵各处防守，加固后方，因为他已经找到了一个更好的进攻目标——龙山。

龙山是日军的粮仓所在地，积粮数十万石，王京、釜山的日军伙食，大都要靠此处供应。

于是，在一个月黑风高的夜晚，李如松密令查大受，率敢死队（死士）连夜跑到龙山，放了一把火，彻底解决了鬼子们的粮食问题。

这么一来，事情就算是结了，因为武士道再怎么牛，也不能当饭吃，在这一点上，鬼子们的意识是清楚的，认识是明确的。

万历二十一年（1593）四月十八日，日军全军撤出王京，退往釜山。十九日，李如松入城，王京光复。

自万历二十年（1592）十二月明军入朝起，短短半年时间，日军全线溃败，死伤合计三万五千余人，其军队主力，第一军小西行长部几乎全军覆灭，日军的战斗力遭到致命打击，疲惫交加，斗志全无，再也没法打了。

四月下旬，日军继续撤退至蔚山、东莱等沿海地域，回到了一年前的登陆地点，全军八万余人渡海回国，仅留四万人防守。

至此，抗倭援朝战争第一阶段结束，日军惨败而归。

日军退却了，但李如松并没有痛打落水狗，不是不想，而是不能。

事实上，此时明军的处境也好不了多少。由于朝军几乎是一盘散沙，许多地方都要依靠明军防守，李如松能够调动的，仅有一万余人，靠这点儿本钱，想把日军赶下海去，几乎是不可能的。

但最严重的问题还不是缺人，而是缺钱。

要知道，刀枪马炮，天上掉不下来，那都是有价钱的，而所谓打仗，其实就是砸钱。敌人来了，有钱就对砸，没钱就打游击，朝鲜战争也一样。

明军虽然是帮朝鲜打仗，但从粮食到军饷，都是自给自足，而在这一点上，朝鲜人也体现出了充分的市场意识，非但不给军费，连明军在当地买军粮都要收钱。李如松在朝鲜待了半年，已经花掉了上百万两白银，再这样打个几年，估计裤子都得当出去。

所以谈判，是唯一的选择。

◆ 高档次的忽悠

第二次谈判就此开始。

所谓谈判，其实就是忽悠的升级版，双方你来我往，吹吹牛吃吃饭，实在的东西实在不多。

客观地讲，明朝在谈判上，一向都没什么诚意。相对而言，日本方面还是比较实诚的，他们曾满怀期望地期盼着明朝的使者，等到的却是火枪大炮。

说到底，这是个认识问题。因为当时的明朝，管日本叫倭国，管日本人叫倭奴，而且这并非有意歧视，事实上，以上称呼是一路叫过来的，且从无愧疚、不当之类的情感。

总之，打心眼里，就从没瞧得上日本人。

第一次谈判，是因为准备不足，未能出兵，等到能够出兵，自然就不谈了。

现在，是第二次谈判。而谈判的最理想人选，是沈惟敬。

半年前，这位仁兄满怀激情地来到李如松的大营，结果差点儿被砍了头，又关了起来，吃了半年的牢饭，到今天，终于又有他的用武之地了。

万历二十一年（1593）三月，沈惟敬前往日军大营，开始了第二次谈判，在那里等待着他的，是他的老朋友小西行长。

虽然之前曾被无情地忽悠过一次，但毕竟出来抢一把不容易，死了这么多人，弄不到点儿实在东西也没法回去，日方决定继续谈判，平分朝鲜是不指望了，能捞多少是多少。

日军的谈判底线大抵如此，而在他们看来，事到如今，明军多少也会让一两步。

会谈进行得十分顺利，双方互致问候完毕，经过讨价还价，达成了如下意见：

首先，明朝派遣使者，前往日本会见丰臣秀吉。其次，明军撤出朝鲜，日军撤出王京（当时尚未撤出）。最后，日本交还朝鲜被俘王子、官员。

沈惟敬带着谈判意见回来了。出乎他意料的是，这一次，李如松和宋应昌都毫不犹豫地表示同意。

沈惟敬感到了前所未有的喜悦，他已经看到，一切都将在自己的安排下有条不紊地进行下去，建功立业的时候到了。

但他并不知道，所谓谈判和执行，那完全是两码事。

在第一次谈判时，明军只是为了争取时间，压根儿不打算要真谈判，而这一次……似乎也没这个打算。

因为在战后，宋应昌曾在给皇帝的奏疏中写过这样一段话：

"夫倭酋前后虽有乞贡之称，臣实假贡取事，原无真许之意。"

这句话的大概意思是，日本人是想谈和的，但我是忽悠他们的，您别当真。

这就是说，明军从上到下，是万众一心，排除万难，要把忽悠进行到底了。

但协议毕竟还是签了，签了就得执行。于是接下来，李如松用行动证明了这样一点：他除了会打仗，搞政治也是把好手。

根据协议，明军要撤出朝鲜，但李如松却纹丝不动，反而烧掉了日军的粮仓，端掉了对方的饭碗。

日军是真没办法了，打不过又闹不起，明知李如松是个不守信用的家伙，偏偏还不敢得罪他，就当吃了个哑巴亏，硬着头皮派出使者，那意思是，你不撤我认了，但互派使者的事，麻烦你还是给办了吧。

在这一点上，李如松还是很够意思的。他随即派出谢用梓与徐一贯两人，随同沈惟敬一起，前往日军大营。

小西行长十分高兴，因为自从谈判开始以来，他遇到的不是大混混（沈惟敬），就是大忽悠（李如松的使者），感情受到了严重的伤害，现在对方终于派出了正式的使者，实在是可喜可贺。

但他不知道的是，明朝派来的这两位所谓使者，谢用梓是参将，徐一贯是游击，换句话说，这两人都是武将，别说搞外交，识不识字那都是不一定的事。

之所以找这么两个丘八去谈判，不是明朝没人了，而是李如松根本就没往上报。

这位仁兄接到日军要求后，想也没想，就在军中随意找了两人，大笔一挥，你们俩就是使者了，去日本出差吧。

现在忽悠你们，那是不得已，老子手里要是有兵，早就打过去了，还谈什么判？！

李如松没当真，但日本人当真了。万历二十一年（1593）五月中旬，小西行长带领沈惟敬、谢用梓以及徐一贯前往日本，会见丰臣秀吉，进行和谈。

对于明朝使臣地来临，丰臣秀吉非常高兴，不但热情接待，管吃管住，会谈时更是率领各地诸侯权贵到场，亲自参加，张灯结彩，搞得和过节一样，仪式十分隆重。

当沈惟敬看到这一切的时候，他明白：这下算是忽悠大了。

虽然日本人糊里糊涂，但一路过来，他已经很清楚，身边的这两位使者到底是什么货色。

但事已至此，也只能挺下去了。

沈惟敬就此开始了谈判，虽然从名义上讲，谢用梓和徐一贯才是正牌使者，但这两个大老粗连话都说不利索，每次开会口都不敢开，只能指望沈惟敬忽悠了。

于是每次开会之时，大致都是这么一幅场景：丰臣秀吉满怀激情，口若悬河；谢用梓、徐一贯呆若木鸡、一言不发；沈惟敬随口附和、心不在焉。所谓的外交谈判，其实就是扯淡。

就这么个扯淡会，竟然还开了一个多月，直到六月底，才告结束。

在谈判终结的那一天，丰臣秀吉终于提出了日方的和平条件，该条件也再次证明了这样一点：

丰臣秀吉，是个贪婪无耻、不可救药的人渣。

其具体内容如下：

一、明朝将公主嫁为日本后妃；

二、明朝和日本进行贸易，自由通商；

三、明朝和日本交换誓词，永远通好；

四、割出朝鲜四道，让给日本；

五、朝鲜派出王子、大臣各一人，作为人质，由日方管理；

六、返还朝鲜被俘的两位王子；

七、朝鲜宣誓永不背叛日本。

在这份所谓的和平条款中，除交还朝鲜王子外，没有任何的友善、和睦，不但强占朝鲜土地，还把手伸到了明朝。总而言之，除了贪婪，还是贪婪。

这样的条款，是任何一个大明使臣都无法接受的。

沈惟敬接受了。

这位仁兄似乎完全没有任何心理负担，当场拍板，表示自己认可这些条款，并将回禀明朝。丰臣秀吉十分高兴。

其实，丰臣秀吉并不知道，他已失去了一个过把瘾的机会——即使他提出吞并中国，这位大明使者也会答应的。

因为沈惟敬同志压根儿就不算是明朝的使臣，说到底也就是个混混，胡话张口就来，反正不是自家的，也谈不上什么政治责任。你想要哪里，我沈惟敬划给你就是了，反正也不是我买单。

日本和谈就此结束，简单概括起来，是一群稀里糊涂的人，在一个稀里糊涂的地方，开了一个稀里糊涂的会，得到了一个稀里糊涂的结论。可怜一代枭雄丰臣秀吉，风光一辈子，快退休了，却被两个粗人、一个混混玩了一把，真可算是晚节不保。

参考消息　后阳成天皇

1593年，日本有史以来最穷困的一任天皇——正亲町薨逝。正亲町即位时，日本王族的财力极为窘迫，即位三年后，才在毛利元就的捐献下勉强完成了加冕仪式。但因为后来掌权的丰臣秀吉是平民出身，极需王室支持以获得名正言顺的地位，是以连年不断地进贡，才让正亲町的孙子得以顺利接任天皇之位。而这位天皇，也正是丰臣秀吉想要为之聘娶明朝公主的后阳成。

但在办事认真这点上，丰臣秀吉还是值得表扬的。为了把贪欲进行到底，他随即安排了善后事宜，遣送朝鲜王子回国，并指派小西行长跟进此事。

小西行长高兴地接受了这个任务，不久之后，他就会悔青自己的肠子。

和谈结束了，沈惟敬回国了。他在日本说了很多话，干了很多事，但在中国却无人知晓，连李如松、宋应昌也只知道，这人去了趟日本，见了丰臣秀吉，仅此而已。

按说到这个时候，沈惟敬应该说实话了，在日本胡说八道也就罢了，但军国大事，不是能忽悠过去的，鬼子虽然脑袋不好使，也不是白痴，想蒙混过关，那是不可能的。

但这位兄弟实在是人浑胆大，没有丝毫政治敏感性。兵部尚书石星代表朝廷找他谈话时，竟对日方提出“和平条件”只字不提，只顾吹牛，说自己已经搞定了日方，为国家作出了卓越贡献云云。

这话要换了宋应昌，估计是打死也不信的，可石星同志就不同了，从某个角度讲，他还是个比较单纯的人，一顿忽悠之下，竟然信了，还按照沈惟敬的说法，上奏了皇帝。

明神宗倒不糊涂，觉得事情不会这么简单，但石星一口咬定，加上打仗实在费钱，半信半疑之下，他同意与日方议和。

于是历史上最滑稽的一幕出现了，经过一轮又一轮的忽悠，中日双方终于停战。

万历二十一年（1593）七月，在日军大部撤出朝鲜后，明军也作出部署，仅留刘綎、骆尚志等人，率军一万五千余人帮助镇守军事要地，其余部队撤回国内。

无论有多么莫名其妙，和平终究还是到来了，尽管是暂时的。

宋应昌升官了，因为在朝鲜战场的优异表现，他升任右都御史，兵部侍郎的职务，由顾养谦接替。

李如松也升官了，本就对他十分欣赏的明神宗给他加了工资（禄米），并授予他太子太保的头衔。

三年后，辽东总兵董一元离职，大臣推举多名候选者，明神宗却执意要任用李如松，虽然许多人极力反对，但他坚持了自己的意见。

李如松走马上任，一年后他率军追击敌军，孤军深入，中伏，力战而死。

李如松的一生

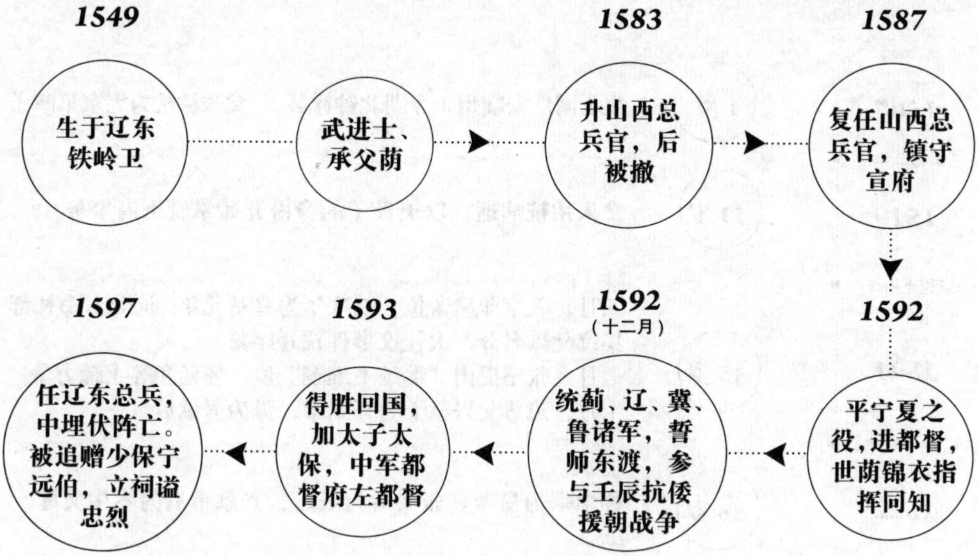

在所有的战斗中，他始终是身先士卒、冲锋在前的，这次也不例外。

他不是一个与人为善的人，更谈不上知书达理。他桀骜不驯、待人粗鲁，但这些丝毫无损于他的成就与功勋。因为他是一个军人，一个智勇双全、顽强无畏的军人。在短暂的一生中，他击败了敌人，保卫了国家，在我看来，他已经尽到了自己的本分。

其实很多人并不知道，他虽是武将，却并非粗人，因为在整理关于他的史料时，我发现了他的诗句：

春来杀气心犹壮，此去妖氛骨已寒。

谈笑敢言非胜算，梦中常忆跨征鞍。

四百年华已过，纵马驰骋之背影，依稀可见。

朱厚熜大事记

年份	年龄	事件
1507 正德二年	1岁	生于湖广安陆州（今湖北钟祥县），父朱祐杬为宪宗第四子
1519 正德十四年	13岁	父朱祐杬病逝，以王世子的身份开始掌管王府事务
1521 正德十六年	15岁	四月，入京即皇帝位，以次年为嘉靖元年；同月，命礼部集议父母名分，大礼议事件拉开序幕 七月，张璁提出“继统不继嗣”说，杨廷和等上疏力争 十月，追尊父兴献王为兴献帝，母为兴献后
1522 嘉靖元年	16岁	称孝宗为皇考，张太后为圣母，兴献帝后为本生父母
1524 嘉靖三年	18岁	正月，桂萼上疏请求改称孝宗为皇伯考，大礼议之争又起 七月，大臣在左顺门跪哭诤谏，一百三十四人下锦衣卫狱，一百八十人被廷杖，其中死者十七人 九月，昭告天下，孝宗为皇伯考，张太后为皇母。兴献帝为皇考，兴献后为圣母，大礼议之争告一段落
1528 嘉靖七年	22岁	颁布《明伦大典》，重定议礼诸臣之罪，追削杨廷和等人为民
1542 嘉靖二十一年	36岁	八月，任命严嵩为武英殿大学士，进入内阁 十月，杨金英等十六名宫女谋杀嘉靖未遂，皆被凌迟处死
1544 嘉靖二十三年	38岁	授道士陶仲文为少傅兼少保，严嵩为内阁首辅

1548 嘉靖二十七年	42岁	十月，因收复河套之事，以“交结近侍”的罪名杀掉夏言
1550 嘉靖二十九年	44岁	俺答攻古北口，严嵩不准诸将出战。俺答军在京郊掠夺八日后退兵，史称“庚戌之变”
1551 嘉靖三十年	45岁	锦衣卫经历沈炼弹劾严嵩十大罪，被杖戍边
1553 嘉靖三十二年	47岁	兵部员外郎杨继盛弹劾严嵩，被杖下诏狱
1556 嘉靖三十五年	50岁	胡宗宪招降海盗徐海，后徐海跳海而死
1557 嘉靖三十六年	51岁	胡宗宪设计擒海盗汪直，后汪直被处死
1565 嘉靖四十四年	59岁	削严嵩及其子孙为民，以谋反罪杀严世蕃
1566 嘉靖四十五年	60岁	二月，海瑞上《直言天下第一事疏》，被下诏狱 十二月，于乾清宫去世，葬于十三陵中的永陵

朱载垕大事记

1538 嘉靖十七年	1岁	出生，为朱厚熜第三子
1549 嘉靖二十八年	12岁	皇兄朱载壡猝死，朱载垕成为年纪最大的皇子
1552 嘉靖三十一年	15岁	七月，嘉靖同意裕王朱载垕与景王朱载圳出阁就学，但不分长幼先后 八月，高拱、陈以勤任裕王府讲官，师生之间从此建立起紧密的关系
1553 嘉靖三十二年	16岁	内阁辅臣请立太子，嘉靖不允
1565 嘉靖四十四年	28岁	景王朱载圳死于藩国，朱载垕即位的最大威胁消除
1566 嘉靖四十五年	29岁	即皇帝位，以次年为隆庆元年，由徐阶主持起草的《嘉靖遗诏》颁布
1567 隆庆元年	30岁	高拱被迫请辞，无奈批准
1568 隆庆二年	31岁	徐阶致仕
1569 隆庆三年	32岁	授高拱为少傅兼太子太傅、吏部尚书、武英殿大学士
1570 隆庆四年	33岁	俺答封贡，延续两百多年的明蒙战争结束

1571 隆庆五年	34岁	**内阁内讧加剧，高拱一家独大**
1572 隆庆六年	36岁	**于乾清宫去世，葬于十三陵中的昭陵**

图书在版编目（CIP）数据

明朝那些事儿．第6部／当年明月著．—北京：北京联合出版公司，2017.5（2025.5重印）

ISBN 978-7-5596-0169-8

Ⅰ．①明… Ⅱ．①当… Ⅲ．①中国历史－明代－通俗读物 Ⅳ．①K248.09

中国版本图书馆CIP数据核字（2017）第079365号

明朝那些事儿 第6部
作　　者：当年明月
出 品 人：赵红仕
责任编辑：管　文
特约监制：何　寅
产品经理：夜　莺
特约编辑：刘晨楚
插画制作：李宝剑
地图制作：王晓明
内文设计：typo_design
封面设计：魏　魏

北京联合出版公司出版
（北京市西城区德外大街83号楼9层　100088）
北京盛通印刷股份有限公司印刷　　新华书店经销
字数300千字　710毫米×1000毫米　1/16　22印张
2017年5月第1版　2025年5月第33次印刷
ISBN 978-7-5596-0169-8
定价：45.00元